独自性を活かした
保育課程に基づく指導計画
――その実践・評価――

今井和子／天野珠路／大方美香 編著

ミネルヴァ書房

はじめに

　2009（平成21）年4月，改定保育所保育指針（以下，「保育指針」）が施行されました。
　全国の保育園では全職員の協働の下，新たな保育指針をふまえ，わが園の保育課程を編成し，試行錯誤のなか，日々の保育が繰り広げられていることでしょう。
　今回の改定では保育指針の趣旨をふまえた各園の創意工夫を促しています。これまでの保育を振り返り，自園の保育の特性や大切にしているものなどを確認し，保育指針の内容を読み取りながら全職員で保育課程を編成し，指導計画を作成していく，その過程こそが重要なのです。保育者一人ひとりの保育観や子ども観，自分たちが行なってきた保育の意義やその根拠などを明らかにしながら保育の根幹となる保育課程を編成していくことは，日々の保育実践の土台を築くことでもあります。職員相互の対話を繰り広げながら自らの保育を描いていく，その力を保育指針が求めているともいえるでしょう。
　さらに重要なことは，保育指針，保育課程，指導計画とそれらに基づく保育実践を記録し，振り返る力，すなわち，自己評価です。けれど，自己評価はそれ自体が目的ではありません。評価をふまえて新たな計画を作成し，保育実践をよりよいもの，より充実したものとすることが目的であり，自己評価はそのための手立てであるといえます。自らの保育を振り返る視点をもち，自己評価の観点を捉え，保育課程，指導計画に基づく保育実践を深化（進化）させていくことが保育の専門職たる保育者の努めです。また，一人ひとりの保育者の自己評価を保育園全体で確認したり，話し合ったりするなかで，園の自己評価を導き出していくことが大切です。保育園の自己評価をとおして，個々の実践知や経験知が組織のなかで再構築されることにより，職員間の共通理解が図られ，保育園の実践力，保育力が高まっていくのです。
　豊かな保育実践のためには，その土台となる保育課程がしっかりと編成されていることが必要です。その園の保育を体現し，すべての計画の根幹となる保育課程が，日々の保育実践に活かされ，保育の振り返りに活用されているでしょうか。自らの保育に悩んだり，迷ったりした時には，保育課程や保育指針に戻り，保育の基本を確認することが大切です。月々の指導計画の作成の際には常に保育課程を傍に置き，保育課程に明記されていることを具体的な実践（保育内容）に結びつけているでしょうか。より概念的な抽象度の高い言葉を具体性のある言葉に書き起こしていくことで，子どもの姿や活動，保育の環境構成，そして，保育者の援助やかかわりが浮かび上がってきます。一つひとつの保育の内容が保育課程に根ざしたものであることにより，子どもの発達や生活の連続性をふまえた保育実践が豊かに展開されていくのです。
　保育課程を編成するためには保育指針を読み解き，その趣旨や内容を十分に理解することが必要です。そのうえで，保育指針に示された養護と教育のねらいが0歳から6歳までにどのように

展開されていくのか，指針にある保育の環境の4つの視点を0歳から6歳までの生活のなかでどう捉えていくのか，養護のねらいにある自己肯定観が保育園の生活をとおしてどのように育まれていくのか，十分な自己発揮と他者の受容が人とのかかわりのなかでどのように実現されていくのか等を，子どもの発達過程をふまえ，構成していくことが求められます。すべて，人が人として育っていくうえで重要な事柄であり，保育課程は，保育園が子どもの保育の専門機関として社会的使命（ミッション）を果たしていくためのプランニングともいえるでしょう。

　本書は，新たな保育指針に基づく保育実践が，保育課程，指導計画に基づき豊かに繰り広げられていくように，また，保育者が専門性をもって保育を自己評価し，新たな保育が創り出されていくようにと願ってつくられたものです。さらに，保育現場での実践に光を当て，保育の過程を明らかにすることを試みています。一人ひとりの子どもの姿や保育者の思いや願いが伝わってくるのではないでしょうか。

　なお，本書においては保育士の専門性を考慮しつつ，保育に携わるすべての職員を称して「保育者」としています。また，保育所保育指針等からの引用部分を除き，一般的に流布している「保育園」に統一して表記しています。

　育ちゆく子どもへの理解を深めながら，保育（養護と教育）の意義や果たすべき役割を言語化し，保育の専門性を高めていくことは，子どもたちの現在，そして未来のためにも重要なことでしょう。保育は現在と未来をつなぐ営みであり，乳幼児期の子どもの育ちを支えるプロである保育者の役割が広く社会に認められていくことが望まれます。本書がそのための一助となることを願ってやみません。

天野　珠路

目 次

はじめに

第1章　保育指針と保育課程の編成　　1

第1節　保育所保育指針について……………………………………………2
1. 保育指針の告示化……………………………………………………2
2. 改定の主な内容………………………………………………………4
3. 保育園の社会的責任と保育の専門性………………………………7

第2節　保育の基本……………………………………………………………9
1. 生きる力の基礎を育む………………………………………………9
2. 養護と教育の一体的展開……………………………………………10
3. 環境をとおして行なう保育…………………………………………12
4. 子どもの発達過程と保育の内容……………………………………13

第3節　保育課程の編成………………………………………………………15
1. 保育課程編成の意義…………………………………………………15
2. 保育課程と教育課程…………………………………………………16
3. 保育課程編成の手順…………………………………………………17
4. 保育課程編成の実際…………………………………………………18

★保育課程①　たんぽぽ保育園………………………………………21
★保育課程②　たんぽぽ保育園………………………………………22
★保育課程③　芦穂崎保育園…………………………………………24
★保育課程④　太陽保育園……………………………………………28
★保育課程⑤　青戸福祉保育園………………………………………29

第2章　指導計画と自己評価　　33

第1節　はじめに………………………………………………………………34
第2節　保育課程の編成から指導計画を立てる……………………………35
1. クラスの位置や目標を保育課程で確認……………………………35

②　子どもの実態と発達過程に合わせた環境…………………………………35
　　③　子どもの実態から保育内容を選択する（生活・遊び）……………………38
　第3節　いま，求められる「計画→実行→評価→改善」………………………40
　　①　保育の評価と改善……………………………………………………………40
　　②　子どもの評価と改善…………………………………………………………40
　　③　保育者の評価と改善…………………………………………………………41
　第4節　自己評価の仕方……………………………………………………………43
　　①　自己評価の必要性──遊びのなかで一人ひとりの姿を確かめてみよう……43
　　②　自己評価の意味………………………………………………………………44

第3章　指導計画作成の考え方とポイント　　47

　第1節　3歳未満児…………………………………………………………………48
　　①　保育課程から年間指導計画へ………………………………………………48
　　②　3歳未満児の発達過程と子どもの遊びや環境……………………………51
　　③　子どもの実態と家庭との緊密な連携………………………………………52
　　④　月の指導計画・週の指導計画作成のポイント……………………………53
　★遊びの種類とその発達過程………………………………………………………55
　第2節　3歳以上児…………………………………………………………………56
　　①　作成にあたって………………………………………………………………56
　　②　ここがポイント，指導計画の立て方………………………………………57

第4章　3歳未満児（0・1・2歳児クラス）の指導計画
　　　　──作成・展開・評価・改善──　　67

　第1節　0歳児クラスの指導計画…………………………………………………68
　　①　作成のポイント………………………………………………………………68
　　②　発達の特徴……………………………………………………………………68
　★年間指導計画　たんぽぽ保育園…………………………………………………70
　★月の指導計画（4月）……………………………………………………………73
　●展開例………………………………………………………………………………74
　第2節　1歳児クラスの指導計画…………………………………………………76
　　①　作成のポイント………………………………………………………………76
　　②　おおむね1歳3カ月から2歳未満児（1歳児クラス）の発達理解…………76

⭐年間指導計画……………………………………………………………………………78
⭐1歳児期の発達の道筋を明記した発達表……………………………………………80
⭐月の指導計画（6月）…………………………………………………………………82
●展開例……………………………………………………………………………………84

第3節　2歳児クラスの指導計画……………………………………………………85
　1　作成のポイント……………………………………………………………………85
　2　おおむね2歳児（2歳児クラス）の発達理解…………………………………86
⭐期別指導計画……………………………………………………………………………87
⭐Ⅰ期　指導計画…………………………………………………………………………88
⭐Ⅱ期　指導計画…………………………………………………………………………89
⭐Ⅲ期　指導計画…………………………………………………………………………90
⭐Ⅳ期　指導計画…………………………………………………………………………91
⭐月の指導計画（9月）…………………………………………………………………92
●展開例……………………………………………………………………………………95

第5章　3・4歳児クラスの指導計画
　　　　　──作成・展開・評価・改善──　　　　　　　　　　　　　　　97

第1節　3歳児クラスの指導計画……………………………………………………98
　1　おおむね3～4歳児の発達理解…………………………………………………98
　2　子どもの主体性と友だち関係の育ちを柱にした指導計画……………………99
　3　子ども集団は，自我を育てる大切な環境………………………………………100
⭐年間指導計画　たんぽぽ保育園………………………………………………………102
⭐月の指導計画（6月）　たんぽぽ保育園……………………………………………106
⭐週の指導計画（6月第4週）　たんぽぽ保育園……………………………………108
●展開例……………………………………………………………………………………110

第2節　いろいろな様式による指導計画・その点検と指導………………………115
　1　3歳児クラス　月週案（4月）について………………………………………115
　2　3歳児クラス　週の指導計画（12月第3週）について……………………115
⭐月週案（4月）…………………………………………………………………………116
⭐週の指導計画（12月第3週）………………………………………………………118

第3節　4歳児クラスの指導計画……………………………………………………120
　1　おおむね4～5歳児の発達理解…………………………………………………120
　2　小集団の活動が生まれ，継続していく指導計画を……………………………121
⭐年間指導計画　たんぽぽ保育園………………………………………………………122

★月の指導計画（9月）　たんぽぽ保育園	126
★週の指導計画（9月第3週）　たんぽぽ保育園	130
●展開例	132

第4節　いろいろな様式による指導計画・その点検と指導 …………… 138
　　1　4歳児クラス　月週案（12月）について ……………………………… 138
　　2　4歳児クラス　週の指導計画（6月第1週）について …………………… 138
★月週案（12月） …………………………………………………………………… 139
★週の指導計画（6月第1週） ……………………………………………………… 140

第6章　接続期（5歳児クラス）の指導計画
　　　　　――作成・展開・評価・改善―― 　　　　　141

第1節　おおむね5～6歳児の発達理解 ………………………………… 142
　　1　自律心（客観的な自我）の育ち ……………………………………… 142
　　2　就学に向けて〈社会性・自律の育ちを確かに〉 ……………………… 143
★年間指導計画　たんぽぽ保育園 ………………………………………………… 144
★月の指導計画（2月）　たんぽぽ保育園 ……………………………………… 148
★週の指導計画（2月第3週）　たんぽぽ保育園 ………………………………… 150
●展開例 ……………………………………………………………………………… 152

第2節　いろいろな様式による指導計画・その点検と指導 …………… 163
　　1　5歳児クラス　月週案（5月）について ……………………………… 163
　　2　5歳児クラス　週の指導計画（10月第3週）　日誌について ………… 163
★月週案（5月） …………………………………………………………………… 164
★週の指導計画（10月第3週）　日誌 ……………………………………………… 166

第3節　幼児期の教育と小学校教育の接続 ……………………………… 168

第7章　異年齢保育の指導計画
　　　　　――作成・展開・評価・改善―― 　　　　　173

第1節　異年齢保育の意義 ………………………………………………… 174
第2節　異年齢保育の指導計画の実践例（かもめ保育園） …………… 176
★保育課程　かもめ保育園 ………………………………………………………… 178
★年間指導計画　かもめ保育園 …………………………………………………… 182
★3・4・5歳児　月の指導計画（11月）　かもめ保育園 ………………………… 186
★5歳児　月の指導計画（11月）　かもめ保育園 ………………………………… 190

- ●展開例 ………………………………………………………………………… 192

第8章　多様な保育ニーズ（食育，長時間保育，一時保育）の指導計画
——作成・展開・評価・改善—— 201

- 第1節　食育の計画 ……………………………………………………………… 202
- ⭐食育計画——各年齢で大切にしたいこと ………………………………… 203
- ⭐食育計画——『食を営む力』の基礎を育む ……………………………… 204
- ⭐実践報告　テーマ『生活の場における幼児教育』～"おいしい"体験は，生きる力と友だちづくり～ ………………………………………………… 206
- 第2節　長時間保育（延長保育）の指導計画 ………………………………… 210
  - 1　長時間保育の実際 ……………………………………………………… 210
  - 2　作成のポイント ………………………………………………………… 211
- ⭐延長保育の6月の指導計画 ………………………………………………… 212
- ⭐延長保育の9月の指導計画 ………………………………………………… 214
- 第3節　一時保育の指導計画 …………………………………………………… 216
  - 1　地域の子育て支援「一時保育」 ……………………………………… 216
  - 2　一時保育の指導計画と記録例 ………………………………………… 217
  - 3　点検と指導 ……………………………………………………………… 217
- ⭐一時保育の2月の指導計画　三谷館保育園 ……………………………… 218
- ⭐一時保育の記録 ……………………………………………………………… 220

引用・参考文献 …………………………………………………………………… 221
おわりに …………………………………………………………………………… 222

第 1 章

保育指針と保育課程の編成

保育課程を編成するためには，保育指針の内容を十分に理解することが肝要です。
　2008（平成20）年3月に告示された保育所保育指針は，保育の専門性と保育の質の向上を目指して改定されています。保育の専門性やその質を手にとって指し示すことは困難でしょう。けれど，保育指針をふまえて編成された保育課程において，保育の意義や子どもが育つ道筋と保育内容を見通しをもって描き出すことは，保育の専門性に深くかかわります。また，保育の質の向上には，保育指針，保育課程に基づく実践を自己評価することが欠かせません。
　本章では，まず，新たな保育指針の告示化の意味やその内容を読み解き，保育指針に示された保育の基本をおさえていきます。保育実践の土台となる保育課程を編成するためには，保育の根幹となる保育指針及び保育の基本をしっかりと認識し，保育への理解を深めていくことが重要です。そのうえで，保育課程編成の手順やその実際について，具体的に学び，次章の指導計画の作成につなげていきましょう。

第1節　保育所保育指針について

1 保育指針の告示化

　かつて，保育園の先生は「保母さん」と呼ばれていました。この名称が，1999（平成11）年より「保育士」に変わり，2001年には保育士の国家資格化が実現の運びとなり，改正児童福祉法が施行された2003年11月から新しい保育士資格に基づいて業務が進められています。
　法定化された保育士は，「……登録を受け，保育士の名称を用いて，専門的知識及び技術をもつて，児童の保育及び児童の保護者に対する保育に関する指導を行うことを業とする者」（児童福祉法18条の4）となり，子どもの保育だけではなく，保護者への指導が保育士の業務として規定されました。これは，子どもを取り巻く環境の変化

や子育て家庭の状況などから，保育園の役割が広がり，保育の専門性が社会から強く求められるようになったことによります。こうしたなかで，保育園の位置づけやその保育内容について明確にすることが必要となってきました。

2008年3月28日，保育指針が厚生労働大臣による「告示」とされたことは，このような一連の流れによるものです。1965（昭和40）年に制定された保育指針が，幼稚園教育要領や小学校以降の学習指導要領同様，国が示す基準として位置づけられたことは保育園の長い歴史からみても画期的なことであるといえるでしょう。

また，保育指針の改定に伴い，児童福祉施設最低基準第35条に規定されている保育所の「保育の内容」も改正されました。1948（昭和23）年に定められて以来変わらなかった「保育の内容」，すなわち「保育所における保育の内容は，健康状態の観察，服装等の異常の有無についての検査，自由遊び及び昼寝のほか，……健康診断を含むものとする」が，保育指針の改定により，「保育所における保育は，養護及び教育を一体的に行うことをその特性とし，その内容については，厚生労働大臣が，これを定める。」と改められました。これに基づき「その内容」の規定，すなわち，保育指針が規範性を有する厚生労働大臣告示として示されたのです（図1）。

現在，全国に2万3千余箇所ある認可保育園には，それぞれの保育理念や保育方針があり，その地域性や保育環境，子どもや保護者の状況などによりさまざまな保育が展開されています。保育園における保育は各園の特性や独自性が尊重されるべきであり，保育とは本来，人びとの手による創造的かつ主体的な営みであるといえます。

図1　保育所保育指針の改定①

しかし，その一方で，すべての子どもの最善の利益のためには，各保育園が行なうべき保育の内容等に関する共通の枠組みが必要であり，認可保育園において一定の基準を保つこととしています。そのための仕組みが，児童福祉法において規定された保育に従事する者の基準，すなわち保育士の資格であり，施設の面積や職員の配置などを規定した児童福祉施設最低基準であり，同様に規定された保育指針です。

　保育指針には各園が拠るべき保育の基本的事項が示され，全国の保育園においては，この保育指針に基づき，保育課程を編成し，保育内容や保育環境を組織的・計画的に構成し，保育することが求められます。また，「養護と教育が一体」となった保育を日々意識的に展開していくことが必要です。

　なお，保育指針の告示と同時に発出された厚生労働省雇用均等・児童家庭局保育課長通知「保育所保育指針の施行に際しての留意事項」（雇児保発第0328001号）には，保育指針の告示化に伴い，都道府県において，保育指針の遵守状況に関する指導監査を行なうこととあります。同局長通知「児童福祉行政指導監査の実施について」（2009年4月1日雇児発第0401002号）にある保育所の指導監査の着眼点の一つには「保育課程を編成し，それに基づく指導計画が作成されているか」という項目があります。保育課程は，保育園が適切な保育を進めていくための羅針盤であり，その内容について第三者にもしっかりと伝えられるようにしなければなりません。

❷ 改定の主な内容

　保育園がこれまで積み重ねてきた保育実践を確認したり整理したりしながら，さらに，保育の専門性や保育の特性を生かして保護者や地域社会からより信頼されるよう保育の質を高めることが重要です。

　そのため，保育指針の改定の主なポイントは，①保育所の役割の明確化，②保育の内容，養護と教育の充実，③小学校との連携，④保護者に対する支援の重要性，⑤保育の計画と評価，職員の資質向上の5点となっています（図2）。

　①については，養護と教育を一体的に行なう保育の特性を明らかにしながら，環境をとおして総合的に保育することとともに，保護者に対する支援を担う役割があること，そのうえで保育園の社会的責任（子どもの人権の尊重，説明責任の発揮，個人情報保護や苦情解決など）について明記しています。

　②に関しては，子どもの育つ道筋（発達過程）をおさえ，乳幼児期に育ち経験することが望まれる保育の内容の基本的事項が示されています。また，子どもの育ちをより具体的に把握するための視点として「養護」と「教育」の両面から保育の内容を明記しています。

改定の主なポイント

①保育所の役割の明確化
・保育所の役割（目的・理念，子どもの保育と保護者への支援など），保育士の業務，保育所の社会的責任の明確化

②保育の内容，養護と教育の充実
・養護と教育が一体的に展開される保育所保育の特性とその意味内容の明確化
・養護と教育の視点を踏まえた保育のねらいと内容の設定
・保育の内容の大綱化，改善・充実
・誕生から就学までの長期的視野を踏まえた子どもの発達の道筋を明記
・健康・安全及び食育の重要性，全職員の連携・協力による計画的な実施

③小学校との連携
・保育の内容の工夫，小学校との積極的な連携，子どもの育ちを支えるための資料（保育所児童保育要録）の送付・活用

④保護者に対する支援の重要性
・保育所の特性や保育士の専門性を生かした保護者支援
・子どもの最善の利益の考慮，保護者とともに子育てに関わる視点，保護者の養育力の向上等に結び付く支援の重要性

⑤保育の計画と評価，職員の資質向上
・保育実践の組織性・計画性を高めるための「保育課程」の編成
・自己評価の重要性，評価結果の公表
・研修や職員の自己研鑽等を通じた職員の資質向上，職員全体の専門性の向上
・施設長の責務の明確化

保育所に求められるもの
○指針の趣旨・内容の理解とこれに基づく保育実践の展開
○基本を踏まえた創意工夫（保育所の特性や地域性を生かした保育）
○保育指針－保育課程－実践－自己評価による組織性の向上
○保育内容の説明責任（保育の質の向上に向けての継続的取組）
○保護者や関係機関，地域との連携と共生

図2　保育所保育指針の改定②

　子どもの健康・安全のための保育園の実施体制を示すとともに「食育の推進」が盛りこまれたことも大きな特徴です。

　③では，子どもの生活や発達の連続性をふまえた保育の内容の工夫や小学校との交流，連携を図ることが明記されています。さらに，子どもの就学に際し，子どもの育ちを支える資料を「保育所児童保育要録」として小学校へ送付することが示されました。

　④については，保護者支援の基本を明らかにしたうえで，在園児の保護者に対する支援と地域における子育て支援を示しています。とくに，在園児の保護者の状況をふまえ，親子の関係構築や保護者の養育力の向上に資する支援を重要視しています。

　⑤では，とくにこれまでの「保育計画」を「保育課程」という名称に改め，保育課程，指導計画に基づく保育実践を行なうこと，そして，その保育内容や実践を自己評価することが新たに規定されました。また，個々の保育者の自己評価を保育園の自己評価につなげ，全職員が自己評価に基づく園の課題について，園内研修などをとおし

て理解を深め，職員の資質向上，専門性の向上を図ることを求めています。

保育指針は第1章に保育内容の根幹となる事項を規定しています。この第1章「総則」の内容を受けて第2章から第7章までの記述があり，そのつながりや関連を読み取ることが重要です（図3）。

保育指針の文言を具体的な保育内容やその実践に結び付けて，自らの保育の意味や意義を明確にしていくことが特に保育の専門職である保育士には求められます。

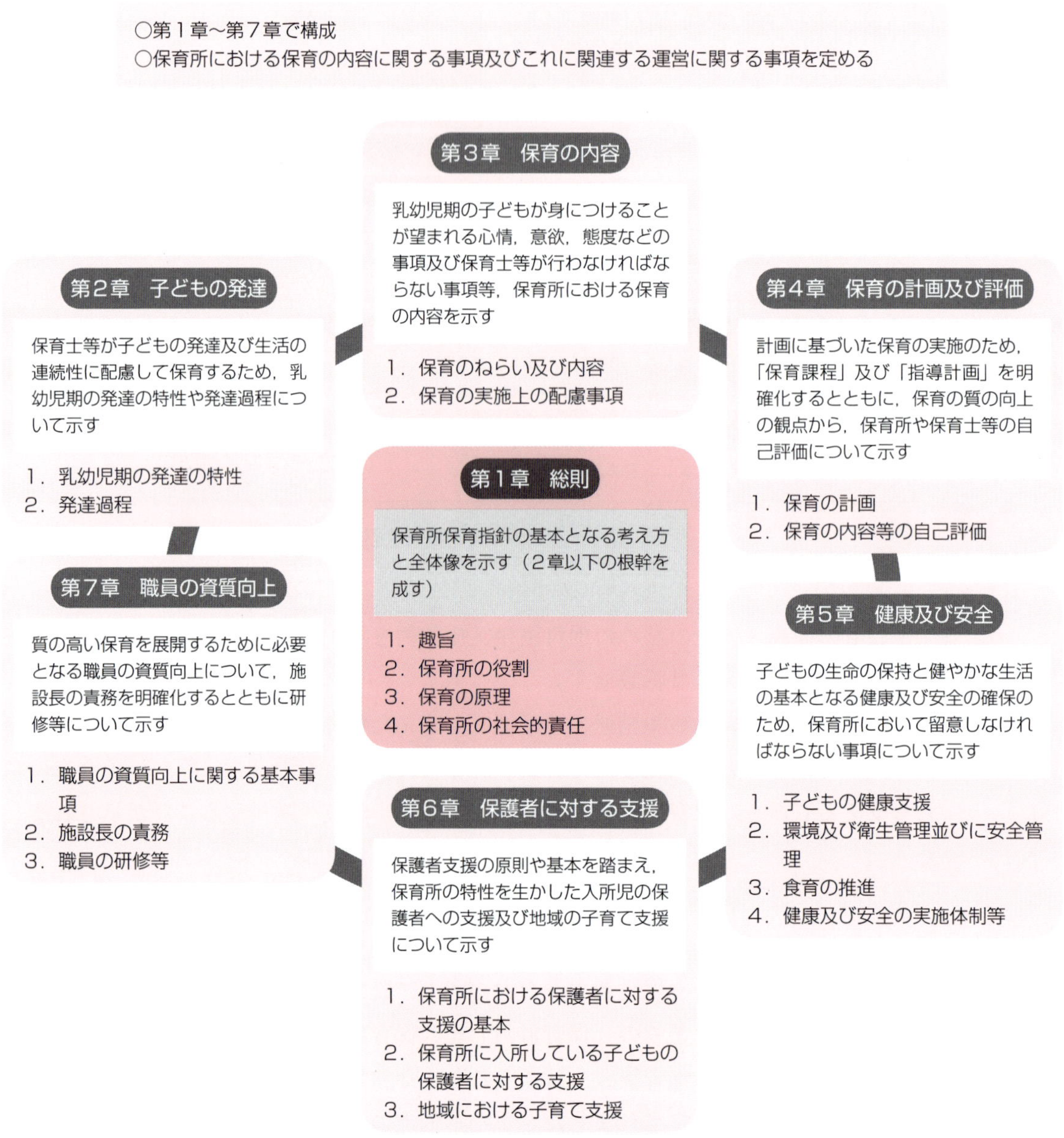

○第1章～第7章で構成
○保育所における保育の内容に関する事項及びこれに関連する運営に関する事項を定める

第3章　保育の内容

乳幼児期の子どもが身につけることが望まれる心情，意欲，態度などの事項及保育士等が行わなければならない事項等，保育所における保育の内容を示す

1. 保育のねらい及び内容
2. 保育の実施上の配慮事項

第2章　子どもの発達

保育士等が子どもの発達及び生活の連続性に配慮して保育するため，乳幼児期の発達の特性や発達過程について示す

1. 乳幼児期の発達の特性
2. 発達過程

第4章　保育の計画及び評価

計画に基づいた保育の実施のため，「保育課程」及び「指導計画」を明確化するとともに，保育の質の向上の観点から，保育所や保育士等の自己評価について示す

1. 保育の計画
2. 保育の内容等の自己評価

第1章　総則

保育所保育指針の基本となる考え方と全体像を示す（2章以下の根幹を成す）

1. 趣旨
2. 保育所の役割
3. 保育の原理
4. 保育所の社会的責任

第7章　職員の資質向上

質の高い保育を展開するために必要となる職員の資質向上について，施設長の責務を明確化するとともに研修等について示す

1. 職員の資質向上に関する基本事項
2. 施設長の責務
3. 職員の研修等

第5章　健康及び安全

子どもの生命の保持と健やかな生活の基本となる健康及び安全の確保のため，保育所において留意しなければならない事項について示す

1. 子どもの健康支援
2. 環境及び衛生管理並びに安全管理
3. 食育の推進
4. 健康及び安全の実施体制等

第6章　保護者に対する支援

保護者支援の原則や基本を踏まえ，保育所の特性を生かした入所児の保護者への支援及び地域の子育て支援について示す

1. 保育所における保護者に対する支援の基本
2. 保育所に入所している子どもの保護者に対する支援
3. 地域における子育て支援

図3　新保育所保育指針の内容

保育園の社会的責任と保育の専門性

　保育指針では、保育園が、子育て家庭や地域社会に対し、その役割と機能を確実に果たしていくために、とくに遵守しなければならない3つの事項を「保育所の社会的責任」として保育指針第1章総則に規定しています（図4）。

　その一つ目は、「子どもの人権の尊重——子どもの存在や命を大切にする文化や価値観を醸成する——」ということです。

　保育者は、保育という営みが、子どもの人権を守るために、法的・制度的に裏づけられていることを認識し、「憲法」「児童福祉法」「児童憲章」「児童の権利に関する条約」などにおける子どもの人権等について理解することが必要です。

　また、子どもの発達や経験の個人差等にも留意し、国籍や文化の違いを認め合い、互いに尊重する心を育て、子どもの人権に配慮した保育となっているか、職員全体で確認することが必要です。そのため、保育者は常に、自らの人間性や専門性の向上に努めるとともに、豊かな感性と愛情をもって子どもとかかわり、信頼関係を築いていかなければなりません。さらに、子どもが健やかに育つ環境を醸成し、子どもを大切にする文化や価値観を紡ぎ出していくことも、保育園の社会的責任といえます。

　保育課程を編成するうえでも、こうした児童福祉の理念がまず念頭にあり、児童福祉を担う者としてのマインドがすべての職員に浸透していることが重要です。

	児童福祉法・社会福祉法等の理解と遵守
	地域における保育の専門施設としての責務
子どもの人権を尊重する	子どもの人格の尊重・国籍や文化の違い、性差や個人差、ノーマライゼーションなどへの十分な配慮・アドヴォカシー・互いに尊重し合う心・子どもや命を大切にする文化や土壌を醸成する
地域社会との交流 保護者等へ説明責任	保育課程に基づく保育内容の保護者への伝達・地域の社会資源・共有財産としての保護者や地域への情報提供・応答的な説明
個人情報の適切な取り扱い 苦情解決の責任	守秘義務・個人情報保護苦情解決への保育所の組織的対応
	自己評価・外部評価

図4　保育所の社会的責任

二つ目に規定されているのは,「地域交流と説明責任——保育所保育を発信し,応答責任を果たす」ということです。
　保育園は,地域に開かれた社会資源として,地域のさまざまな人や場,機関などと連携していくことが求められます。また,次世代育成支援や世代間交流の観点から,小・中学校などの生徒や学生の体験学習や実習を受け入れ,高齢者の方との交流を行なうなどさまざまな事業が展開されています。
　社会福祉法（1945年法律第45号）第75条及び児童福祉法第48条の3において施設の情報提供が努力義務として明記されています。とくに保育園においては,保育課程に基づく保育内容を具体的に伝え,子どもの育ちゆく姿や保育の過程について保護者等と認識を共有したり,共感したりすることが大切でしょう。
　さらに,三つ目には「個人情報の保護と苦情解決——保育の質の向上を図るための仕組みとして」が規定されています。
　保育にあたり知り得た子どもや保護者に関する情報は,正当な理由なく漏らしてはならず,児童福祉法第18条の22には,保育士の秘密保持義務について明記されています。また,社会福祉法第82条及び児童福祉法最低基準第14条の3には,「苦情の解決」について明記されています。
　苦情解決については,苦情をとおし,自らの保育や保護者等への対応を謙虚に振り返り,誠実に対応していくことが肝要です。保護者等の意向を受け止めながら,園の考えや保育の意図などについて十分に説明するとともに,改善や努力の意思を表明することも必要でしょう。また,保育内容等を説明したり,保育実践の意義を伝える際には,その根拠を明らかにすることが,保育の専門性と深くかかわります。保育指針や保育課程を拠りどころにしながら,子どもの育つ過程や保育実践の意図を伝えるとともに,その理由や根拠をわかりやすく示すことが保育者には求められます。継続的な記録や客観的なデータなどを活用して,同僚とともに保育を深めていきたいものです。
　保育の専門性は,保育実践の継続性と保育の創意工夫により培われていきます。保育課程に基づく指導計画とそれらに基づく自らの実践を振り返り,保育の根拠を明らかにしながら保育内容を充実させていくことが保育者には求められます。

第2節　保育の基本

生きる力の基礎を育む

　生まれたばかりの赤ちゃんを前にして、その親ならずとも、「健やかに幸せに育ってほしい」と誰もが願うことでしょう。あるいは、あどけない幼な子の生命力に感動したり、かわいらしい笑顔に心癒されたりすることは多くの人が経験しているのではないでしょうか。

　保育者になろうと決心した時のことを思い出してみてください。きっと、心温まる子どもとのかかわりや交流のなかで、子どもへの興味・関心が深まる出来事があったのではないでしょうか。あるいは、自分が幼い頃、手をかけ、目をかけ、かわいがってくれた保育者の存在が忘れられないという人もいるかもしれません。

　乳幼児期の記憶は定かではないという人であっても、保護者や周囲の大人にかわいがられ、泣いたり笑ったり気持ちいいと感じたりした経験はその人の生きる基盤となっているはずです。「三つ子の魂百まで」と昔の人が言ったように、幼い頃、培われた人としての礎はその後の人生に大きな影響を及ぼします。だからこそ、乳幼児の育ちに大きくかかわる保育者の仕事はたいへん重要であり、一人ひとりの子どもの生きる力の基礎を育んでいるということの自覚と責任をもって保育にあたらなければなりません。

　保育所保育指針解説書（2008・厚生労働省）では、第1章の「3　保育の原理」にある「（1）保育の目標」について、「保育所は、『生涯にわたる人間形成にとって極めて重要な時期』にある乳幼児の『現在』が、心地よく生き生きと幸せであることを保育の目標とするとともに、その『未来』を見据えて、長期的視野を持って、生涯にわたる生きる力の基礎を培うことを目標として保育することが重要」としています。

　一人ひとりの子どもがその子らしさを十分に発揮して主体的に生きること、周囲の子どもや大人とのかかわりのなかで、共に楽しみ、心を通わせながら喜びをもって生きること、こうした経験を積み重ねることにより、子どもの生命力はさらに輝きを増すことでしょう。

保育実践のなかで，子どもの生きる力の基礎を培うために，どのような見通し（プラン）をたて，どのような環境を用意し，どのようなかかわりと援助をしていったらよいのか，常に真剣に考え，同僚とともに創意工夫することを惜しまない保育者であることが求められます。

❷ 養護と教育の一体的展開

「教育」という言葉に，皆さんはどのようなイメージをもたれるでしょうか。

机が並び，教壇に先生が立つ教室の風景でしょうか。テストの答案用紙や成績表などをイメージする人もいるかもしれません。あるいは，著名な教育者や教育学の書物などを思い浮かべる人もいるでしょう。

保育は教育とは異なると主張する人もいます。学校教育の前段階として，幼児教育があることは誰もが認めることだと思いますが，幼児教育は幼稚園で行なわれ，保育園はどちらかといえば子どもを預かるところといった捉え方をする人も世の中にはいるでしょう。けれど，保育は養護と教育を含むものとして，長年，行なわれてきました。また，2009年に改正された児童福祉施設最低基準第35条にも「保育所における保育は，養護及び教育を一体的に行うことをその特性とし，……」と明記されています。保育と教育が別々にあるのではなく，保育のなかにすでに教育があるのです。保育者は子どもの養護と教育を担う者であり，保育には養護的側面と教育的側面があることを，保育指針を読み返して，確認していただきたいと思います（図5）。

保育所保育指針解説書には「保育には，子どもの現在のありのままを受け止め，その心の安定を図りながらきめ細かく対応していく養護的側面と，保育士等としての願いや保育の意図を伝えながら子どもの成長・発達を促し，導いていく教育的側面とがあり，この両義性を一体的に展開しながら子どもとともに生きるのが保育の場である」と記されています。

保育の全体計画である保育課程において，養護と教育をどのように位置づけ，どのように記述していくか。養護と教育のそれぞれの視点を抑えながら，一体的に展開するということをどのように書き表していくか。保育園ではさまざまな意見が交わされ，喧々諤々の日々を経てわが園の保育課程が編成されたことでしょう。正解はありません。保育実践のなかで，養護と教育の具体的展開を検証し，その一体性を確認する作業の積み重ねにより，さらにパワーアップした保育課程がつくられていくことが期待されます。

```
         ┌─────────────────────────────┐
         │ 第1章の保育の目標をより具体化したもの │
         └─────────────────────────────┘
```

ねらい

子どもが安定した生活を送り，充実した活動ができるよう
○保育士等が行わなければならない事項
○子どもが身に付けることが望まれる心情・意欲・態度などの事項

内　容

ねらいを達成するために
○子どもの生活やその状況に応じて保育士等が適切に行う事項
○保育士等が援助して子どもが環境に関わって経験する事項

「ねらい」及び「内容」を具体的に把握するための視点として，「養護」と「教育」の両面から示すが，実際の保育においては，養護と教育が一体となって展開されることに留意することが必要

養　護 **教　育**

子どもの生命の保持及び情緒の安定を図るために保育士等が行う援助や関わり

子どもが健やかに成長し，その活動がより豊かに展開されるための発達の援助

| 生命の保持　　情緒の安定 |  子どもの生活や遊びを通して相互に関連を持ちながら総合的に展開  | 健康　人間関係　環境　言葉　表現 |

図5-①　保育の内容
保育の内容は「ねらい」及び「内容」で構成される

▶ **生命の保持**

ねらい
　　一人一人の子どもが，
①快適に生活できるようにする
②健康で安全に過ごせるようにする
　　一人一人の子どもの
③生理的欲求が十分に満たされるようにする
④健康増進が積極的に図られるようにする

内容（要旨）
①平常の健康状態や発育・発達状態の把握，速やかに適切に対応する
②保健的で安全な保育環境の維持及び向上に努める
③子どもの生理的欲求を満たし，適切な生活リズムをつくる
④適度な運動と休息，意欲的に生活できるよう援助する

▶ **情緒の安定**

ねらい（要旨）
　　一人一人の子どもが，
①安定感をもって過ごせるようにする
②自分の気持ちを安心して表わすことができるようにする
③自分を肯定する気持ちが育まれていくようにする
　　一人一人の子どもの
④心身の疲れが癒されるようにする

内容（要旨）
①子どもの欲求を満たしながら，応答的な触れ合いや言葉がけを行う
②子どもの気持ちを受容し，共感しながら継続的な信頼関係を築いていく
③自発性，探索意識，自分への自信が持てるよう，成長の過程を見守り，適切に働きかける
④活動内容のバランスや調和を図り，適切な食事や休息がとれるようにする

図5-②　養護にかかわるねらい及び内容

健康	健康な心と体を育て，自ら健康で安全な生活をつくり出す力を養う ねらい ①明るく伸び伸びと行動し，充実感を味わう 　　　②自分の体を十分に動かし，進んで運動しようとする 　　　③健康，安全な生活に必要な習慣や態度を身に付ける	①〜⑨まで 9つの内容
人間関係	他の人々と親しみ，支え合って生活するために，自立心を育て，人と関わる力を養う ねらい ①保育所生活を楽しみ，自分の力で行動することの充実感を味わう 　　　②身近な人と親しみ，関わりを深め，愛情や信頼感を持つ 　　　③社会生活における望ましい習慣や態度を身に付ける	①〜⑭まで 14の内容
環境	周囲の様々な環境に好奇心や探求心を持って関わり，それらを生活に取り入れていこうとする力を養う ねらい ①身近な環境に親しみ，自然と触れ合う中で様々な事象に興味や関心を持つ 　　　②身近な環境に自分から関わり，発見を楽しんだり，考えたりし，それを生活に取り入れようとする 　　　③身近な事物を見たり，考えたり，扱ったりする中で，物の性質や数量，文字などに対する感覚を豊かにする	①〜⑩まで 12の内容
言葉	経験したことや考えたことなどを自分なりの言葉で表現し，相手の話す言葉を聞こうとする意欲や態度を育て，言葉に対する感覚や言葉で表現する力を養う ねらい ①自分の気持ちを言葉で表現する楽しさを味わう 　　　②人の言葉や話などをよく聞き，自分の経験したことや考えたことを話し，伝え合う喜びを味わう 　　　③日常生活に必要な言葉が分かるようになるとともに，絵本や物語などに親しみ，保育士等や友達と心を通わせる	①〜⑫まで 12の内容
表現	感じたことや考えたことを自分なりに表現することを通して，豊かな感性や表現する力を養い，創造性を豊かにする ねらい ①いろいろな物の美しさなどに対する豊かな感性を持つ 　　　②感じたことや考えたことを自分なりに表現して楽しむ 　　　③生活の中でイメージを豊かにし，様々な表現を楽しむ	①〜⑩まで 10の内容

図5-③　教育にかかわるねらい及び内容

環境をとおして行なう保育

　乳幼児の保育が，学校における教科学習と異なるのは，乳幼児期の子どもの特性をふまえ，子どもの生活全体を視野に入れ，保育の環境をとおして行なわれるということです。

　教師が提示した知識や理論の内容を理解する，覚えるといった学習ではなく，子ども自身が手を伸ばし体を動かし心を躍らせながら周囲の環境にかかわるなかで，その育ちが促されていく，生活や遊びをとおして子ども自らが感じたり，想像したり，考えたりするなかで発達が促されていく。こうした経験による学びが乳幼児期にはたい

へん重要であり，それは生きる力の基礎となります。

このため，保育者は子どもの興味や関心をふまえ，その発達過程に留意して保育の環境を構成することが肝要です。保育の環境構成は日々保育者が行なう業務として，たいへん重要であり，このことは保育の専門性と深くかかわります。

保育指針第1章の「3　保育の原理」「（3）保育の環境」に，「保育の環境には，保育士等や子どもなどの人的環境，施設や遊具などの物的環境，更には自然や社会の事象などがある。保育所は，こうした人，物，場などの環境が相互に関連し合い，子どもの生活が豊かなものとなるよう，……計画的に環境を構成し，工夫して保育しなければならない」とあります。

そして，保育の環境に関する4つの項目を設けて，環境をとおして行なう保育の具体的実践を促しています。その一つ目は「子ども自らが関わる環境」であり，二つ目は「安全で保健的な環境」，三つ目は「温かな雰囲気と生き生きとした活動の場」であり，四つ目は「人との関わりを育む環境」です。この4つの事柄をしっかりとふまえ，たとえば0歳児だったら，たとえば3歳児だったら，あるいは，5歳児にとっては具体的にどのような環境になるだろうかと考え，見通しをもって計画的に環境を構成することが必要です。こうしたことを保育課程に盛りこんでいくことも環境をとおして行なう保育を進めていくうえで大切でしょう。

子どもの発達過程と保育の内容

保育指針には「発達過程」という言葉が多く使われています。それは，子どもの発達を「過程」（プロセス）と捉え，育ち行くその姿に寄り添い，常に発達し続ける子どもの心身の状態を丁寧に捉えることが重要であるからです。また，子どもの発達を年齢で画一的に捉えるのではなく，子どもが育つ道筋やその特徴をふまえ，個人差を十分に考慮することが大切であるからでもあります。

子どもと共に過ごす保育者が，生命力溢れ，日々成長する子どもの姿に驚きと感動を覚えながら，一人ひとりの子どもの状況や発達過程をふまえ保育していくことは，保育の基本です。また，乳幼児期の子どもの発達過程を捉え，その時期にふさわしい保育環境を構成したり，発達過程に応じた適切な援助やかかわりを行なうことは保育者の基本的な役割です。

離乳食を開始したばかりの赤ちゃんにこってり味の焼肉を食べさせる人はいないかと思いますが，保育の環境構成においてもこうした配慮が必要であり，大人と同じ生活環境や刺激の強い音や色や空気は適切でないと考えられます。また，つかまり立ちのできるようになった子どもが伝い歩きしやすいような環境を整え，伝い歩きできる

ようになった子どもが手を離して一歩踏み出す安全な環境を整えることも大切です。幼い子どもの視線や動線に配慮し，子どもの身になって想像力をはたらかせて保育の環境を見直していきたいものです。

　保育指針第2章「子どもの発達」の前文には「子どもの発達の特性や発達過程を理解し，発達及び生活の連続性に配慮して保育しなければならない」とあります。保育するうえで，子どもの発達と生活の連続性を十分に配慮することが重要であり，とくに0歳から6歳までの子どもの発達過程とそれに対応する保育内容が，保育課程において簡潔に示されていることが必要でしょう。さらに，6歳以降の子どもの発達や生活を視野に入れて保育園から学校へと子どもの育ちを受け渡すことが保育の専門職である保育士には求められます。保育指針において，子どもの育ちを支える資料（保育所児童保育要録）の小学校への送付が規定されたことも，この連続性をふまえることの重要性と重なります。

第3節　保育課程の編成

保育課程編成の意義

　保育園では、これまでも保育の全体計画である「保育計画」を作成し、保育計画に基づき年齢別などの指導計画を作成し、保育を進めてきました。保育の計画を立て、見通しをもって保育するとともに、自らの保育実践を計画に沿って振り返ることは保育者として当然の責務です。また、この振り返り、すなわち、保育の省察が次の計画を立てる際に活かされます。そして、保育の計画、実践、振り返り、自己評価が次の計画の作成につながり、保育が改善されていくことが期待されます（図6）。

　保育園においては、保育者一人ひとりが子どもと向い合い、親身になって子どもとかかわったり、子どもの年齢や発達過程に合わせて遊びや活動を計画し実践しています。保育者の人柄や個性、保育者としての技量は子どもに多大な影響を与えますし、個々の子どもに応じたきめ細やかな配慮が必要です。一方、保育園は、公的な役割を担う保育の専門機関であり、園という組織としての取り組みが求められているといえます。

　改正された保育指針では、職員全員で自園の保育方針や目標について共通認識をもち、計画的かつ組織的に保育に取り組むことを求めています。保育指針の締めくくりである第7章を「職員の資質向上」とし、園長（施設長）のリーダーシップの下、全職員が協働することについて明記していることからもそのことは明らかです。

　長い保育園の歴史のなかで、保育指針がはじめて告示化されたことの意味やその重要性を職員全員で確認し、新たな保育指針に基づく保育園の全体計画を皆でつくりだしていく。それはたいへん意義深いことです。保育指針の改定内容などをふまえ、保育の計画全体を見直し、我が園らしい保育の計画を立てる。その全体計画の名称が「保育課程」と変わったのですが、このことは、新たな一歩を踏み出す職員の結びつきを強めたのではないでしょうか。

　保育園ではさまざまな計画がつくられていますが、それらすべての計画の上位に保育課程が位置づけられ、保育課程に基づく保育が進められています。保育課程は保育

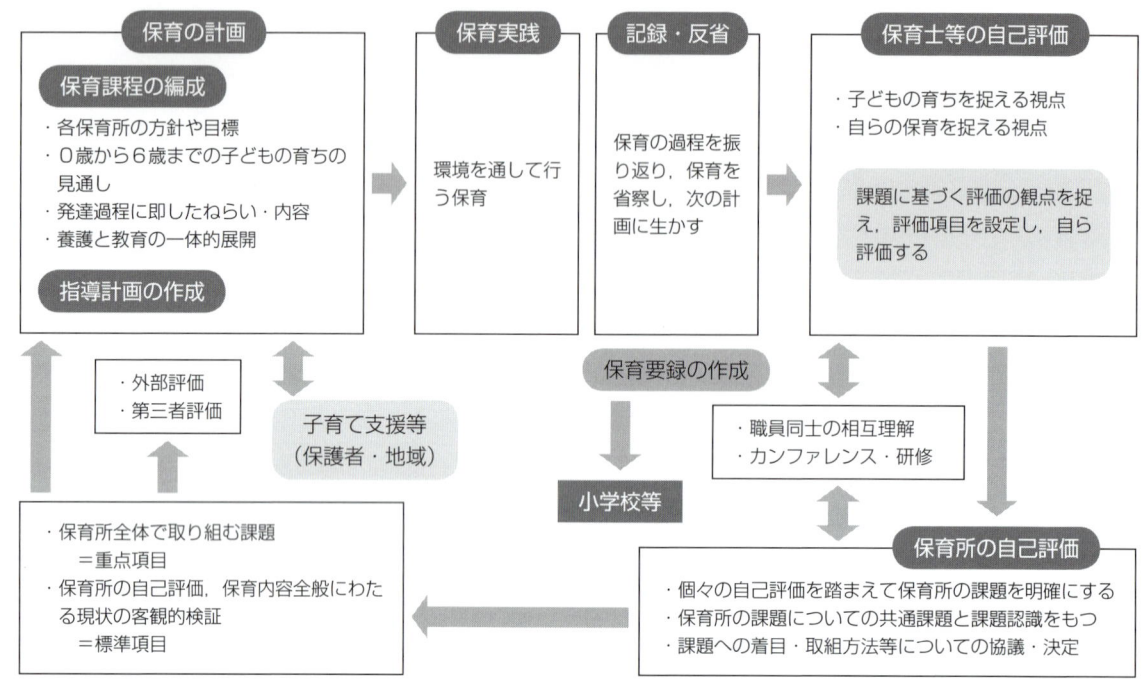

図6　保育所の組織的取組の連動

の根幹を成すものであり，保育課程をふまえ，一貫性，継続性をもって保育に取り組んでいくことにより保育の質の向上が図られるところに保育課程の編成の意義があるといえるでしょう。

保育課程と教育課程

　保育課程というと，幼稚園や小学校などにおける「教育課程」を思い浮かべる人もいるかもしれません。幼稚園では教育内容の全体計画を「教育課程」といい，教育課程に基づき，指導計画が作成され，日々の実践が行なわれています。保育課程，教育課程はそれぞれ保育内容，教育内容の全体計画であり，共に指導計画の大元です。職員全員が理解し，認識し，実践の基盤としているという意味では，保育課程も教育課程も変わりません。ともにたいへん重要なものであり，保育課程，教育課程なくして保育・教育は進められないといっても過言ではないでしょう。

　保育園と幼稚園では保育・教育時間が異なり，課程の捉え方もやや異なりますが，共通の部分も多くなっています。

　幼稚園における教育課程では，一日4時間の教育時間を規定し，その時間を超えての預かり保育等は教育課程外の教育活動としています。また，当然のことながら，幼

稚園は，3歳から就学前までの子どもの育ちを見通したものとなっています。

　一方，保育園における保育課程では，在園している子どもの生活全体をとおして捉えることとしています。保育時間の長短にかかわらず，また，子どもの在園期間にかかわらず，0歳から就学前までの長期的な視野をもって子どもが保育園において，充実した生活ができるよう保育のねらいと内容を組織することが求められます。

　子どもの生活全体をとおして保育の目標が総合的に達成されるよう子どもの発達過程や生活経験を考慮して保育課程を編成することは，保育の専門性に深くかかわります。子どもの発達や生活の連続性をふまえ，子どもの成長・発達を支えるための保育課程となるよう，子どもの実態や日々の保育実践と結びつけていくことが大切です。

保育課程編成の手順

　保育指針の第4章「保育の計画及び評価」では保育課程について，以下のように規定しています。

> 1　保育の計画
> （1）保育課程
> ア　保育課程は，各保育所の保育の方針や目標に基づき，第2章（子どもの発達）に示された子どもの発達過程を踏まえ，前章（保育の内容）に示されたねらい及び内容が保育所生活の全体を通して，総合的に展開されるよう，編成されなければならない。
> イ　保育課程は，地域の実態，子どもや家庭の状況，保育時間などを考慮し，子どもの育ちに関する長期的見通しを持って適切に編成されなければならない。
> ウ　保育課程は，子どもの生活の連続性や発達の連続性に留意し，各保育所が創意工夫して保育できるよう，編成されなければならない。

　実際に保育課程を編成する際には，保育指針の内容を理解，把握していることが大前提ですが，それとともに，それぞれの園の設立の経緯や保育理念，保育方針や保育目標について，職員全員で確認し，理解を深め合うことも必要でしょう。そのうえで保育指針の第2章「子どもの発達」と第3章「保育の内容」に示されている事項をしっかりと読み取り，0歳から6歳までの子どもの発達過程に応じた保育内容を園の特性や保育の環境などをふまえ，構成していくことが大切です。

　また，保育課程を編成するうえで，子どもの生活や発達の連続性をふまえ，家庭や保護者の状況に留意することも必要でしょう。さらに，保育園の保育が小学校以降の子どもの生活につながることや，地域社会との連携についても視野に入れることが大切です。

なお，保育所保育指針解説書では，保育課程編成の手順について，次のように記しています。

> 保育課程編成の手順について（参考例）
> 1）保育所保育の基本について職員間の共通理解を図る。
>   児童福祉法や児童に関する権利条約等関係法令を理解する。
>   保育所保育指針，保育所保育指針解説書の内容を理解する。
> 2）各保育所の子どもの実態や子どもを取り巻く家庭・地域の実態及び保護者の意向を把握する。
> 3）各保育所の保育理念，保育目標，保育方針等について共通理解を図る。
> 4）子どもの発達過程を見通し，それぞれの時期にふさわしい具体的なねらいと内容を一貫性をもって組織するとともに，子どもの発達過程に応じて保育目標がどのように達成されていくか見通しを持って編成する。
> 5）保育時間の長短，在所期間の長短，その他子どもの発達や心身の状態及び家庭の状況に配慮して，それぞれにふさわしい生活の中で保育目標が達成されるようにする。
> 6）保育課程に基づく保育の経過や結果を省察，評価し，次の編成に生かす。

以上の手順をふまえ，保育課程を編成していきますが，大事なことは全職員が保育課程の編成に携わることです。また，保育指針と保育課程のつながりを一人ひとりの保育者がしっかりと説明できるようにすることです。それは，当然のことながら，保育課程と指導計画をつなげることにおいても同様です。こうした「連続性」を意識し，明確にすることが保育園の保育力に結びつきます。

 ## 保育課程編成の実際

それでは，実際に保育園で編成されている保育課程を参考に，保育課程の重要性を確認していきましょう。

1　たんぽぽ保育園の保育課程①②（21～23頁参照）

ここには，まず，児童福祉法の精神に基づき，「乳幼児の最善の利益を基本に保育をすすめる」とあり，3つの柱が示されています。「保育園の社会的責任」について，保育指針第1章の記述に基づき，保育の前提としてしっかり明記されていることもこの園の特徴であるといえます。

また，保育の基本方針として，子どもの「生きる力」，すなわち，「自分で考えて行動する力」「葛藤を経ながらも失敗や困難に立ち向かおうとする力」を育てたいとし

ています。基本方針に基づく保育目標の4つの柱には,「主体的に行動する子ども」「共に育ち合う子ども」「人と感動を共有しあえる子ども」「葛藤や困難をのりこえていく子ども」とあり,これらが,「年齢別ねらい」につながり,0歳から6歳までの発達過程に応じた内容となっています。

　たとえば,0歳児では「特定の保育者との親密なかかわり」があり,1歳児では「自己主張する力が育つ」,2歳児では「友だちへの関心がめばえ」,3歳児では「友だちと対話が楽しめるようになり」,4歳児では「葛藤を経験し,相手の意図や気持ちに気づき」,5歳児では「仲間と一緒に活動することを楽しむ」,6歳児になると「友だちと協力しあい,目的を達成していく喜びを味わう」ことができるようになる。こうした成長過程を見通しながら,保育の方針や目標が達成されるよう,保育していくことが全職員に求められます。

　この園では,年齢別ねらいを,保育指針における発達過程の8区分に沿ってさらに詳しく明記しています。その際,養護と教育のねらいが発達過程に応じてどのように展開されるかについても示されていますが,教育の5領域は「人間関係・言葉」と「環境・表現」を一括りにし,3つの枠で記されています。実際の保育においては,養護と教育が切り離せないように,教育の5領域も5つずつ切り離した活動にはならないものです。その一体性を重視するか,5領域のそれぞれの観点を大事にして記載するかは,各保育現場の判断によります。保育園によっては,3歳未満は教育の5領域を総合的に示し,3歳以降は5領域ごとに記しているというところもあります。

　いずれにしても,保育指針にある養護の2つの目標と教育の5つの目標及びそこから導き出される養護の8つのねらい(生命の保持,情緒の安定の各4つのねらい)と,教育の15のねらい(5領域の各3つのねらい)が発達過程に沿って展開されるように記すことが大切です。

2 **芦穂崎保育園の保育課程③**(24～27頁参照)

　まず,園目標,保育姿勢とともに,地域の特性や園の概要が示されています。地域性を視野に入れて保育課程を編成することは,重要であり,保育園が置かれている地域の環境やその特性を考慮して保育することが求められます。

　この園の保育課程には,保育指針に示された養護と教育の計23のねらいが枠の左側に記されています。そして,6つのクラスごとにそれぞれのねらいがどのように展開していくかが一望できるように工夫されています。これを見ると,養護にかかわる内容は低年齢における保育者のかかわりや援助に大きく依存することがわかります。また,教育にかかわる内容は年齢が上がるにつれ,より高度な課題や複雑な経験となることが見て取れるでしょう。6年間の育ちの様相が保育課程から伝わってきます。

　また,この園では,以前より園として大事にしてきた「食育」や「運動遊び」,意

欲的に取り組んできた「リズム」について，0歳からの積み重ねを重視して記載しています。保育園の特徴がよく現れていますが，これらについても，保育指針のどこを拠りどころにしているかがわかるとより地に足の着いた実践となるでしょう。

3　太陽保育園の保育課程④（28頁参照）

　　保育指針第1章を基にして，編成されています。保育園が，子どもの福祉を増進することに「最もふさわしい生活の場でなければならない」とまず，保育指針に謳われていることが，それぞれの発達過程において，どのように展開されていくかが見てとれます。また，同じく保育指針の第1章に示された「保育の環境」の4つの柱が，発達過程に応じてどのようなものになっていくかが示されており，この園が保育の環境をたいへん重視していることがわかります。

　　この内容から，保育者が養護と教育の観点を読み取り，それぞれの年齢別の指導計画のなかで起こしていくためには，保育者の力量が必要です。園長や主任保育士のリーダーシップの下，保育の総合性と養護と教育を捉える具体的な観点を習得し，保育者の専門性を高めていくことが期待されます。

4　青戸福祉保育園の保育課程⑤（29〜31頁参照）

　　保育園の使命と責任を明確にしたうえで，「子ども像」を示し，それらに基づき，各年齢の保育目標と保育内容が明記されています。

　　「保育園の使命と責任」には「子どもの安定した生活及び健全な心身の発達を保障する保育を行なう」こと，「子どもが人間への信頼感をしっかりともち育つことができるよう」にすること，「個々の家庭生活を支え」，「保護者と協力し合いながら保育を行なう」こと，保育の「環境を大いに活用する」ことなどが明記されており，この園が子どもと保護者を支える重要な場であることがわかります。

　　運営方針の最初に，子どもの「自己肯定感」をあげ，「豊かな人間関係をつくる」ことを明記していることからも，この園で大切にされてきた保育の精神がうかがえます。こうした園の基本方針が保育指針とともに，保育の具体的なねらいや内容につながっていることが大切であり，保育者が毎月立てる月間指導計画の根っこがこの保育課程にあることを常に確認することが必要です。だからこそ，保育課程が重要であり，保育課程はその園の保育の質を示す大事な財産です。

　　立派な保育課程が編成されても，それが棚の上にあげられていては意味がありません。保育課程が日々の子どもの生活に活かされ，子どもの成長・発達に寄与するものであることが求められます。また，保育者がその専門性を高めていくためにも，常に指導計画と保育課程を照らし合わせながら，保育の幹を太く丈夫にしていきたいものです。

① 保育課程　たんぽぽ保育園

保育理念	基本方針	保育目標	特色ある保育	園の主な行事
○乳幼児の最善の利益を基本に保育をすすめる ①一人ひとりの子どもの育ちを支える ②働く保護者の子育て、働くことを支援する。子育てしやすい環境づくり、地域づくりをすすめる	○情操・体育・知育の調和のとれた環境のなかで「生きる力」で行動する。 ・自分で考え行動する力 ・いろいろな経験を経ながらも失敗や困難に立ち向かおうとする力を育てていくよう考えています。	○心の安定を基礎に体や心を養い、主体的に活動する子ども ①自分で考え行動する子ども ②友だちや仲間と共に育ち合う子ども ③人の話を最後まで聞き、対話を楽しみながらと人と感動を共有しあえる子ども ④適切な判断ができ、葛藤や困難をのりこえていく子ども	○担当制保育 ○障がいのある子どもと共に育ち合う保育 ○環境を豊かに主体性をはぐくむ保育 ○一時・延長保育	入園説明会　3月末 誕生会　毎月 運動会　10月 生活発表会　12月 保育参観 保育懇談会　3〜4回 卒園式　3月 （その他日本の伝承行事など）

保育園の社会的責任	○子ども一人ひとりの人格を尊重する	子どもの最善の利益	子どもに身体的、精神的苦痛を与えないよう、子どもの人格を尊重した保育を行なう（子どもの人格の尊重　国籍や文化の違い　男女共同参画社会や個人差、ノーマライゼーション）
	○地域社会との交流を図り、保護者や地域社会に保育内容の説明責任を果たす	説明責任	保育の内容など、情報を開示し、保護者などが利用しやすいようにする。具体的でわかりやすい「説明」の徹底（保育方針・一日の過ごし方・年間行事予定・保育の内容……保護者との共有であること　など）
		個人情報の保護	保育にあたり、知り得た子どもや保護者に関する情報は、正当な理由なく漏らしてはならない ＊児童虐待の防止に関しては例外・その他必要な情報交換等については関係者の承諾を得ること
	○個人情報の適切な取り扱いと苦情解決の責任を果たす	苦情解決	保護者の苦情（要望）に対し、訴えの内容を理解するべく最後まで聞き止める→話し合う （苦情解決責任者、受付担当者、第三者委員会を決める体制を整え、苦情受付から解決までの仕組みを明確にする）

	0歳児	1歳児	2歳児	3歳児	4歳児	5歳児	6歳児
年齢別ねらい	・家庭との連携を密にして一人ひとりの子どもの生活リズムを大切にし、食欲、睡眠、排泄などの生理的欲求を満たす ・特定の保育者との親密なかかわりをとおして人との信頼関係がひろがる ・言葉にかかわるさまざまなインプットを丁寧に受けとめてもらい自己表出が活発になる	・保育者に快く世話をしてもらいながら、自分でしようとする気持ちがひろがる ・十分に身体を動かし歩行や探索を楽しむ ・保育が広がる自分の要求、気持ちを行動や言葉で表し、自己主張するひろがる ・ひとり遊びを楽しむ	・甘えることもあるが、保育者に促されて身の回りのことを少しずつ自分でしようとする ・好きな遊びや、みたて、つもり遊びを楽しむ ・友だちとの関わりがひろがる（トラブルになったりするが）時には一緒に遊ぶことを楽しむ ・激しい感情表出を受けとめてもらいながら、気持ちの切りかえができるようになる（自律性がひろがる）	・生活に必要な身の回りのことを自分でするようになる ・保育者や友だちと対話を楽しめるようになり、関心のあることなどが広がる ・いろいろな体験をし、自分なりの思いを体・言葉・えることなどで表現する ・自分に向かって行動しようとするが、相手もいると反抗したりトラブルになり、人との思いの違いに気づく	・生活に必要な行動の意味がわかり、納得してやろうとする ・興味をもった活動に集中する ・さまざまな葛藤を経験し、相手の意図や気持ちに気づいて、解決しようとする力が育つ ・なぜそれが必要か考えながら行動する	・基本的生活習慣が自分の意志で判断ですすめられるように身につく ・仲間とのいろいろな気持ちをともにし、友だちと一緒に活動することを楽しむ ・探究心が深まり、試したり工夫したりして遊びを楽しむ	・見通しをもって生活できるようになり、生活習慣が自立する ・友だちと協力しながら、目的を達成していく喜びを味わう ・地域の人々や小学生・異年齢の子どもなど多くの人とかかわり、それぞれの立場の人の気持ちを理解しようとする

保健	○健康状態、発育発達状態の継続的な把握・心身状態や家族生活、養育状態や家族生活・心身状態や家族状況把握・年間保健指導計画（別紙）・内科（年2回）、歯科（年1回）の検診・異常が認められた時の対応　○月1回保健だより
環境・衛生管理	○施設内外の点検、清掃、用具等の点検・安全管理および自主点検　○月2回各クラス点検　○全職員の検査
安全対策 事故防止	○月1回、避難訓練の実施（火災・地震・台風・不審者）　○年1回、消防点検 ○関係機関との交流、研修に参加（警察、消防、医師）
保護者への支援	○一人ひとりの保護者の状況や意向を理解し受けとめ、相談、アドバイスを行ない、共に子どもの成長の喜びを共有し、子育てのパートナーとしての意識をもつ ○子育て支援に関する関係機関との協力し、子どもの最善の利益を守る

資質向上（研修計画）	○施設内外の研修、自己研修を積極的にすすめ、専門性を高めていく ○保育実践の振り返りや、自己評価を園全体で行ない園の自己評価にも進める
小学校との連携	○小学生との交流会　○保育園行事等への案内状送付　○小学校行事への参加 ○小学校職員との交流会　○保育所児童保育要録を小学校へ送付
地域への支援	○園庭開放　○育児講座の開催　○育児相談　○子育て情報の発行 ○実習生・職場体験、ボランティアの受け入れ（高齢者の方、近隣施設との交流）
長時間保育	○延長保育（18：30〜19：30）の際は、職員文化的な引き継ぎをしっかり行なう ○子どもの心身の健康、情緒の安定にとくに留意し、安らぎ、ほっとできる環境を整える ○降園の際、保護者が家庭に帰ったあと安心感を感じられるよう配慮し、子どもの成長を肯定的に伝える

第1章　保育指針と保育課程の編成　21

② 保育課程　たんぽぽ保育園

	保育目標				養護		教育			
	①心の安定を基盤に体力を養い主体的に活動する	②友だちや仲間と共に育ち合う	③人の話を最後まで聞き、対話をしてみながら人と感動を共有しあう	④適切な判断ができ、意欲や困難をのり越えていく	生命の保持	情緒の安定	健康（食育）	人間関係	言葉	環境・表現
おおむね6カ月未満	家庭との連携を密にして、一人ひとりの生活リズムを安定させ機嫌よく過ごす	特定の保育者からの働きかけを喜び、相手をじっと見たり、目を見て気持ちをわかちあう	やさしく語りかけてもらい（マザリーズ）、聞く喜びや味わう。泣きの訴えに応じてもらい安心する		一人ひとりの子どもの平常の健康状態を把握し、変化がある時は速やかに対応する	一人ひとりの子どもの欲求や表出をセンシティブにとめ、丁寧にやりとりする	安全で活動しやすい環境のもと、寝返りや腹ばいなどで自分の体を動かせることを知る・特定の保育者に合わせて授乳を行い、特定の保育者に応じてもらい、と思って授乳する	快、不快などの気持ちを泣く、笑う、表情、喃語などで表現し、特定の保育者に応じてもらい、安心する		聞いたり、見たり、触れたりすることで心地よい玩具などで五感の発達にふれ、保育者に遊んでもらうことを喜ぶ
おおむね6カ月〜1歳3カ月未満	保育者に丁寧に世話をしてもらいながら自分の世話をしてくれる特定の人に愛着をもつ	スキンシップやふれあい遊びを楽しみ、よく笑い、人と一緒にいる喜びを味わう	保育者に丁寧に世話をしてもらいながら言葉（言葉以前の言葉）に対応してもらい、発語の意欲が育まれる		おなかがすいたと、おしめがぬれたことなどを訴え、応答的なかかわりをしてもらい心地よくすごす	甘えなどの依存の欲求がや人見知りし、不安などを受け止めるため情緒の安定を図る	姿勢を変えたり、歩き出するといろいろな運動を十分にさせる・いろいろな食べ物を見たり味わったりから自分で食べようとする	生活や遊びのなかで大人のすることに興味をもち、模倣したりすることを楽しむ	言葉にならない言葉、一語文や言葉以前の言葉（声）で応じてもらい発達の喜びを味わう	聞く、見る、触るなどの経験をとおして手指の機能が育まれる
おおむね1歳3カ月〜2歳未満	簡単な身のまわりのこと（食べる、着脱など）を"自分で"と要求する	もちろもちの訴えを理解してもらいながら、やりとりするなかで保育者との信頼関係を深め、自分の思いを発発する	発語のたしみを味わい、一語文から二語文に言葉を使うことでコミュニケーションができることを知る	自我がのびる大人に自己主張し、ぶつかりながら相手の意図を知る・また、他児とのもののの奪い合いなど経験しながら所有権などについて知っていく	一人ひとりの発育、発達状態を適切に把握し、成長の喜び合う	言葉の意味や行動の意味を理解し、やりとりすることで、安心感をもてるようにする	活動しやすい環境のなかで、体を動かすことを楽しみ、歩行がしっかりするおなかがすいたらしっかり食べる	自分の気持ちを言葉、しぐさで言葉で伝えようとし、人やモノと活発にかかわる		身のまわりのもの、外界にいるものに対する好奇心、関心をもち、積極的にかかわり探索のたのしみを味わう
おおむね2歳	"自分で"と訴えたり、"やって"と甘えたりするが、保育者に励ましてもらいながら、自分でしようとする。そして、目分ができることをよろこぶ	保育者や友だちと一緒に遊んだり、好きな遊びが同じだったりすることから気持ちの合うような友だちと一緒に過ごしたりするようになる	体で感じたことや行為の意味を保育者からの言葉で応じてもらい、聞く、伝わる喜びを味わう	思いどおりにならない時うそで甘く激しい感情を表出を受けとめてもらい、目合がその気持ちを静められる〈自律の芽ばえ〉	家庭と協力しながら24時間とおだたと共に感情の安定切った時、目ができやすいように考える	自己主張をしっかり認めながら、時に気持ちを切り替えられる	いろいろな遊具、教材にふれ、全身や手指を使う遊びを楽しむ・保育者や友だちと一緒に食べる楽しさを味わう	生活や遊びのなかで、友だちとの交わりが深まり、身近な人やモノに対して関心を広げる		親しみのある小動物、植物などのものにふれたり聞いたりし、その体験の喜びを再現活動で表す
おおむね3歳	"何でも自分でやってみる"つもりになり、意欲的に活動し、主体が輝き出す	自分のつもりや要求を相手にぶつけながらもそれぞれに通っていることに気づいて考えていることに気づく	自分のつもりが良い視手にされて、子どもの発語の意図を引き出していくような対話を重ねれば言葉のやりとりが成立する	自分のつもりが理解されず甘えや反抗が阻まれたり、トラブルになる、わかってもらえれば気持ちを切りかえられる	気候の変化やすく子どもの状況を把握し、気持ちよく活動できるよう環境を整える	大人との信頼関係のなかで、自分のもつ気持ちや理解してもらい、快活になる	遊びながらいろいろな体の動きを体験し、全身をよく動かす快感を味わう・食事のマナーを理解する	気の合う友だちに自分からかかわり、ぶつかりあいがらも一緒に活動するたのしさを知る		感じたことや想像したことを描いたり、体を動かしたり歌ったりして表現する

年齢										
おおむね4歳	・めんどうくさがることもあるが、ひとつひとつの生活習慣やきまりが大切なことがわかると、いやがらずにやろうとする（自律の育ち）	・友だちや仲間との遊びをとおして、他人の存在や立場を知り、それぞれの思いや考えの違いをどう調整したらよいかやってみる	・少人数の仲間やグループであれば自分の思いやこだわりや気持ち（考え）を伝え、自分たちの考えの違いを共有し合う話し合いができる	・けんかやさまざまな葛藤をとおして、相手の意図や気持ちに気づき、自分の思いを振り返り、違いを認められる	・体の異常について、子どもも自身が自覚し、訴えられるようにになる	・失敗したり思うようにならない体験をしても共感してもらい、保育者に大切に支えられ、自己肯定感が育つ	・危険なものや場所についてわかり、使い方に気をつけたりいろいろな道具を組み合わせて遊ぶ ・自分の体に必要な食品や働きに気づき、食べなれないもの、嫌いなものでも少しずつ食べてみる	・さまざまな活動をとおして友だちとのかかわりを楽しみながら、決まりの大切さに気づき、自分の気持ちを調整する力を身につける	・身近な動植物に親しみ、関心や愛情をもつ。また、身のまわりの事物などに数、量、形などに関心をもつ
おおむね5歳	・生活に必要な習慣や態度を身につける。また、仲間どうしで共通のめあてをもって活動する	・気の合う仲間とともに活動する喜び、仲間が持っていること、ねがっていること、人に寄り添う気持ちが広がる（自律）	・自分の意見を主張するが「もしも自分が～だったら……」と相手の立場（仮定）に立って考えることができる	・「～だけれども～だ」（○○ちゃんはすぐ怒るけどやさしい時もある）という人の多様性に気づき、思いをめぐらし、複数の判断を結びつけて考えるようになる	・活動後は適度な休息をとるなど自分たちで見通しをもって生活する	・周囲から一人ひとりを大切に受けとめられ、主体者としての自覚や責任を感じる	・友だちと一緒に一つのルールのあるさまざまな運動遊びに取り組んで工夫して遊ぶ ・楽しく食事をするために、必要なマナーやきまりを守る	・人と異なる思いや考えを認めあいながら、仲間と協力し、社会生活に必要な力を身につけていく ・互いに自分の考えを出し合い、考えたことや感じたことを相手に言葉で伝える	・身近な社会事象や自然環境に関心が高まり、その不思議さ、美しさなどに感動し、さまざまな方法で表現する
おおむね6歳	・大人の言うことに従うより自分や仲間の意思を大切にし、ともに協力する。協同活動のなかで自分の立場や役割を遂行する	・友だちの範囲が広がり、首で競争したり協力しながら遊ぶほうが面白いと考えるようになる。年上の子や年下の子などと相手にあわせてかかわることができる	・集団の一人としての自覚をもって、保育者や友だちの話を聞き、自分の思いを伝えながら人との関わりの結びつきを実感していく	・「こうあらねばならない自分」とは多少違ってきても自分の欲求のままにふるまいたい自分との狭間で揺れながら、時には人を憎しませ後悔したり、自分の弱さと闘いながらいま、どうすべきかの判断力や自己決定を大切にする自己抑制力が養われる	・体や病気について関心をもち、自分たちで健康な生活を送れるよう努める	・自分が肯定されることで、周りの人を大切にしようとする気持ちになり、人とのかかわりに積極的になる	・友だちと協力しながら創意工夫して遊び、充実感を味わう ・体と食物との関係に関心をもち、栽培や食物に興味をもち、調理を楽しむ	・友だち相互の成長を喜びあい、就学への期待をもつ	・地域の人や小学生などいろいろな人との交わりを楽しむ

 ③ 保育課程 **芦穂崎保育園**

園の概要

1955年、定員60名の小型保育所として開園。1997年増築し、120名定員となり、同時に産休明け保育を開始する。保育所は入所円滑化のため、最大130名の園児が入所している。育児支援事業、障害児保育を実施している。

地域の特性

鶴見区は、横浜市の東に位置し、川崎市に隣接している。京浜工業地帯の中心であり、以前は大きな工場が多くあった。現在は移転した工場も多い。以前のようなエ場の町という地域性は減少しているが、保育所のある郵便局中心地区は、区役所や警察署前の、大きなマンションやストランドなどがある。近く、いわゆる町の中心にある。公園はあるが、手かずの自然が残っているような遊び場は皆無であり、幹線道路が走るなど、遊び場とは言い切れない環境くを含め近辺の歩道が良好な環境といえない地域に位置している。

園目標

- いきいきと遊ぶ子
- はい遊ぶ
- 心の豊かな子

保育姿勢

◇子ども一人ひとりをあるがまま受けて止め、子どもの心に寄り添います。
◇子どもの健やかな成長を願い、一人ひとりの健康状態を把握してきめ細やかに対応します。
◇子どもが本来もっている伸びようとする力、育ち合う力を信頼し、自ら伸びようとする意欲を育てます。
◇健康で安全に、ひとりひとりが「じぶんすき」と感じられるよう、保育者として異彩に子どもを愛護します。
◇自らの感性を豊かに表し、子どもと「感じ合う」ことに務めます。
◇心も体もフルに働かしてのびのびと遊び、子どもが自らいきいきと取り組む活動へと発展させていきます。
◇子どもが好奇心いっぱいに、遊びたくなる環境をつくります。
◇体と心の栄養になるよう、安全でとびっきりおいしい給食を整えます。
◇保護者とともにゆったりとした発達を尊び、協力し合ってその子育てしていきます。

領域			0歳（たんぽぽ）	1歳（すみれ）	2歳（なのはな）	3歳（ちゅうりっぷ）	4歳（もも）	5歳（ばら）
ねらい			①一人ひとりの子どもが快適に生活できるようにする ②一人ひとりの子どもが、自分の気持ちを安心して表すことができるようにする ③一人ひとりの子どもの生理的欲求が、十分に満たされるようにする ④一人ひとりの子どもの健康増進が、積極的に図られるようにする	①明るく伸び伸びと行動し、充実感を味わう ②自分の体を十分に動かし、進んで運動しようとする				
養護	生命の保持		・保育的で安全な環境を用意し、子どもの身の安全を守る ・感染症、事故、SIDSなどに対する備えを整えにし、生命と安全を守る ・一人ひとりの生理的欲求が十分に満たし、健康な生活をさせるようにする ・一人ひとりの子どもの心身の状態をきめ細かに把握し、快適に、健康的に生活できるよう保障する ・授乳、排泄、睡眠、清潔、衣類の取り替えなど、子どもが心地よく感じられるよう丁寧に世話をする	（清潔、室温、湿度、換気、遊具の安全など） ・感染症の広がり、事故、睡眠中の状態等に注意し、生命と安全を守る ・一人ひとりの心身の状態を常に把握し、快適に生活できる ・食事、排泄、睡眠、清潔、衣服の着替えなど、子どもが心地よく受けられるよう援助する	・感染症の広がり、環境の不備による事故に注意し、生命と安全を守る ・基本的生活習慣に関することを、徐々に自分でしたくなるよう援助をする ・活動と休息のバランスを考えながら、適切な生活リズムを整える	・交通事故から身を守れるよう、交通安全の決まりを伝える ・基本的生活習慣に関することを、少しずつ自分でできるようになり自信がつくような援助をする	・基本的生活習慣に関することをほとんど自分でできるようになったことで自分への自信がつくように援助をする ・活発な運動と休息とのバランスのある生活ができるようにする	・子どもが自分の体調をわかり、大人に伝えられるよう、気持ちと言葉をかけ合う ・基本的生活習慣に関することを自分たちで進めていくことの意味を理解して積極的に行えるような援助をする ・生活リズムを整えることでの大切さを子どもが理解して、自分で改善しようとする気持ちをもてるよう働きかける
	情緒の安定		・一人ひとりに担当を決め、授乳、オムツがえ、午睡などはできるだけ同じ保育者が世話をする ・保育者が安定した気持ちで常にゆったりと温かな応答的に関わる ・世話をする時は何をするか話しかけ、言葉にしてから語りかけていく ・子どもの様子を観察しながら、子どもに負担をかけすぎないよう、活動とだんらく（午睡）の（食事・遊び）と休息のリズムを整えていく	・グループごとに担当を決め、食事、排泄、午睡などの世話はできるだけ同じ保育者がはかる ・「イヤ」は自我の芽生えであることも自尊感情に受け止め、子どもの選ぶ権利を大切にする ・子どもが望んだことや気持ちをいる時はだっこしてかかわる ・一人ひとりに応じた活動（食事・遊び）と休息（午睡）のリズムを整えていく	・一人ひとりの子どもの欲求や要求、甘えを受け止め、丁寧に応えていく ・その子が感じていること喜びや楽しさに共感することで自信をつけ、積極的に生活を楽しもうとする気持ちを育てる ・ワガママやダダコネは自我の要求のあらわれであることを止め、子どもの「思い」を尊重する	・常に温かいまなざしで心に届く語りかけを行う ・子どもの人格を尊重し、活動の決まりを伝える ・子どもが自分でやろうとしたことを見守り ・子どもが自分でやれるようになったことを子どもといっしょに喜び、「がんばったね」という自分自身に対する賞賛の気持ちをもてるようにする	・「いつも見守っているよ」というメッセージを送り、困ったときに助けを求められる場所でいる ・振り返れる心の拠りどころになくサポートしながら、細やかな心の生まれる時期を理解し、結果的には「ジブンデヤッタ」と感じられるようにする	・得意なことや苦手なことをがある自分を認める、素直に受け止めるとともに気持ちや一人ひとりの個性が十分に発揮され、確かな自信につながるようになる援助をする
教育	健康		・外に行くことを喜び、自分の足で地面を踏んで歩いたり、いろいろなものにふれるようにする ・興味をたくさんもつようなおもちゃ、好きな遊びをそろえる	・好きな遊びを存分に楽しむ ・外遊びが大好きで、外でいろいろなことを好み、散歩に行くことを楽しむ ・保育者にて丁寧に世話をしてもらう	・好きな遊び、したい遊びをとことん楽しむ ・外で思いきり身体を動かす地震で味わう ・散歩を楽しみにする ・保育者に丁寧に世話をしてもらうことを楽しみにする	・歩く、走る、跳ぶなどの基本的な運動能力が育ち、遊びを使って、体を十分に動かす遊びを好み、夢中になって遊ぶ ・身近なことにはほぼ自分のできることは自分で見守られている	・体の動きが巧みになり、年長児が取り組んでいる運動遊びに興味をもち、やりたがる ・身近なことは身の回りことがほぼ自分でできるようになり、生活の	・身体機能、運動能力が高まり、複雑な運動に挑戦し、達成感を味わうことに自信をもつ ・規則正しい生活の流れが身に

第1章 保育指針と保育課程の編成

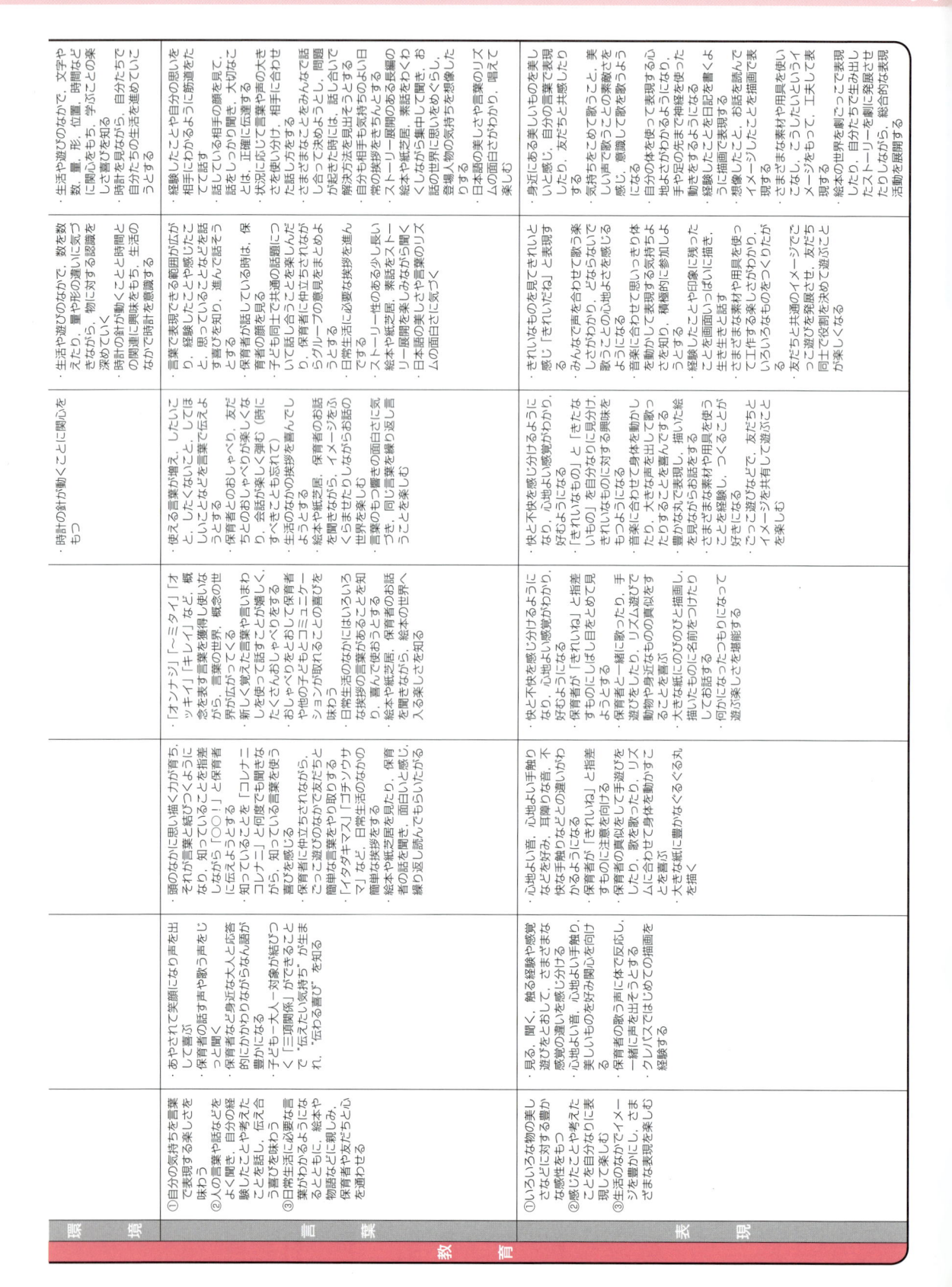

環境	①自分の気持ちを言葉で表現する楽しさを味わう ②人の言葉や話を聞き、自分の経験したことや考えたことを話し、伝え合う喜びを味わう ③日常生活に必要な言葉がわかるようになるとともに、絵本や物語などに親しみ、保育者や友達と心を通わせる	あやされて笑顔になり声を出して喜ぶ 保育者などの話す声や歌う声などを聞く 保育者などを身近な大人に応答的にかかわりながらなん語が豊かになる 子どもー大人、対象行動が結合く「三項関係」ができるようになり、"伝えたい気持ち"が生まれ、伝わる喜びを知る	頭のなかに思い描くことが育ち、それが言葉と結びついてくるようになり、知っていることを指差しながら「○○！」と保育者に伝えようとする 知っていることを「コレナニ」と何度も聞きながら、知っている言葉を使う くっく「三項関係」でおしゃべりに仲立ちされながら友だちとごっこ遊びで言葉をやり取する 「イタダキマス」「ゴチソウサマ」など、簡単な挨拶を身につけていく イメージが広がり、面白いと感じる絵本のお話を聞いたり、繰り返し読んでもらったりする	「オシマイ」「ヤメテ」「ツギイキタイ」「オレイ」など、概念を表す言葉を獲得し使いながら、言葉の世界、概念の世界が広がってくる 新しく覚えた言葉で言いたくなっておしゃべりや、友だちとのおしゃべりが楽しくなり、会話が楽しめる(時には一緒にも聞こえる) おしゃべりのなかに日常生活で仲立ちされたり、保育者や他の子どもがコミュニケーションで取り入れている使う言葉を聞いて保育者とのごっこ遊びや簡単な言葉に気づく 日常生活のなかにはいろいろな挨拶言葉、保育者の話、絵本や紙芝居、面白いと感じ、たくさん聞かせてもらう	使える言葉が増え、したいこと、したくないことなどを言葉で伝えようとする 保育者とのおしゃべり、友だちとのおしゃべりが楽しくなり、会話が楽しくなる(会話も聞ける) 保育者が読んで話している時は、保育者の顔を見て大きな声を聞いて話し方を学ぶ 生活のなかにも共通の話題についてお話ししながら言葉を楽しむ 絵本のお話、保育者のお話、紙芝居など、イメージを広げながらお話の世界へ入る楽しさを知る ストーリー性のある少し長い絵本や紙芝居、素話などを聞き、同じ言葉を繰り返すうちに言葉の面白さに気づく	経験したことや自分の思いを相手にわかるように順序立てて話す 言っていることやなってほしいことなどを、大切なことは正確に伝える 状況に応じて相手の顔や大きさに応じて話し方を変える さまざまなことをみんなで話し合うこと、相手の意見に合って決めることができる 問題解決方法を見出せるようにする 日常生活に必要な挨拶をきちんと交わし ストーリー展開のある長編の絵本、紙芝居、素話などを集中して聞き、ストーリー展開を楽しみながら話のなかに登場人物の気持ちを想像しながら、日本語の美しさや言葉のリズムの面白さに気づく
言葉					
教育					
表現	①いろいろな物の美しさなどに対する感動を表現する豊かな感性をもつ ②感じたことや考えたことを自分なりに表現して楽しむ ③生活のなかでイメージを豊かにし、さまざまな表現を楽しむ	見る、聞く、触れる経験や感覚遊びをとおして、さまざまな遊びを好む 心地よい音、耳障りな音、感覚の違いなどに気づく 美しいものや好きなものに関心を向ける 保育者の歌う声に体で反応し、一緒に声を出そうとする クレパスではじめての描画を経験する	心地よい手触り、心地よい音などを好み、不快な手触り、耳障りな音などを嫌がるようになる 保育者が「きれいね」と指差すものに注意を向ける 保育者の真似をして手遊びしたり、歌を歌ったりする 保育者に合わせて身体を動かすことを喜ぶ 大きな紙に好きなものの描画を描く	快と不快を感じ分けるようになり、心地よい感覚がわかるようになる 「きれい」「きれいね」と指差すものが「きれい」ときれいと同じよ合う 保育者と一緒に歌ったり、手遊びをしたり、大きな声で歌ったりリズムに合わせて身近なものの真似をしたりすることを喜ぶ 大きな紙にのびのびと描く、描いたものに名前をつけたりし、何かになったつもりで遊ぶようになる	快と不快を感じ分けるようになり、心地よい感覚がわかるようになる みんなで声を合わせて歌うことを喜び、とならないように気分けながら歌うことに対する興味をもつようになる 音楽に合わせて思い思いに体を動かしたり、大きな声を出して気持ちよく歌ったり、積極的に参加したりする 絵に合わせて表現したり、描いた絵を発表したり、見せたりして描く さまざまな素材で工作する楽しさがわかり、いろいろな作り方があることを好む 友だちと一緒にごっこ遊びの発展を楽しみ、イメージを共有することを好む	身近にある美しいものや自分の言葉で表現して共感する 気持ちをこめて歌うことの素敵さを感じ、声の出し方を意識して歌うようになる 自分の体を使って表現する心地よさや足の先まで神経を行きわたらせて動きを表現するようになる 経験したことや、お話を読んだり書いたりとこと生き生きと描いたりする さまざまな素材や用具を使ってイメージしたことをいろいろに工夫して表現する 想像したり、友だちと遊びを発展させたり、自分たちで役割を決めて遊ぶことが楽しくなる 絵本の世界を劇にして心から表現したり、自分たちで生み出したストーリーの先まで神経を行きわたらせながら、活動を展開する

活動	0歳（たんぽぽ）	1歳（すみれ）	2歳（なのはな）	3歳（ちゅうりっぷ）	4歳（もも）	5歳（ばら）
食事 食育活動	・ミルクはーんずつ保育者の胸に抱だっかりした気持ちで与える ・離乳食をあげる時は中期まではできるだけ1対1の介助で食べさせる ・手を洗う、エプロンをする、いただきますするなどの一連の動作を行ないながら丁寧に介助する ・主食、副食、汁物、お茶など子どもの前に配膳し、子どもの動作を手助けしながら食べさせるようにする ・食べ物の名前を言葉に出して伝えながら援助する ・自分の口に運ぶように少しずつ援助する ・食べ終わったら「たくさんねんねしておいしかったね」と大きくなったねなど満足した気持ちで食事を終えるようにする ・はじめて口にする食べ物と出会いが嬉しい楽しい出会いになるよう、心をこめてお世話をする	・食べることに集中できるような環境を整える ・手洗いをする、エプロンをつける等の一連の動作を身につけるとともに自分で行動することを感じられるよう、1対1の介助で食べさせる ・手を洗う、エプロンをする、いただきますするなどの一連の動作を行ないながら丁寧に介助する ・主食、副食、汁物、お茶など子どもの前に配膳し、子どもが自分で食べる事を大切にしながら食べるよう援助する ・自分の口に運べるように気持ちを持ちながらさりげなく介助する ・デザートを楽しみにして食事の終わりの気持ちのよい時間になるようにする ・食べ終わったら「たくさんねんねしておいしかったね」と大きくなったねなど満足した気持ちで食事を終えるようにする	・食事の時間が楽しみになり、促されると自分から手を洗い、席につく ・主食、副食、汁物、お茶など子どもの前に決まった並べ方で配膳してもらう ・並んで「いただきます」をして食べる、スプーンやフォークを使い、自分で食べるものを選びながら食べる ・支援して食べられることを持つようになったら、お皿に持ち替える ・デザートを楽しみにし、食べる気持ちの満足感を知る ・食べ終わったらたくさんねんねしてぴかぴかになった満足感を示し、水をあげたりする ・食べ物の名前を知っている食べ物に興味を示し、興味を持つ	・食事の時間を楽しみにし、「お食事ですよ」と言葉をかけられると、「お食事」と言葉を返して配膳を手伝う ・主食、副食、汁物、お茶の並べ方を決まった方から受ける ・並んで「いただきます」をして食べる、箸を正しく持って自分で食べる事を最後まで自分で食べ終えるようにする ・嫌いなもの、苦手なものを無理に食べずに励まされて食べる ・量を加減してもらいながら食事最後はお皿をぴかぴかにすることで満足感を持つ ・園庭で育てる野菜の名前や種類がわかり、食事の時間を楽しみにする ・食べ物の話題にして食育した野菜を食べることを楽しみにする	・パクパクだよりを見て、その日の食事を楽しみにし、食材に興味をもつ ・食事の時間を楽しみにし、時間になったら進んで手を洗い、弁当の用意をする ・テーブルを拭く、配膳をするといった時から食事に行く ・箸を正しく持って、最後まで自分で食事をする ・副食、汁、お茶、弁当を自分で決めることを楽しむ ・並んで「いただきます」をして食べる、箸を正しく持ち、姿勢良く、食事をする ・食べ物に興味をもって食べる ・苦手なものもひとくち食べるよう努力する ・ぼぼないくらいに食べた時大好きになったり、きれいな食卓でみんなと食べることを感じられる ・付け合せた量はしっかり食卓に向かってという気持ちを満足感と共に終え、食べ物に関する知識が増え、食べ物や食材と生活やを知ったりする ・園庭やプランターで野菜を育て、生長しながら実生きが結びつける経過を観察しながら収穫を楽しみに世話をする ・収穫した野菜を使って簡単な調理を体験する	・パクパクだよりを見て楽しみにするとともに、その日の食事の種類について関心をもつ ・食事の時間になったらテーブル拭き、配膳、挨拶などを自分たちで自主的に行なう ・配膳の仕方が身につき、とくに当番は進んで配膳する ・箸を正しく持ち、姿勢良く、一定時間内に食事を終える ・食べ物と体や健康との関係に興味をもちながら、好きな食べ物だけでなくいろいろな食べ物を食べる ・こぼさないように食べ、常にきれいな食卓で食事をする ・料理の名前や材料に興味をもち、調理方法に興味があれば調理の話をする ・楽しい食事時間を思い浮かべ、計画的に野菜を育て、調理して、食事に対する興味を深める ・栽培、収穫、調理の一連の活動をとおして、食に対する興味を深める
運動遊び	・園庭を歩く、探索して遊ぶ ・砂場で遊ぶ ・押して歩く、ついて歩く ・乳母車に乗って散歩に行く	・園庭で遊ぶ、探索して遊ぶ ・砂場で遊ぶ ・コンビカーにのる、すべり台で遊ぶ ・ベビーカーや歩いて散歩に行く	・園庭で遊ぶ、探索して遊ぶ ・砂場で遊ぶ、ダイヤぶらんこで遊ぶ ・三輪車立てつける、三輪車に乗る ・ボール遊びで遊ぶ ・歩いて散歩に行く、友だちと手をつないで散歩に行く	・園庭で遊ぶ、探索して遊ぶ、砂場で遊びこむ、見立て遊びで自分たちの遊び方で遊ぶ ・すべり台、ダイヤぶらんこ、ロッククライムに挑戦する ・三輪車に乗ってがる ・友だちと手をつないで散歩に行く、5歳児に手をつないでもらえ、30分近く歩く	・ルールのある集団遊びを楽しむ ・円形ドッジボールやサッカー、一定間で遊ぶ ・鉄棒にぶらさがって遊ぶ、足かけしり抜き回りや逆上がり、のぼり棒や木登り、三輪車にも挑戦する、足かけで遊ぶ、30分以上歩いて散歩に行く	・ドロケイなどの集団遊びをしたり、ドッジボールやサッカーのぼう棒で前回りや逆上がり、竹馬に挑戦する ・複雑な動き、新しい動きにもどんどんチャレンジする、友だちと協力してつくりあげるような運動を楽しむようになる ・早足で30分以上歩いて散歩に行く ・2、3歳児の手を引いて散歩に行く
リズム	・保育者の歌が聞こえるを楽しげに体をゆらす ・保育者のまねをしながら手足を動かしたり声を出したりして遊ぶ	・保育者の歌に合わせ、保育者のまねをして体を動かす	・クラスでリズムを楽しむ ・園庭で歌をうたいながらリズムを楽しくしてあそぶ ・1月より幼児のリズムに参加してあそぶ	・4、5月はクラスで楽しむ ・6月から幼児クラスのリズムに参加する ・自分の意思で自分の席からたれ離れる ・リズムをすることが好きになる	・年間をとおして週1回ホールでリズムを行なう ・リズムを楽しみにする ・年長児のリズムに憧れようとする ・新しい動きに挑戦しようとする ・きれいな動きや、正確な動きに気づいたり、進んで真似しようとする	・身支度を整え、雑作かけ進んで準備を行なう ・リズムの新しい動き、難しいリズムの動き、友だちと協力してつくりあげるリズムを楽しむ ・きれいに正確に動くことの心よさがわかり、手足の先まで神経を行き届かせて動こうとする
地域との交流	・交流保育で地域の親子と一緒に遊ぶ ・園庭開放日に、散歩を通して地域の人たちに声をかけていただいたり、公園で地域の人たちと一緒に遊ぶことをおして触れ合う			・交流保育で地域の親子と一緒に遊ぶ ・園庭開放日や散歩先の公園で地域の人たちと触れ合う ・地域ふれあい会をとおして、町内会の皆さんとの触れ合いを深める		

第1章　保育指針と保育課程の編成

④ 保育課程　太陽保育園

保育の目標 (保育指針)	○現在を最も良く生き、望ましい未来の基礎を培う（子どもの保育の目標） ○保護者の意向を受け止め、子どもと保護者の安定した関係に配慮し、保護者の支援の目標にあたる（保護者支援の目標） ○すべての子どもが自分を大切にされる存在と感じ、自信をもって生きていかれるよう全職員の専門性を生かして保育する ○家庭との連携や連携を図りながら、子どもの主体性を尊重し、乳幼児期にふさわしい生活の場を創造していく		
保育所の保育目標		地域の環境	新興住宅地のなかにあるが自然が残されている
		保護者の状況	母親の半分はパート就労、核家族が3/4

保育の柱	6カ月未満	1カ月3カ月未満	1歳3カ月〜	2歳〜	3歳〜	4歳〜	5歳〜	6歳〜
発達の主な特徴	著しい発育発達。特定の大人との間に情緒的な絆が形成	運動や姿勢の発達、活発な探索活動。情緒的絆の深まりと人見知り	歩行の開始、手を使う、指さし、身振り、新しい行動や言葉の獲得	基本的運動機能や指先の機能の発達。他者とのかかわりや自己主張の発達	食事、排泄等の自立。話し言葉の基礎、注意力、観察力が伸び知識欲が高まる	体の動きが巧みになる。自意識の芽生え。葛藤の経験、友だちとのつながりが強くなる	生活習慣の自立。判断力の基礎、仲間との間の自覚や自信の獲得、遊びの発展	心身共に充実し溢れ意欲旺盛。見通しをもって知識や経験を生かし創意工夫を重ねる
最もふさわしい生活の場	一人ひとりの欲求が満たされ命がつながれる	生活の安定をとおして情緒の安定が図られる	健康で快適に過ごし、探索活動が十分満たされる	自我の成長の受容。生命の保持と情緒の安定が図られる	自分を広げ、身近な環境にかかわり、十分に遊ぶ楽しさが味わえる	友だちとのつながりを広げながら、創造力や感性を豊かにしたりが促される	体を十分に動かし自分でできることを広げながら社会性が育まれる	身近な社会や人とのかかわりを深め、思考力や認識力が高められる
子どもが自らかかわる環境	見たり聴いたり触れたり、感覚が育まれる	さまざまな姿勢をとりながら移動したり体を動かす	歩行により行動範囲を広げ、環境に働きさせかける	身近な環境に自らかかわり、体を動かし探索活動を楽しむ	運動機能を高めることができる、増やし意図をもって行動する	身近な自然環境に積極的にかかわり、身体感覚を養いながら行動する	生活の流れを見通し、自分で生活の場を整え目的をもって行動する	全身を動かし、自信をもって行動し、さまざまな方法で表現を楽しむ
保健的環境と安全の確保	清潔で衛生面に十分配慮された環境	安心・安全で心地よい環境、清潔、安全な遊具等	感染症予防と疾病への対応、安全の確保と整備	興味や動線を配慮した安全な環境。排泄の自立への配慮	基本的生活習慣の自立への配慮と活動と休息のバランスに留意	清潔の習慣や安全面への注意と活動への意欲、心身の疲れを癒す環境	生活の習慣や健康な食生活の獲得、自らの体や健康への関心をもつ	心身共に健康な生活、体の動きさや生命の大切さへの関心と理解
温かな親しみと寛ぎの場	家庭的で温かな雰囲気	一人ひとりの欲求の充足	十分な一人遊びの保障と見守り	保育士と一緒になって遊びを楽しむ	友だちや保育士に親しみ、安定して過ごす	保育士の共感や励ましによる気持ちの安定	相手の心持ちに立ち気遣っていく感受性	時に気持ちを休めながら自信をもって生活
生き生きと活動できる場	寝返りや腹ばい等を十分に	歩行に向けての姿勢や運動	十分な歩行と探索活動の保障	自分がしたいことを十分に楽しむ	体を動かして外遊びを十分に楽しむ	全身を使いながらさまざまな遊びに挑戦する	集団遊びなどで活発に体を動かして楽しむ	協同遊びや運動遊びに意欲的に取り組む
人とかかわる力を育む環境	保育士の視線がかかわり、スキンシップ	保育士の応答的かかわり、合わせたやりとりや発語	遊びなどを媒介にしたやりとりや言葉の習得	言葉を使い、イメージを膨らませながらかかわりを広げる	言葉でのやりとりを広げ、友だちや保育士と一緒に遊ぶことを楽しむ	自己主張のぶつかり合いと他者の受容、友だちとの協調、理解	年下の子どもへのかかわりや仲間一人ひとりの自覚、伝え合い	仲間の意思を尊重し、役割分担をしながら協調して遊びを発展させる

⑤ 保育課程　青戸福祉保育園

保育園の使命と責任	※児童福祉施設として社会的に求められていることを大切にし、個々の家庭生活を支えることを使命とします。 ※子どもが人間への信頼感をしっかりと持つことができるよう、保育に関わるさまざまな環境を財産としてもっています。 ・児童福祉法第1条、第7条、第39条、第48条の3 ・保育所保育指針・児童憲章・児童の権利に関する条約 など	※数多くの保護者が何らかの事情や困難を抱えて子育てが委託を受け、そのことを通して個々の家庭生活を支えることを使命とします。 ※子どもが人間への信頼感をしっかりと持つことができるよう、保育の役割を確実に果たします。 そのため子どもにかかわるさまざまな環境を財産としてもっています。

	社会的責任	人権尊重	説明責任	情報保護	苦情処理・解決
	※児童福祉施設として社会的に求められていることを大切にし、個々の家庭の役割を確実に果たす ・社会福祉法第24条 ・児童福祉法第1条、第7条、第39条、第48条の3 ・保育所保育指針・児童憲章・児童の権利に関する条約 など	※保育士などは、保育の営みが子どもの人権を守るために法的、制度的に裏づけられていることを確認し、子どもの支援を行うよう ・児童福祉法第18条の4、第48条の3 2項	※保護者や地域社会と連携し交流を図り、風通しのよい運営を行うと一方的な「説明」でなくわかりやすく応答的な「説明」をする ・社会福祉法第75条1項、第75条 ・社会福祉法第18条の22	※保育にあたり知り得たことや保護者に関する情報は、正当な理由なく漏らさない ・児童福祉法第18条の22 ・個人情報の保護に関する法律	※苦情解決責任者である園長の下に苦情解決担当者を決め園内における体制を整理する ※第三者委員を設置する ※職員で共通理解を図る ・社会福祉法第82条
運営方針	※「自分が大好き！」になれる自己肯定感を育む	※共に支え合い、育ち合う人間関係づくりの出発点として、豊かな人間関係をつくる			
健康支援	・子どもの健やかな育ちを支援するために ・子どもが自身の体を大事にする意識を培うために ・子どもの健康を守るために定期的な健診 ・異常が認められた時の対応	・発育発達状態の把握 ・家庭のリズムや養育状態の把握 ・年間保健計画に沿った子どもたちへの伝え ・0歳児健診　内科・歯科健診　頭囲・胸囲測定　視力・聴力測定の実施 ・発達支援センターとの連携　・嘱託医との連携　・保健所との連携			
環境・衛生管理	・常に安全で清潔な環境をつくるために	・施設内外の設備用具などの清潔等を維持及び自主点検表に基づく月一回点検実施			
安全対策事故防止	・毎月の避難訓練（火災・地震・不審者対応）	・消防署との消火訓練、救急救命訓練（AEDを含む）　○110番通報訓練　○門扉・玄関に電気錠設置　○カメラ設置			
職員の資質向上	・保育所保育指針研修　○園外研修（県外）　○園内研修	・年齢別研修　○危機管理研修　○食育研修　○新人研修　○子育て支援研修			
小学校との連携	・小学校見学　○学童保育との交流	・保育所児童要録を小学校へ送付			
特色ある保育	・和太鼓の取り組み　○描画造形指導	・公立保育園との交流　○東四つ木在宅サービスセンターとの交流			
地域の行事への参加	・平和武使への参加	・子育てネットワーク「ふれあい広場」参加			

子どもの育ち支援計画

「子どもの育ち支援」の目標	※子ども一人ひとりが園の日々を落ち着いて暮らす ※「ふだんの来賓」が持ける日常生活を日々楽しんで食べる ※感性が表現力を豊かにするさまざまな活動を仲間として展開する。	※安全で清潔な環境のなかで、心身ともに健康に育つ ※体をたくさん使って遊ぶ、バランスのとれた体になる ※地域の人とのかかわりのなかでつちかう	※仲間と一緒にいることを心から楽しみ、かかわり合い、育ちあう ※自然にかかわり、自然を大切にする子どもをつちかう	※保護者一人ひとりの発達段階を踏まえたうえで、実際には養護と教育が一体となってさまざまな発達の8つの発達段階を前提に17期に細分化している。また、子ども一人ひとりの発達段階を踏まえたうえで、実際には養護と教育が一体となってさまざまな発達の8つの発達段階を前提に17期に細分化している。	
発達過程	※発達過程（例表）0～1歳児、2～5歳児が異年齢混合で園生活を送るが、保育所保育指針の8つの発達段階を前提にしている。				
子ども像	※自分のでできることを喜びとして、新しいことに挑戦する子ども	※よく見、よく聞き、自分の考えで行動する子ども	※友だちと心を通わせ合い、のびのびと遊ぶ子ども		

年齢ごとの子どもの特徴的な発達の姿	概ね0歳児～1歳児	概ね1歳児～2歳児	概ね2歳児～3歳児	概ね3歳児～4歳児	概ね4歳児クラス	概ね5歳児～6歳児
	1 おとなとのかかわりを求める 2 心身の成長が著しい 3 一人ひとりに個人差 4 身近な人に愛情をもつ 5 目に見えるものに何でも興味をもつ 6 五感が育つ	1 自分の思いをもちはじめる 2 道具が使えるようになる 3 片言の言葉で共感しあう 4 「オンブ」を楽しむ 5 好き・嫌いがはっきり出る	1 なんでも自分でやりたがる 2 感情の揺れが激しい 3 なんでも貸したがる 4 友だちと一緒が楽しい！ 5 「見立て」「つもり」遊びをする 6 言葉をどんどん覚えていく	1 基本的な運動機能が身につく 2 身の回りのことができる 3 言葉が著しく発達する 4 友だちを求める 5 ごっこ遊びが盛んになる 6 友だちの考えや行動に興味を示す	1 自意識が強くなってくる 2 「なぜ」「どうして」と質問する 3 気持ちをコントロールする 4 活発に行動が活発になる 5 時には甘えたいこともある	1 大きくなることに誇りをもつ 2 見通しをもって行動する 3 いろいろなことにチャレンジする 4 仲間意識が育つ 5 競い合う気持ちが生まれる 6 知識欲が増してくる

子どもの目標	○しっかり飲み（食べ）、遊び、眠り、安定した情緒で生活ができるなかで健康な体になる ○個々の体の発達にあった自分でできることを楽しむ ○保護者や身近に親しんだ大人との信頼関係を基に、人や物とのかかわりを広げていく	○興味をもったさまざまな遊びをとおして欲求が満たされて安定した生活をする ○快適に過ごさせる環境のなかで、食事、排泄、睡眠などが自分でやってみようとする ○保育者や身近な友だちに親しみをもち自分から自分なりにかかわりをもつようになる ○身近な身近に物にふれたり遊んだりすることで、いろいろな物に好奇心や関心をもつ ○自我が芽生え保育者や友だちに、言葉や行動で表現する	○大人と安定したかかわりのなかで自分の身の回りのことを自分でしようとする ○自分の好きな遊びを楽しんだり友だちとのかかわりを広げていく ○保育者と仲立ちとして、つもりのイメージを共有しあった遊びを楽しむ	○生活に見通しをもち、自分の身の回りのことは自分でする ○さまざまな遊びをとおして経験のつながりを深めていく ○友だちと一緒に遊ぶことを楽しみながら人とのかかわりを深めていく ○自分の身近な物にふれながら、国生活に次第に深めていく ○自分の思い、要求、経験などを言葉やさまざまな活動で自己表現する	○一人ひとりが自分らしさを十分発揮し、いろいろな遊びや活動に積極的に取り組みながら、人とのつながりを広げていく ○自分のできることに意欲をもって取り組み生活を深めていく ○さまざまな友だちと楽しんだり経験を広げたり（異年齢含む）一緒に遊ぶことを楽しみみんなとのかかわりを深めていく ○身近な環境に自ら生活に付き、安定して快適な生活を深めていく ○自分の思いや考えを自然にふれあう感動し、発見したり考えたりしながら豊かな感覚を広げていく	○年長者として仲間とともに生活し、遊びを自主的に進めていこうとする ○大きくなることへの期待や成長の喜びを身近な生活のなかに置いていく ○身近な環境を自然にふれながら知的探求を広めていく ○健康、安全に必要な習慣を身に付け、生活に必要な力がかかわっていく ○状況に応じて対応できるような生活態度が身についていく
基本的なおさえと保育士のかかわり	1 日常の様子をよく見て、子どもが出すサインや要求を的確に捉えた対応をする 2 月齢によって身体的な発達がそれぞれ大きく違うので、その育ちを的確に捉えて援助をしていく 3 それぞれの家庭の状況がリズムが大きく変わるので、24時間の生活状況に応じて食事や睡眠を考えて、家庭と密接な連絡をとりあう 4 特定の保育士との継続的なかかわりのなかでしっかりとした信頼関係・愛着関係が生まれ、担当の大人が決めた保育にあたる 5 子どもの探索意欲を満たす環境を整え、常に目を配り、危険が無いように気を配る。とくに誤飲を起こさないように気をつける 6 子どもが興味をもつ玩具、ぬくもりのある木製、肉声の歌声や、美しい音、日の光、暖かな色彩のものを豊かに五感を育てていく環境を整える	1 「自分でやりたい」という子どもの気持ちを尊重して励ます。一緒に遊びながら危険なことや食い違うことは少なくとも見守り自由意欲を目当てになるよう配慮する 2 自分のやりかねないことと現実の違いにくらべ焦みたしたくなり、時々甘えた頼りたい気持ちの揺らぎも丁寧に受け止めてあげる 3 大人に対して憧れ、なんでも真似して経験したことを好むようになり、落ち着いた雰囲気の中で繰り返したりするなる自覚し、ゆったりと心の温かい言葉でていねいに対応し、子どもの自尊心を高めていく 4 仲間の存在に気づかせてもらう。子どもたちが一緒にいて楽しいと感じられるような、玩具や場の設定を工夫することでトラブルを少なくする努力をする 5 「自分のしたいようにしたい」と主張する子どもの思いは受け止めるが、駄目なことは駄目として丁寧に伝える	1 体力が動くようになっている子どもたちに、一緒に遊びながら、危険なことや安全に遊ぶことは手伝ったり、危険なことはきちんとその理由を説明してやめさせる 2 大人の手助けないようにできるような姿の違いに、甘えて、時々甘えたり頼りたい心の揺らぎも受け止める 3 気持ちを言葉で伝えられないので、大人同士が気持ちを取り、話す言葉や挨拶など、正しい言葉を使って子どもの会話の世界を豊かにする 4 子ども同士がかかわって遊ぶ時間、空間・遊具などルールのある遊びでも保育する 5 子どものイメージが広がるような絵本や童話の世界をつくる手助けをすると、共通のイメージが多く発展し、トラブルも多くなる。それぞれが満足するように努める 6 気持ちがうまく表に出てこない時は代弁してくれるルールを仲間と守れるようにする	1 結果や他の人からの評価などが気になる時期なので、言葉にはこまかく配慮してあげ、一人ひとりの気持ちに寄り添った応答をしかける 2 自分の考えがはっきりするようになったので、他の子の比較をするような言葉がけは避ける 3 自分の中ではこう考えなまま、わからないこともを言ったりしきれず、大人同士が気持ちを取り合いすぐに助け舟を出すのではなく、一緒に考え、子どもに支える 4 道具を用いたり分けたりすることでトラブルを起こす時に自分の力で解決できる時は目を離さない	1 自分が大きくなったことに自覚していろいろなことに積極的に過ごし、その力を過ごして細かい要求をしないように気をつける 2 大人はぐっと後ろに下がり、子ども自身の判断力は未熟でも自分たちで見守ることも大事にして、危険なこと以外は少し禁止することを少なくすることで、子どものそれなりの理由にそれを大事に 3 運動能力、手指の力がある安全面に気をつけつつ、いろいろな経験ができる活動を用意する 4 仲間意識も強まり、問題を自分たちで解決する力を育てていきたい反面、力の強い子が振る舞うが、一人ひとりの気持ちや考えを理解し、認められるような場のなかでとも受け入れていくようにしていく 5 目新しい地域との場も多くふれる。そのための自発心の芽生えや生活習慣の育ちを優しく受け止めるやさしい対応が求められる
保育士のかかわりの配慮点					

子どもの自己肯定感をはぐくむ生活（養護と教育）／保育の内容

生命の保持	○土やみずなどの素材に全身で触れ感触を楽しみ五感をはぐくむ	○語りかけられることにより声を出したり応えたりするようになる ○絵本やわらべうたを大人と一緒に経験し、その他の示唆よさを知る	○人への基本的信頼感が芽生えるよう、特定の保育者が担当するように配慮し、一人ひとりの生活リズムが整うよう配慮する	○特定の保育者との信頼関係がはぐくまれるように深い愛着関係を育む ○一人ひとりの生活リズムに合わせて生活の仕組みをつくる	○特定の保育者との信頼関係のもとに体調管理をする ○気候に応じて体調管理をする ○自分でやりたいという気持ちを尊重し、できた時はいっしょに喜び共感する意欲と自信がもてるようにする	○基本的な生活習慣を身につけられるように援助する ○運動機能や手指が発達できるよう働きかける ○みんなが気持ちよく生活するためにルールや使い方などを知らせていく	○自ら体調の変化に気づく ○運動量が多いため活発に活動できるように配慮する ○ぶつかり合いが多くなる年齢なので、道具の使い方について正しい使い方や危険性について知らせていく	○健康に関心をもち、生活に必要な習慣を身につけられるようにする ○自然とのふれあい、地域社会とのふれあい、たくさんの経験をとおして、"不思議"に出会い、考えていけるような活動をしかけるする
情緒の安定	○特定の保育士とのかかわりにより信頼関係が生まれる	○発達過程を的確に捉えて、必要な援助をしていく	○子どもの思いを受け止め、保育士とのかかわりの心地よさや安心感を得られるようにする	○子どもの気持ちを受容し共感しながら継続的な信頼関係をしっかりつくっていく	○「できる」「できない」がわかり自他の比較で自尊心を傷つけられる時期なので個々の発達を考慮し、言葉がけに注意をする ○一人ひとりの子どもの要求を満たし、情緒の安定をはかる	○生活リズムに応じた活動内容の調和をはかりながら休息がとれるようにする ○大きくなったという誇りをもてることは積極的に褒める機会をつくる活動にもつなげる
食育	○さまざまな食品の味に慣れる ○口腔機能の発達に合わせて離乳食まで段階を追って完了できるようにする	○食具を使った食べ方を身につける ○食材への興味関心 ○子どもの24時間の生活リズムに合わせた食事時間、食事の量	○食器を所定の場所にかたづけたり、食前食後の挨拶をするなど簡単なルールでの生活になれる ○食べ物とのかかわりに興味や関心がもてるよう、ランチルーム等で異年齢児とのかかわりをもつ ○簡単な調理保育をはじめる	○スプーンやお箸を上手に使って食べる ○食事の基本的なマナーを身につけ楽しく食べる ○苦手な物も少し挑戦してみる ○配膳、盛りつけの仕方を覚える ○ピーラーを使って野菜の下ごしらえをする	○「できる・できない」がわかり自他の比較で自尊心を傷つけられる時期なので個々の発達を考慮し、言葉がけに注意をする ○一人ひとりの子どもの食べる量を考える ○包丁を使って野菜を切る ○米を育てる	○食材と体との関係に興味をもつ ○目印を意識しながら一定時間内で食べ終わる ○自分のできることを見つけて手伝いをする（当番活動） ○自分の食べる量を知り、盛りつける ○包丁を使ってさまざまなものを切る ○夏野菜を育てる
健康	○清潔になることの心地よさを感じる	○身の回りの簡単なことも自分でしようとする気持ちが芽生える	○生活・遊びの環境を整えることで自分のできることを自分でしようとする	○生活・遊び・玩具を整え、安全な方法（遊具の使い方・はさみ・筆など）を知らせる	○自らの体に関心をもち、異常を感じたら自分から保育士などに知らせる	○室内外の危険な物や場所、危険な行動を知り、気をつけて活動する
人間関係	○特定の保育士とのかかわりにより信頼関係が生まれる	○保育士や友だちのまねをしたりかかわりがある	○保育士や子どもの仲立ちとなりお互いを思いやる気もちや順番を待つなどの決まりがあることを知る	○友だちと集団遊び、ごっこ遊びを楽しみ、友だちとのつながりが深まる	○自意識が強くなり、さまざまな遊びやトラブルのなかから自分でコントロールする力が芽生える	○遊びや行事をとおして友だちと簡単な身近な文字を応援したり気持ちを合わせることの大切さを知る ○仲間意識が育つ
環境	○安心できる人のおよび物的環境のもとで感覚の働きを豊かにする	○好きな玩具や遊具に興味をもって十分な探索活動をする	○場の設定・遊具・玩具・遊び方等"みたて""つもり"遊びを楽しむ	○子ども同士が十分にかかわって遊べる時間と空間のなかで友だちと遊び時間のなかで工夫して遊ぶ	○身近な物や遊びに興味をもってかかわり、考えたり試したりする	○生活や遊びのなかで簡単な標識や文字に関心をもっているいろいろな時間と用意することで、さまざまな挑戦ができる
言葉		○話しかけややりとりやのなかで言葉が結びつく経験を楽しむ	○大人が子どもの言葉に耳を傾けることで、話す楽しさを知る ○実際に見たり感じたりしたことを言葉で伝える ○保育士が絵本や紙芝居の内容がわかりやすい言葉で伝え、保育士とのやり取りや紙芝居を繰り返し楽しみ場面を模倣する	○友だちの話を聞いたり質問したり、興味をもって話し合うことを楽しむ ○絵本や紙芝居の内容にふれたイメージを広げ、ごっこ遊びを楽しむ	○自分の思いを伝えたり、相手の話を聞いて、話すことを楽しむ ○絵本・童話・生活経験のイメージを広げ、いろいろな方法で伝える	○人の話を聞いたり身近な文字にふれたりして言葉への興味を広げる ○自分の思いを伝えたり友だちの話を聞いて、物語を楽しみ、感じたこと、想像したことを言葉で伝える
表現		○保育士と一緒に歌ったり手遊びをしたりしてリズム感に合わせて体を動かしてあそぶ	○保育士と友だちと遊ぶなかで自分のイメージを言葉や動きで表現して遊ぶ	○いろいろな素材や用具に親しみ友だちと自分たちの世界をつくり上げたり、ごっこ遊びを楽しむ	○造形活動に興味を示し、つくり上げる喜びを知る ○友だちと歌ったり、合奏することを楽しむ	○行事ごとの取り組みのなかで描いたり、リズム遊びなど、自分の思いを表現したりひとつの物を作り上げる楽しさを味わう

保護者、地域等への支援

○育児相談　○育児講座　○実習生・職場体験・ボランティアの受け入れ　○園だより、クラスだより、保健だより、クラスだより、保健だよりの配布　○個人面談　○保育参加　○クラス交流会

育児支援事業目標
☆地域の実体とそれに対応した事業・行事
団体のなかに待機児童や一時保育利用者も増えている。定員の弾力化を増やして待機児解消を図る
地域のニーズにあわせて、一時保育、学童保育、子育て支援センターなどを運営する。地域の子育て支援。園での行事は、在園児と地域の人とがかかわりあって育てあう場とする

○育児支援事業　○ぬくもりの発行　○地域支援に対応した事業・行事

第 2 章

指導計画と自己評価

第1節　はじめに

　この章では，指導計画の立て方を保育課程の編成に照らし合わせて考えていきます。また，自己評価の仕方やなぜ自己評価が必要なのか，その意味を考えていきます。

　第1章で述べられた保育課程の編成により，保育園全体で組織的及び計画的に保育に取り組むこと，一貫性，連続性のある保育実践が期待されます。

　従来の「保育計画」に【の】がついたことには意味があります。「保育の計画」は，乳児期から就学の長期に及ぶ育ちを見通したカリキュラムである「保育課程」とそれを年齢ごとに具体化した実践計画である「指導計画」の2つを示します（図1参照）。

　まず，保育者が保育課程を共通認識したうえで，各クラスの指導計画を作成しましょう。子どもの実態や発達過程を考え，見通しをもち，計画性のある保育（計画・実行・評価・改善）というマネージメントサイクルが必要です。また，保育目標を実現するためには，在籍する1年1年をどのように過ごすか，各年齢では何を大切にして保育をすればよいのかという長期間にわたる園全体の計画と見通しが必要です。

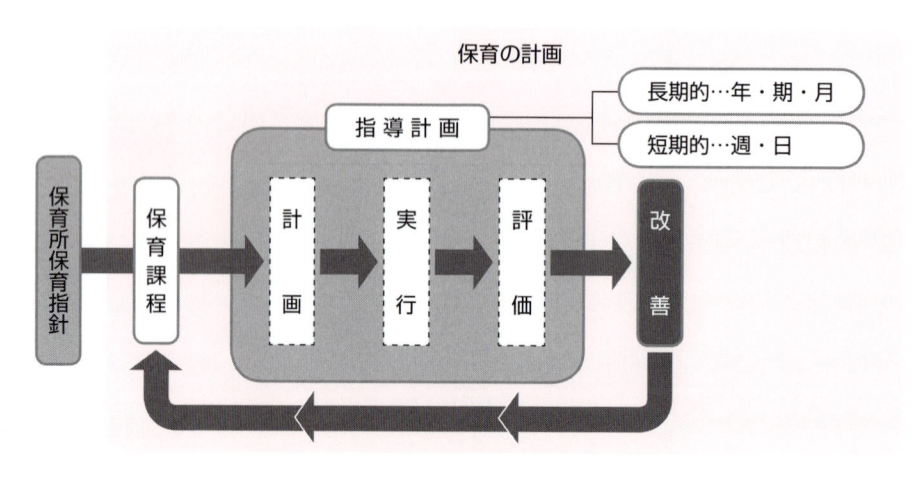

図1　保育課程と指導計画のつながり

第2節　保育課程の編成から指導計画を立てる

1　クラスの位置や目標を保育課程で確認

　保育課程を編成したら，いよいよクラスの指導計画を立てましょう。保育課程をよく見てください。あなたのクラスは何歳でしょうか。全体のなかでの位置を確認しましょう。次に，クラスの目標を確認しましょう。保育課程に書かれた内容をクラスに反映することが指導計画の役割です。各年齢のクラス担任は，1年間の生活を指導計画として考える前に，まず自分のクラスが，就学までの育ちの道筋のなかでどこに位置するのかを確認しておくことが大切です。

　子どもにとっては，担任が毎年代わることも想定され，乳児期の担任が就学期に在籍しているとも限りません。保育課程は，保育の方針や目標に基づき，子どもの育ちの道筋である発達過程に合わせて，子どもが経験すべき内容が総合的に展開されるように園全体として編成するカリキュラムのことです。

　保育課程と指導計画のつながりは，ちょうど森と木の関係に似ています。改定前の「保育計画」は，各クラス担当者（木）が作成した指導計画をもちより，園全体で集約する方法（森）でした。この場合，必ずしも各クラス担当者（木）が作成した指導計画は，連続的に調和するとは限りませんでした。改定後は，保育課程という園全体のカリキュラム（森）を共通理解し，そのうえで各クラス担当者は各自の役割を認識したうえで指導計画（木）を作成することが求められています。保育課程の編成は，園全体の調和や共通理解を目的とし，各クラスが果たす役割は明確になります。

2　子どもの実態と発達過程に合わせた環境

　「指導計画」は，保育課程に基づいて，保育目標や保育方針を具体化する実践計画です。保育課程に書かれた自分のクラスの位置づけを確認しましょう。

　この時期の子どもの発達過程は，子ども一人ひとりが人間として生きていくために

必要な経験です。多くを願うのではなく，この時期に外してはならない発達課題は何でしょうか。各クラスの担任は，発達過程から見たクラスの子どもの実態に即した1年間の過ごし方を指導計画として作成することが求められます。

　予想される子どもの姿を正しく見通すには，まず，Ⅰ期（4月・5月）には，子どもの実態を捉えること（観察すること）です。また，自分の価値観や判断基準ではなく，本来の子どもの発育，発達についての専門性が必要です。また家庭環境や地域環境など，子どもの環境状況を把握し，「なにを育てたいのか・なにを育てる時期なのか」といったねらいや課題を判断するとともに，子ども一人ひとりが何を求めているのかを洞察し，子どもの言葉を傾聴しましょう。

　次に，最後の期（1・2・3月）である年度末の子どもの年齢をイメージし，クラスとしての保育目標（例：3歳→4歳に向かう1年である）を具体化することを考えましょう。

　そのうえで，クラスの年齢や実態，発達課題にあった活動・遊びを創意工夫して予想します（具体的に年・期・月・週・日として考えます）（表1）。また，クラスの年齢や実態，発達課題にあった人との関係を予想し，ねらいを考えます（子ども同士・大人と子どもの関係・自己イメージ）。一方，発達が緩やかな子どもや気になる子どもは，年齢だけで判断するのではなく，発達過程の段階で積み残しはないかを見極め，積み残した段階の経験を改めて経験できるようにクラスの環境をつくっていくことが必要です。

　指導計画における具体的なねらいが達成されるよう，子どもの生活する姿や発想を大切にして適切な環境を構成し，子どもが主体的に活動できるようにしましょう（たとえば，子ども一人ひとりの育ちの理解・集団としての育ちの理解・次の計画に向けた具体的なねらい・内容の設定・環境の構成・子どもの活動の展開と保育者等の援助等があげられます）。

○指導計画の作成に当たっては，次の事項に留意しましょう。
・保育課程に基づき，子どもの生活や発達を見通した長期的な指導計画と，それに関連しながら，より具体的な子どもの日々の生活に即した短期的な指導計画を作成して，保育が適切に展開されるようにすること。
・子ども一人一人の発達過程や状況を十分に踏まえること。
・保育所の生活における子どもの発達過程を見通し，生活の連続性，季節の変化などを考慮し，子どもの実態に即した具体的なねらい及び内容を設定すること。
・具体的なねらいが達成されるよう，子どもの生活する姿や発想を大切にして適切な環境を構成し，子どもが主体的に活動できるようにすること。
・子ども一人一人の育ちの理解
・集団としての育ちの理解
・次の計画に向けた具体的なねらい・内容の設定

・環境の構成
　　・子どもの活動の展開と保育士等の援助
　○指導計画に基づく保育の実施に当たっては，次の事項に留意しましょう。
　　・施設長，保育士などすべての職員による適切な役割分担と協力体制を整えること。
　　・子どもが行う具体的な活動は，生活の中で様々に変化することに留意して，子どもが望ましい方向に向かって自ら活動を展開できるよう必要な援助を行うこと。
　　・子どもの主体的な活動を促すためには，保育士等が多様な関わりをもつことが重要であることを踏まえ，子どもの情緒の安定や発達に必要な豊かな体験が得られるよう援助すること。
　　・保育士等は，子どもの実態や子どもを取り巻く状況の変化などに即して保育の課程を記録するとともに，これらを踏まえ，指導計画に基づく保育の内容の見直しを行い，改善を図ること。
　○指導計画を作成することは子どもの生活を見通してデザインしていくことですが，それは「保育の過程」という考え方で理解することができます。
　　・職員の協力体制による保育の展開
　　・子どもの変化に応じた柔軟な展開と多様な援助
　　・記録と見直し，改善
　　・保育を振り返り省察する方法
　　・記録を通しての省察
　　・カンファレンスを通しての省略

(保育指針をもとに作成。)

表1　指導計画の種類

◎長期指導計画	年間指導計画と期別また月別指導計画
年間計画	4・5月の子どもの姿をよく見たうえで，子どもの生活や発達を見通した（3月にはこのようになってほしい）長期指導計画
月週案	年間計画と関連しながら具体的な子どもの生活に即した月の指導計画（週の指導計画と合わせていることもある）
◎短期指導計画	長期と連動したものである。週の指導計画または日案。
日案	日案では子どもの発達・課題・育てたいことに視点をもち，具体的なねらいと内容を明確にする。適切な環境を構成することにより，活動が展開できるようにする。
デイリープログラム	一人ひとりの幼児への配慮を示した「日課表」

３ 子どもの実態から保育内容を選択する（生活・遊び）

　保育課程では，乳児期が養護を中心とした育ちであることがわかります。養護のねらいは「生命の保持」と「情緒の安定」ですが，今回の指針では，「養護は保育士等が行う援助や関わり」と書かれています。このことは，乳児保育が増加する以上，この子どもが生きていくうえでの原体験の多くが，保育者とのまたは保育園での生活が多大なる影響を与えていくことに他なりません。では，この時期に大切なことは何でしょうか。何を経験しなければならないのでしょうか。専門性を有する者として，保育者は，判断基準となる発達課題への視点が必要です。子どもは，１日８時間から12時間×年間保育日数を連日通い続けています。在園期間は，幼稚園では１～３年保育ですが，保育園では４～６年保育と長期間化の時代になっています。１日の保育も長時間化し，ますます社会的責任が問われています。保育に携わる者は，意識して，積み残してはいけない発達課題は何かを考えて指導計画を立てることが求められています。

　保育内容は，発達過程を考えるうえで必要な生活経験や遊びをどのように考えるのかということです。育つために必要な経験を保育内容として選択するには，指導計画が必要です。子どもの育ちに必要な「心情・意欲・態度」を生活や遊びをとおして育てていくためには，担任は何を選択するのかという視点が必要なのです。クラスとして，年間をとおしてのこと，季節や時期を考えてのこと，行事のある月やない月，今週は，今日はという，それぞれの視点に立った指導計画が必要になります。自然発生的に年齢がくれば何かが育つのではなく，また何かの遊びを提供すれば発達課題が達成できることでもありません。それぞれの園の地域性，園の子育てに対する母親の養育力の違いによって，子どもの生活経験が異なります。その実態に合わせた発達を考えなければならないでしょう。とくに，５歳は小学校への移行が円滑になるように，指導計画を考え保育内容を創意工夫することが求められます。

　保育者は人を人として教育し，保育するという尊い仕事をしています。保育を構造化し，次世代に伝えましょう。

> 　指導計画の作成に当たっては，保育指針の第２章（子どもの発達），第３章（保育の内容）及びその他の関連する章に示された事項を踏まえ，特に次の事項に留意しましょう。
> ○発達過程に応じた保育
> ・３歳未満児については，一人一人の子どもの生育歴，心身の発達，活動の実態等に即して，個別的な計画を作成すること。
> ・異年齢で構成される組やグループでの保育においては，一人一人の子どもの生活や経験，発達過程などを把握し，適切な援助や環境構成ができるよう配慮すること。

○長時間にわたる保育
　長時間にわたる保育については，子どもの発達過程，生活のリズム及び心身の状態に十分配慮して，保育の内容や方法，職員の協力体制，家庭との連携などを指導計画に位置づけること。
　・生活リズムや心身の状態への配慮
　・家庭との連携　・職員の協力体制
○障害のある子どもの保育
　・障害のある子どもの保育については，一人一人の子どもの発達過程や障害の状態を把握，適切な環境の下で，障害のある子どもが他の子どもとの生活を通して共に成長できるよう，指導計画の中に位置付けること。また，子どもの状況に応じた保育を実施する観点から，家庭や関係機関と連携した支援のための計画を個別に作成するなど適切な対応を図ること。
　・保育の展開にあたっては，その子どもの発達の状況や日々の状態によっては，指導計画にとらわれず，柔軟に保育をしたり，職員の連携体制の中で個別の関わりが十分行えるようにすること。
　・家庭との連携を蜜にし，保護者との相互理解を図りながら，適切に対応すること。
　・専門機関との連携を図り，必要に応じて助言等を得ること。
　・保育所における障害のある子どもの理解と保育の展開
　・個別の指導計画と支援計画
　・職員相互の連携
　・家庭との連携
　・地域や専門機関との連携
○小学校との連携
　・子どもの生活や発達の連続性を踏まえ，保育の内容の工夫を図るとともに，就学に向けて，保育所の子どもと小学校の児童との交流，職員同士の交流，情報共有や相互理解など小学校との積極的な連携を図るよう配慮すること。
　・子どもに関する情報共有に関して，保育所に入所している子どもの就学に際し，市町村の支援の下に，子どもの育ちを支えるための資料が保育所から小学校へ送付されるようにすること。
○家庭及び地域社会との連携
　子どもの生活の連続性を踏まえ，家庭及び地域社会と連携して保育が展開されるよう配慮すること。その際，家庭や地域の機関及び団体の協力を得て，地域の自然，人材，行事，施設等の資源を積極的に活用し，豊かな生活体験を始め保育内容の充実が図れるよう配慮すること。

（保育指針をもとに作成。）

第3節　いま，求められる「計画→実行→評価→改善」

1　保育の評価と改善

　「評価」という言葉に抵抗を感じる方は，「勤務評価」「成績評価」といったイメージをもっているからではないでしょうか。保育の評価は，そのようなことを示しているのではありません。また，保育の評価は「今日は楽しかった」「うまくいった」「子どもの反応がよかった」という保育者の感想にとどまっている傾向があります。いずれのイメージも払拭してください。人間には乳児期，幼児期，児童期と，それぞれの時期に習得しておかなければならない成長発達の課題があり，それを「発達課題」といいます。保育の評価は，この発達課題を軸として，子どもを理解し，一人ひとりに応じた「発達の課題」を見通して計画すること，さらには保育を実行することによって達成したのかどうかを振り返ることが大切です。また，振り返って次にはどのような保育を工夫すればよいのか，今日参加しなかった子どもの発達にはどのような環境を提案すればよいのかを改善することが大切です。すなわち，今日は何をしたのかということではなく，いま，クラス（一人の子ども）の子どもの発達課題にはどのような保育内容が必要なのか，今日の保育で何を育てることができたのかという振り返りと評価が必要です。そのため，保育者は発達課題をきちんと把握したうえで，子どもの実態を観察し，クラスの課題，一人ひとりの子どもの発達の課題を捉えながら，子どもを理解し，適切な援助をすることが求められます。保育者自身の発達への基本的援助の姿勢を反省することが評価の中心となります。

2　子どもの評価と改善

　「指導計画」は，年齢ごとの年間計画等を具体化すること及び保育の内容に示される養護と教育の「ねらい」や「内容」を発達過程に合わせて計画的に考えることを意味しています。このことを前提として，子どもの評価と改善を考えていきましょう。す

なわち，保育課程は単にカリキュラムとして存在する紙ではなく，子どもの育ちを保障するための計画であるということを再認識してください。子どもを保育することは，人間を人間らしく育てることであり，保育課程の編成の根幹です。そのためには，発達過程をきちんと理解しておくこと，発達過程を考えて保育内容を選択し，環境を整えることが保育の計画です。

予想される子どもの姿を正しく見通すには，まず，子どもの実態を捉えること（観察すること），そして，子どもの発育，発達についての専門性が必要です。また家庭環境や地域環境など，子どもの環境状況を把握し，「何を育てたいのか・何を育てる時期なのか」といったねらいや課題を判断するとともに，一人ひとりが何を求めているのかを傾聴することが大切です。

保育者は，子どもの実態や子どもを取り巻く状況の変化などに即して記録し，これらをふまえて，指導計画に基づく保育の内容の見直しを行ない，改善を図ることが求められます。

とくに，具体的な子どもの生活や遊び・活動は，毎日がさまざまな変化であることに留意し，子どもの発達過程に沿った活動を子どもが展開できるように援助を行なうことが大切です。保育者は，子どもの主体的な活動を促すために保育を振り返り，子どもの発達課題が解決できるように創意工夫し改善します。

❸ 保育者の評価と改善

「保育所は，保育の質の向上を図るため，保育の計画の展開や保育士等の自己評価を踏まえ，当該保育所の保育の内容等について自ら評価を行い，その結果を公表するよう努めなければならない。」と保育指針には書かれています。さらには，「地域の実情や保育所の実態に即して，適切に評価の観点や項目等を設定し，全職員による共通理解を持って取り組むとともに，評価の結果を踏まえ，当該保育所の保育の内容等の改善を図ること。」「児童福祉施設最低基準第36条の趣旨を踏まえ，保育の内容等の評価に関し，保護者及び地域住民等の意見を聴くことが望ましいこと。」等があげられています。

　　（配慮する事項）
　　　① 保育者の自己評価に基づく保育園の自己評価
　　　② 保育園の自己評価の観点
　　　③ 自己評価の方法
　　　④ 自己評価の講評

ここで大切なことは，保育者は自分のクラスだけを考えるのではなく，保育課程をよく読んで，自分のクラスは全体のどの年齢であり，何を育てる時期であるのかを把握していることです。また，保育目標を達成するには，クラスの年齢はどのような発達過程の時期であり，何を育てておけば小学校に行くまでに解決することができるのかという視点が必要です。

　さらには，保育者の共通理解という点です。複数クラスの担当者がいた場合，必ずしも子どもとの関係は同じではありません。経験が違うということは子ども理解が異なる可能性もあります。保育者が互いの違いをきちんと認識したうえで，クラスを振り返り，改善を考えることが大切です。

　保育園は，園の理念や方針や保育目標に向かっているかが評価のポイントとなり，職員の共通認識が必要です。また，保育者の日常は自己研修が必要です。1週間の記録は，クラスの週の指導計画とも比較できます。

　思い出せない子どもはいないでしょうか。場合によっては忙しいなかではさまざまなことの段取りができていないかもしれません。今日思い出せない子どもは，翌日には声をかけるような改善は，意識すればできることです。大切なことは，保育者に悪気はなくとも，気づいてもらえなかった子どもの人生には申し訳ないこととなります。評価とは，いつも振り返り，見落としはないか，気づいていない子どもはいないかを丹念に見つめていくことです。気づけば翌朝一番にその子どもとかかわることができます。毎日は難しくとも，1週間のなかで調整ができるように記録を大切にしてほしいと思います。怖いのは，見ているつもりが見ていなかったという現実です。気づくことこそが，自己研修の目的です。子どもとかかわり，振り返り評価することが自分の行動を知るいい機会です。

第4節　自己評価の仕方

1　自己評価の必要性
　　　──遊びのなかで一人ひとりの姿を確かめてみよう

　子どもが「好きに遊ぶ」という言葉をよく耳にします。「好きに遊ぶ」とは，子どもが自主的に遊びを選択し，楽しくくりかえしながら何かが育つという状況を思い浮かべます。いまの子どもは本当に遊びを楽しんでいるのでしょうか。子どもの遊び力は，自然発生的に育つのでしょうか。子どもを取り巻く環境の変化は著しく，遊びの原体験である生活のなかでの育ちが難しい時代です。「全身の筋肉の発達」があってはじめて自転車に乗ることができます。2歳の発達であるピョンと跳ぶという活動は，その前段階である足のばねとなる屈伸が育っていないと（すなわち突っ立っていては）跳べません。ままごと遊びは，生活のなかで誰かが料理をつくるといった場面を見ながら模倣し，自分なりに表現することが必要です。生活場面の物的環境や人的環境が（ままごとでは，誰が，何を使って料理をしていたか）遊びとして模倣され，再現されてままごと遊びとなります。また，「手の発達」があってはじめて，積み木やブロックで遊ぶことができます。「手の操作性」が発達していないと，積み木を積んだり，並べたりといったことが表現しにくいといえます。「どうして遊ばないの」ではなく，「遊べない理由」が子どもにはあるのかもしれません。

　すなわち，遊びのなかで一人ひとりの姿を確かめることは，その子どものさまざまな発達を理解し，子どもを理解する契機となります。たとえば，手遊びを見て何が育ったと感じるでしょうか。「楽しく手遊びをする」という視点ではなく，「今日の手遊びではこの視点で観察してみよう」ということが大切です。「自分はしないがじっと先生を見て楽しんでいるのは誰？」「手を動かしてやってみようとしているのは誰？」「声を出しているのは誰？」といったことを確認してみましょう。同じ場面であっても一人ひとりの発達がまったく違うことに気づきます。気づけば，子どもへの言葉かけやかかわり方が変わるでしょう。同じ場面であっても，1カ月後に視点をもって見ると子どもの変化が感じられるでしょう。子どもの育ちは，急激なものではありませ

ん。丹念な，そして地道な観察があってこそ気づくことができます。

また，指針の改定では，「保育所の社会的責任」として，「子どもの人権を尊重する」ということが明確に記載されました。「保育所は，子どもの人権に十分配慮するとともに，子ども一人一人の人格を尊重して保育を行わなければならない。」子どもの人権への配慮は，遊びのなかにもあります。忙しい保育現場であるからこそ，公平さは自己評価をとおした保育者の振り返りと気づきという意識が必要です。

❷ 自己評価の意味

あなたは，一人ひとりの子どもが何をして遊んでいるかを本当に見ていますか。

ついつい，一部の子どもの声に従っていませんか。「せんせい」といってそばに来る子どもの遊びに目を奪われてはいませんか。気になる子どもばかりを追いかけ，遊びに夢中な子どもへの声かけ，その子どもが何に夢中であるかに気づきましたか。一人ひとりとかかわる努力をしましょう。まずは，一日１回，一人ひとりの遊びを見てください。次に，名前をよんで声をかけてください。そして，一日が終わった時，自分自身を振り返ってください。もし，よく思い出せない子どもがいても失敗ではありません。大切なことは，気づくことです。今日思い出せない子どもは，明日はよく観察してください。保育は気づいた時にはじまります。

自己評価は，(1)子ども一人ひとりの育ちを捉える視点，(2)自らの保育を捉える視点，(3)保育者同士の学びあいの視点をもって実行しましょう。その結果，(1)子ども一人ひとりの発達の理解，(2)子ども理解，(3)集団としての育ちの理解につながります。

保育は，この実態の把握があってこそ指導計画に向けた具体的なねらいや内容（遊び・活動）の選択がはじまります。また，保育はクラスであり集団です。クラスの実態（一人ひとりの発達分布）をふまえた環境の構成が必要になります。たとえば，コーナー保育は保育方法として行なうのではなく，クラスの子どもの発達状況に合わせた構成や子どもの遊びの段階に合わせた構成への創意工夫になるでしょう。

子どもの遊びや活動の展開による保育者の援助や個別配慮は，子ども一人ひとりの発達を理解するからこそ必要になります。子どもの発達の理解や子ども理解があれば「迷惑をかける子ども」や「気になる子ども」への配慮ではなく，言語認知がまだ幼い子どもはクラスみんなへのルール説明では理解しにくいので，「個別に繰り返し説明してから活動にはいる」といったことが必要になります。この創意工夫が保育者に求められる配慮です。

子どもは，言葉の意味がわからなくて「やりたくない」という心情であったかもしれません。保育者の創意工夫ある配慮から「やってみよう」という意欲へと心情が変

化することが大切です。そこから「一生懸命にする」という子どもの態度へとつながります。

　自己評価の意味は，このようなことにあり，単に保育者のための評価ではありません。自己評価をすることで子どもの実態を観察することが求められます。そのことが，予想される子どもの姿を見通し，子どもの発達課題を把握した保育の内容の選択，そして保育の計画へとつながっていきます。P（計画）→D（実行）→C（評価）→A（改善）→再P（計画）サイクルは，ここに意味があります。

第 3 章

指導計画作成の考え方とポイント

第 1 節　　　　　　　　　　　　　　　　　　　　　３歳未満児

　３歳未満児は，保育課程における土台の時期です。保育園に入園した最初の時期であること，発達過程の最初の段階であることをよく考えて指導計画を立てましょう。あなたのクラスは何歳でしょうか。乳児は月齢によっても発達が大きく違います。個人差に配慮した指導計画を立てましょう。

1 保育課程から年間指導計画へ

1　たんぽぽ保育園の保育課程から

　第１章のたんぽぽ保育園の保育課程①②を見てみましょう（21～23頁参照）。①では，保育理念・保育方針・保育目標を一貫し，実現するために，「各年齢別ねらい」が示されています。０歳児・１歳児・２歳児を見てください。各クラスのねらいが将来の保育目標につながっていくこと，そのためには年間を通じてこの「年齢別ねらい」を具現化していく努力が必要であることを担任は認識しましょう。また，特色ある保育の欄には「担当制保育」と書かれています。この保育園では担当制を取り入れていることに注目してください。

　②では，園全体の４つの保育目標に示される項目が発達過程ではどのようにつながっているのかが書かれています。また，保育指針に示されている保育の内容である「養護と教育」では，発達過程に対比するとどのようになるのかが示されています。この表を見て，各クラスの担任は，年間目標がどれと一致するのか，また，年間を通じて育てるべき養護と教育の視点についても確認してください。

2　年間指導計画とは

　指導計画は保育課程に基づき，子どもの実態に合わせ，乳幼児期にふさわしい生活のなかで，一人ひとりの子どもの発達課題に必要な体験が得られる保育が展開されるように具体的に作成します。したがって，指導計画の作成にあたっては，クラスの担任は，一人ひとりの子どもの年齢，保育年数，発達の実態，地域や家庭環境，個性な

どを考慮することが大切です。園生活を充実させていくために見通しをもって保育するための手がかりになるものです。

　3歳未満児（0・1・2歳児）のような低年齢の子どもは、毎日同じような生活が続き、一人ひとりの子どもの発達のあらわれも継続的です。時には、思いがけない変化におどろかされることもありますが、月ごとにねらいも内容もすべて変わってしまうことはありません。変化や成長が見られたところは少しずつ変えますが、基本的には同じ内容が続くこともあります。計画を立てる目安（見通し）は、おおむね1カ月ぐらいの流れで捉えます。週の指導計画などの短期指導計画は必ずしも必要ではありません。週の予定などクラス運営や少人数に分かれてのグループ上の配慮などは、メモ的に記しておきます。

　2歳児の保育は、活動の展開や環境構成、友だち関係の育ちなど、より具体的で細かい指導案を作成する場合には、週の指導計画を立案するほうが見通しやすいでしょう。

3　指導計画の様式とその立て方

　3歳未満児は、発達の個人差が著しいこと、また月齢による発達差だけでなく、同じ月齢でもおおむねといわれるように個人差が著しい年齢です。したがって3歳未満児の指導計画は、個人別指導計画が主です（個別に立案することを主として全体のクラス運営的視点を添えること）。

　年間・期別指導計画は、発達の近い数人の子どもごとにねらいや内容、環境構成、予想する活動、保育者の配慮する事項を計画にあげています。保育者は月齢差のある子どもを保育課程からしっかりと捉え、年間指導計画と期別指導計画に連続しています。月の指導計画には、「個々の発達に即した個別指導計画」が付されています。

　さて、子どもの発達から捉えた指導計画だけでよいのでしょうか。保育園の保育は集団生活であり、クラス規模があり、複数の保育者が一緒に生活します。

　担任を任せられた保育者同士が、共通理解をしながら1年間クラス運営をするには年間・期別の指導計画が必要です。たとえば担当制を実施するのか否かです。保育室の環境構成は、また1年間の生活の見通しはどのように立てるとよいのでしょう。入園当初の保育者や園になれるまでのごたごたした時期や、少し落ち着いて過ごせるようになってくる時期など子どももクラスの雰囲気も変化します。季節や生活、遊び、それに伴う配慮も異なってきます。「子どもの発達面」と、「1年間の流れ面（遊びの移り変わりとクラス運営と）」の両方が必要です。後者は、1年間を4期にわけて立案します。ここでの期別は、次に示す時期をイメージして分けていますが、各保育園の状況によって期は多くても少なくても問題はありません。創意工夫しましょう。

　0歳児クラスの年間指導計画を立案する時は、保育課程に記述された0歳児と1歳

児の年齢別のねらいや発達過程をふまえ，発達の特徴を十分に理解したうえで作成することが基本になります。とくに，乳児は一人ひとり，月ごとに月齢が変化しますから，個別の指導計画が必要です。

> 第Ⅰ期（おおよそ4，5，6月）…………ごたごた期
> 第Ⅱ期（7，8，9月）…………開放期
> 第Ⅲ期（10，11，12月）…………もりあがりの時期
> 第Ⅳ期（1，2，3月）…………まとめ時期

4　作成から評価・改善へ

　保育課程の編成についてはすでに第1章で述べてきましたが，3歳未満児は複数担任であることから，担任相互の共通理解が必要であることは言うまでもありません。とくに，特定の人との関係が大切になるこの時期の担任は，各々の方針で保育を進めることがないように，保育課程を確認してから指導計画を立てます。

　各自の園で編成されている保育課程は，0歳入園から年長，小学校への連携までを見通し，一貫性のある保育を目指しています。発達過程を考え，その間に習得されなければならない発達課題をふまえた各年齢クラスの目標が書かれています。担任は，保育課程に書かれている各年齢目標をきちんと理解し，3歳未満はどういう発達の時期であり，何を育てる時期であるかを把握しておくことが大切です。

　3歳未満は，生命との出会いを大切にする保育の時期であり，保育者に受けとめてもらう子どもの生活といえます。生命を与えられた子どもは，人として尊ばれ，愛されることによって，はじめて人を信じ人格形成の根である「自己」を形成します。保育の原点は，「生命」との出会いであり，一人ひとりの尊い「生命」に肯定的であるのか，否定的であるのかは，養育者である家庭と保育者の役わり（受けとめ）であり，子どもの発達にとっては重要です。保育者が子どもを受けとめることによって，子どもの生命は活性化し，生きていく力，意欲を引き出していくことができます。

　今回の指針では，養護の目標として，「生命の保持」と「情緒の安定」が示されています。子どもの生理的欲求（食事・睡眠・排泄）を十分に満足することは，子どもの未来への最善の利益です。人間の根源的欲求であり，生命への尊敬はここからはじまります。

　それでは，子どもが「快」と感じる生活上の養護とは何でしょうか。保育者は，子どもを表面的に受容するのではなく，心から「可愛い」と愛をもって接していくということです。たとえば「おむつをかえればよい」という思いで子どもに接するのではなく，「気持ちよくなろうね」という思いで接した時，子どもは「快」を感じます。「何をしたのか」ということよりも「どのような思いでしたのか」という，保育者の心の

種ともいえる，全人格が子どもの心の発達に影響していくということを心にとめて保育をしましょう。

とくに，3歳未満は子どもの名前を呼んでください。同じ子どもの名前ばかりを呼んではいませんか。同じ子どもばかり抱いてはいませんか。

子どもは叱られている子どもの名前を記憶に留めてはいませんか。「ぼくって，わたしって」という自己形成は自分の名前を知るところからはじまります。自己肯定観は，自己の存在からはじまります。生命への畏敬の念は，人間への尊敬です。

子どもにとって乳幼児期は，心の根を育てる人間形成の土台の時期です。この時期の大人（親や地域の人）とのかかわりは，子どもの生活の基本であり，自己形成，人間関係の広がりや育ちに多大な影響を与えます。在宅の子育て家庭への支援も含めて，保育園における地域の子育て家庭への援助（サポート）は，重要な課題となってきています。

保育評価は，保育を振り返り，常に子どもの実態の把握から考えていきましょう。保育者の反省文ではなく，むしろ子どもの発達に基づいた内容であり，遊びの姿に発達の視点を観察できることが大切です。たとえば，「いないいないばあ遊び」は，発達によってまた教育の視点によって「ねらい」の視点がまったく異なってきます。保育者が子どもに「いないいないばあ」とする時には「反応した。笑った」ということへの気づきがあり，そのことへの認知と言語化してくれる大人が必要になります。年齢とともに，自分から保育者や友だちに「ばあ」とするようになりますが，これは模倣であり，主体性の育ちといえるでしょう。

このように，子どもの生活や遊びには，さまざまな発達の元となる経験がきらめいています。遊びには段階があることがわかります。保育者が経験させたいことである前に，子どもがいま，何を楽しんでいるのかという実態の把握こそが保育の評価であり，改善として必要なことです。

❷ 3歳未満児の発達過程と子どもの遊びや環境

判断基準となる子どもの発達過程を大切にする保育は，保育者の専門性と質の向上が求められます。発達過程に即した保育，子どもの実態に即した保育は，年齢別の発達基準や到達度を決めて，そこまで引きあげるという従来のやり方とは異なります。子どもの発達過程を基に保育者としての判断基準をもつことが，一人ひとりの子どもの育ちに必要な経験が提供できることにつながっていきます。保育者は，子どもの実態を受容し，共感的理解をしていくことです。あくまでも，子ども自身が発達の中心であり，子どもが自分で成長したいと思う気持ちや，自己の発達を喜ぶ思いを大切に

しながら，子どもの能動的，意欲的活動を促すように働きかけていくことが保育者の役割です。すなわち，子どもの「自分づくり」「自己受容」を，保育という環境をとおして総合的に培っていくことです。

　また，子どもの発達と遊びの総合性をふまえた保育は，子どもの認知力と保育者の言語力が求められます。保育の指導方法の一つには，援助があります。3歳未満は，この援助が大切な時期です。子どもが積極的に周囲に目を向け人とかかわるようになるには，保育者と子どもの信頼関係が成立し，子どもの心が安定していることが前提となります。保育者は，一人ひとりの子どもの発達を把握し，活動や遊びの姿を的確に捉えていくことが大切です。「子どもの行動（活動や遊び）の意味は何か」「その経験（活動や遊び）をとおして子どもに育ったものは何か」「子どもが求めているものは何か」「保育者はどのような援助をすればよいのか」ということを常に考えながら実践し，子どもの成長発達の実態を把握することが大切です。そのためには，55頁に掲載した「遊びの種類とその発達過程」一覧が必要になってきます。この一覧から，子どもの実態に即した遊びの内容や活動の内容を選択することや振り返って確認をすることができます。

　大切なことは，「手や指の操作性が育つ」時期には，そのことを発達課題として，さりげなく「つまめるおもちゃ」を置いておくという環境への配慮や「ポットン遊び」をするという遊びの提供が保育者によってなされるかどうかです。3歳未満の場合は，発達の段階と個人差が著しく異なるため，常に観察し，状況を把握していないと，一人ひとりにあった遊びの環境は保障できないことになります。決してやらせ保育ということではありません。その時期に必要な発達を保障するには，3歳未満は環境としての遊びがいかに大切であるかを知ることにはじまります。途中入園の子どもがいる場合，期にとらわれていると積み残してしまいますので，クラスは多数決で環境構成をするのではなく，いつも個別に対応することが求められています。

❸ 子どもの実態と家庭との緊密な連携

　これからの保育園は，乳児期から児童期までの子どもの発達を理解し，一人ひとりの子どもの人権を大切にしてください。そのためにも，保育の見通しと計画が必要になります。

　子どもがきらきらと輝く子どもらしい子ども時代を過ごし，必要な経験をさせてもらったならば，子どもは次世代に向かって夢を抱くことでしょう。保育園の原体験が，次世代に継承する文化となるように心より願っています。楽しかった・嬉しかったと思える一人ひとりの保育経験が，保育園の社会的責任であり，努力をすることが課題

です。子どもの生活にかかわる保育者は，夢と希望をもち，あきらめないことが大切です。長時間化する保育園の保育は，超多忙な毎日になっていますが，ほんの少しの優しさを子どもに向けてください。時代は大きく変わりました。多様化している大人の環境のなかで生活している子どもです。一人ひとりの子どもの生活環境はまったく異なると考えてください。保育園に入るまでの生後3カ月から6カ月の時期，家庭は「泣く」「抱く」ということのストレスで子育て疲労状況に陥っています。誰も援助がない場合が多い今日においては，親と子どもが共に疲れきって保育園に入園することも多々あります。生理的欲求や情緒の安定は，3歳未満の発達課題であり，その後の発達に大きく影響します。しかしながら，すでにダメージを受けてきた子どもや育児放棄状況の子どもが入園した場合には，とくに発達過程のやり直しをする気持ちで一日一日の保育を振り返り，丁寧に観察しましょう。表面的・外的なことではなく，子どもの内的なことをよくみましょう（洞察）。また，子どもの内的な声をよくききましょう（傾聴）。発達課題の先送りとならないように，この時代に必要な生理的欲求や情緒の安定は，保育園での生活で取り戻し，解決できるように願っています。年間のなかでもⅠ期は家庭との連続性をきちんと接続する大切な時期です。月齢や年齢ではなく，家庭の実態や子どもの生活経験との段差を考慮して保育につなげることが大切です。子どもの原風景となる出会いを大切にしてください。

❹ 月の指導計画・週の指導計画作成のポイント

　保育課程→年間・期別指導計画→月の指導計画→週の指導計画は一貫した流れと継続性があります。そのなかで月の指導計画は，「子どもの発達から捉えた指導計画」と「クラス運営的な指導計画」の双方を取り入れて作成します。月の指導計画も，個人別指導計画が主ですが，前月の子どもの姿（子どもの実態）に基づいた生活や遊びなどをおさえて「配慮」した月の計画を作成します。また，その時期に必要なクラス運営に関するものは書いておきます。3歳未満児の場合は，集団であっても一人ひとりの子どもが発達に即した適切な保育を受け，生理的欲求である「食事・睡眠・排泄」「遊び」が十分にでき，毎日が健康，安全で，情緒の安定した生活となるように注意しなければなりません。そのため，「養護」を大切にした指導計画を作成します。

　子どもが主役の月の指導計画になるためには，子どもの実態（実際の姿）を把握することが重要です。月の指導計画は，翌月の生活プランであることから，立案では，まず前の月の生活への振返りと評価が基本になります。3歳未満児は発達過程の違いや個人差が大きく，一人ひとりの発達課題の総合がクラスの生活や遊びに大きくかかわってきます。3歳未満の保育は一人ひとりの子どもが主役であり，一人ひとりが自

分なりの生活を保障されることがクラスとしての環境であり，落ち着いた保育の元であることを忘れないでください。月の指導計画は，あくまでも個別指導計画の総合として，むしろ分布状況を把握して保育を構造化すると考えてください。

　月の指導計画・週の指導計画の評価は，子どもの遊びや活動が発達として考えられていたのかどうか，必要なおもちゃが，必要な子どもに用意されていたのかが問われます。

　3歳未満児は，泣くことや，表情，しぐさ，体の動き（行動）や片言などで自分の気持ちや要求を表現します。その好意の結果だけで「よく泣く子だ」とか「かみつきが多くなった」などと評価してしまうことがないように「何を訴えて泣くのか」「なぜかみつきをするようになったのか」と「なぜ？」と行為の意味を考え，その子の身になって「真実の求めは何か」を理解しようとすることが大切です。保育者にとってやりにくいということが，子ども理解を妨げることになっていないか内容に注意が必要です。一人ひとりのいま，伸びている力，課題になっている事柄などをきちんと捉えられたかが振り返りであり評価です。

　個々の子どもが楽しんだ興味，関心は何であったのか，次に楽しみたいことは何かという方向性を把握できているのか，その楽しみはどのような環境で実現する予定なのかが重要です。子どもは今月の遊びや活動に意欲はあったのか，子どもの様子や態度はどうであったのか。人間関係は子ども同士，保育者との関係などがどうであったのか。前月の実態から子どもの育ちや変化を確認できているのかどうか。このようなことを，日誌・連絡帳から把握し評価・改善していきます。子どもの姿は保育内容（教育：5領域）の窓口をとおして見ることで見直すことができます。

0〜2歳児 遊びの種類とその発達過程

年齢 / 種類	0歳児クラス・前半	0歳児クラス・後半	1歳児クラス・前半	1歳児クラス・後半	2歳児クラス・前半	2歳児クラス・後半
運動遊び・感覚遊び	**運動遊び**（大人から関わりを向けられるものを楽しむ）（全身を使って遊ぶ） ・遊具で遊ぶ ・ひざの上でビョンビョン ・たかいたかいをしてもらう ・ガラガラで遊ぶ ・紙で遊ぶ ・つりおもちゃで遊ぶ ・いないいないばあ	**運動遊び**（保育者の働きかけが中心になる）（全身を使って遊ぶ） ・ひざの上でビョンビョン ・たかいたかいをしてもらう ・ボールころがし、追いかけっこ **感覚遊び** ・くすぐり ・たかいたかい ・ゆさぶり ・飛行機ごっこ ・水をバチャバチャする	**運動遊び**（全身を使って遊ぶ） ・たかいたかいをしてもらう ・ボールをころがす、追いかける ・手押し車を押す ・階段のぼりおり ・リズムを保育者と一緒にする **感覚遊び** ・大担なゆさぶりをしてもらう	**運動遊び**（全身を使って遊ぶ） ・ボールを使って遊ぶ ・手押し車などの乗り物にのる（足でけっての） ・三輪車に乗って押してもらう遊び（三輪車に乗ってもらしてもらう遊び） ・よじのぼる ・少しの段差からとびおりる ・リズムを保育者と一緒に楽しむ	**運動遊び**（全身を使って遊ぶ） ・ボールころがし ・コンビカーや三輪車に乗って遊ぶ ・コンビカーや三輪車を押したりひいたりして遊ぶ（足でけっての） ・ブランコ ・すべり台 ・（前向きに座ってすべりおりる） ・水遊び（プール） ・水遊び ・リズムを楽しむ	**運動遊び**（全身を使って遊ぶ） ・ボールを使って遊ぶ ・コンビカーや三輪車に乗って遊ぶ（自分でこぐ） ・ブランコ ・すべり台 ・（前向きに座ってすべりおりる） ・水遊び（プール） ・水遊び ・走りっこ（走ること自体を楽しんでいる） ・リズムを楽しむ
ルール遊び	**かくれ遊びごっこ** ・いないいないばあ	・いないいないばあ ・かくれ遊び （いないいないばあの発展したもの） ・身体をくすぐって ・マテマテ遊び	・いないいないばあ ・かくれ遊び ・マテマテ遊び （マテマテ！といって保育者が子どもを追いかける）	・マテマテ遊び ・追いかけっこ （子どもを保育者が追いかける）	追いかけっこ遊び 子どもたちが追いかけていき保育者が逃げてくれるところはどもたちに見えている	つもりのある追いかけっこ遊び （おおかみになって追いかけるなど）
模倣遊びから役割遊びへ				**模倣遊び** （生活の動作を再現して楽しむ） ・食べるまねっこ ・飲ませるまねっこ ・運がせるまねっこ	**みたて・つもり遊び** （生活のなかで印象深かった動作を再現して楽しむ） ・食事ごっこ ・お風呂ごっこ ・乗り物ごっこ（いすをならべて） ・電車ごっこ	**役割遊び** ・みたて・つもりを楽しむ （役割を楽しむ平行的な遊び） ・乗り物ごっこ ・おうちごっこ ・ままごとごっこ・お医者さんごっこ ・買い物ごっこ
手指を使う遊び	**手指を使って遊ぶ**（事物へ関心を向けて楽しむ） ・遊具で遊ぶ ・ガラガラで遊ぶ ・紙で遊ぶ ・つりおもちゃで遊ぶ	**手指を使う遊び**（遊具で遊ぶ） ・ガラガラ ・ふたの開け閉めの遊び ・容器からものを出し入れして遊ぶ ・紙で遊ぶ ・物を落とす遊び ・水遊び・ボタンおとし ・マジックテープはがし	・いないいないばあ ・かくれ遊び ・マテマテ遊び	**手指を使う遊び** ・積木などを打ちあわせる ・ミニカーを動かして遊ぶ ・出し入れしたりする遊び ・砂遊び・ひもとお遊び ・水遊び・小石遊び ・小麦粉粘土遊び	**手指を使う遊び** ・積木を積み上げて倒すことを楽しむ ・ミニカー、ブロックなどを構成してでてきたもの名前をつけて遊ぶ ・山を作る ・水遊び・ひもとお遊び ・ボーキャップリングをつくる ・ボタンやスナップを自分でしようとする	**つくって遊び** ・積木・ブロックで電車や線路をつくる ・山を作る ・ゲームやプリンをつくる ・小麦粉粘土やめん棒で回すプチづくり ・ボタンのとめはずし
あやし遊びからわらべうた遊びへ	**あやし遊び**（大人からあやされるものを楽しむ） ・むすび ・にぎり ・いないいないばあ	**あやし遊び** ・「ちょうだい」「ありがとう」のやりとりを楽しむ遊び ・いないいないばあ ・わらべうた遊び ・わらべうた （「かいぐり」など）	**あやし遊び** ・「ちょうだい」「ありがとう」 ・わらべうた遊び（いっぽんばし） ・いっぽんばし ・いないいないばあ	**あやし遊び** （わらべうた） ・「ありがとう」、さがり目 ・いっぽんばし ・わらべうた遊び ・あずきちょまめちょ	**わらべうた遊び** （動作をまねる歌いながら動作をする） ・げんこつ山のたぬきさん ・ことりのほっぽ	**わらべうた遊び** （動作をまねる歌いながら動作をする） ・げんこつ山のたぬきさん ・むっくりくまさん ・なべなべそこぬけ

第2節　3歳以上児

1　作成にあたって

1　指導計画って何？　それは何のために立てるの？

　　カリキュラムの語源は「走路」，人生の履歴書というような意味があります。人生は旅のようなもの，連続している日常生活も旅そのものです。旅に出かける時，私たちは必ず予定を立てます。まずどんな所に行きたいか？　日程（期間）は？　行程は？　とわくわくした気持ちで計画を立てます。

　　指導計画を立てることは，きっとこの旅行プランを立てることと同様に保育の道しるべ・楽しく保育をするために必要なものになるのではないでしょうか。一定の期間（1年間，1カ月，1週間，1日……）において，子どもたちとどんな生活を楽しもうか？　子どもたちはどんな願いや要求をもっているだろう？　どんな活動をとおして，保育者である私の願いと子どもたちの願い（要求）をドッキングさせようか？　そのための環境構成は？　など予想される生活プランを立てていきます。計画を立てているからこそ，子どもたちの願いや欲求を摑み，偶発的な行動がわかり状況の変化にも対応していけるのです。

　　もしもこの生活プランがなかったとしたら……どうなるでしょう？　方針や見通しが立っていないため，準備も配慮もなく行きあたりばったりの生活になってしまうことは目に見えています。保育者が計画を立て実践し反省，評価を重ねていくことは「何のためにそうしたのかという保育行為の根拠を映し出すこと」でもあります。

　　3歳以上児については，クラスなど集団生活での計画が中心的になりますが，一人ひとりの子どもが主体的に活動できるようさまざまな保育の方法を考えておく必要があります。保育指針第4章の「保育の計画及び評価」の1の「(3)指導計画の作成上，特に留意すべき事項」「ア　発達過程に応じた保育」に，次のような記述がなされています。「(イ)　3歳以上児については，個の成長と，子ども相互の関係や協同的な活動が促されるよう配慮すること。(ウ)　異年齢で構成される組やグループでの保育においては，一人一人の子どもの生活や経験，発達過程などを把握し，適切な援助や環境

構成ができるように配慮すること。」

　先にも述べたとおり指導計画は「走路」です。一人ひとりの子どものなかにかけがえのない発達の物語をつくっていくこと，子どものなかにある光るもの，興味や関心の対象を引き出しながら，子どもがどんな発達の道筋・走路を進んでいくのかを見届けていくことです。さらに子ども相互の関係や幼児同士が保育者の援助のもとで共通の目的，挑戦的な課題など，一つの目標をつくり出し協力して解決していく協同活動の必要性が求められています。

　また「ウ　障がいのある子どもの保育」においては，「(ア)　一人一人の子どもの発達過程や障害の状態を把握し，適切な環境の下で，障害のある子どもが他の子どもとの生活を通して共に成長できるよう，指導計画の中に位置付けること。また，子どもの状況に応じた保育を実施する観点から，家庭や関係機関と連携した支援のための計画を個別に作成するなど適切な対応を図ること」と述べられています。本書では発達過程区分ごとに障がい児の計画，実践展開，評価を掲載しています。

2　指導計画作成に不可欠な7つの要素

　指導計画は，子どもたちの生活をより充実したものにしていくための生活プランです。幼児の一人ひとりが集団のなかで十分に自己充足した楽しい生活を送れるような計画を立てるためには，まず目の前の個々の子どもたちの生活する姿を基盤にその実態を捉えながら，具体的に順序立てて考えていくことです。基本的には下図のような7つの要素が必要であり，それは「子どもの実態」から連なって生まれていくものです。

①子どもの姿（実態）→ ②ねらい → ③内容 → ④環境の構成 → ⑤予想される活動
　　　　　　　　　　　　　　　　　　　　　　　　　　　　　　　　　　↓
　　　　　　　　　　　　　　　　　　　　　　⑦評価 ← ⑥援助のポイント

2　ここがポイント，指導計画の立て方

　それでは順を追って，楽しい生活プランとしての指導計画の立て方について考えてみましょう。

1　子どもたちの生活の実態［クラス全体の様子］及び，個々の子どもの育ちや心の動きを捉える

　指導計画はクラスの次の期間の生活プランですから，立案の際には，まず前の期間でのクラス全体の子どもたちの生活を把握することが求められます。その視点になる

のは前の指導計画のねらいや内容です。また5領域の窓口をとおして見ることも可能です。領域とは「子どもの育ちを支える保育のための総合的な視点」、それらは相互につながり合っていますが中心は幼児の主体的な自己活動が想定されています。したがって前の時期の子どもたちの実態（クラス全体の子どもたちの様子）を5つの領域の窓口から見ることも一案です。

まず健康の領域、生活習慣については、(1)どこまで子どもが自分で（自分たちで）やれているでしょうか。(2)保育者に促されてやるという生活の仕方ではなくその必要性を感じて主体的に取り組んでいるでしょうか。(3)人間関係はどうでしょうか。(4)友だち関係がどのように育っているか。(5)自分の思いやつもりを友だちに伝え、友だちの考えも聞きながら心が触れ合うかかわりを実感できているでしょうか。このように5領域や前の指導計画のねらいや内容を視野に入れ把握していきます。複数の担任間で話し合うことによっていろいろな角度から見ることが可能になります。次に一人ひとりの視点で見てみましょう。

(1)どんなことを楽しんできたか？（興味、関心のありよう）

もしつまずきがあるとすればその原因は何か？　さらにこれから楽しみたいことは何？（方向性）、その楽しみを子どもたちはどのように実現していくつもりか？（願いや意欲、態度は？）、心の動きを見つめるということはその子がどのような気持ちや関心、あるいは悩み、葛藤をもって活動しているかを感じ取ることです。

(2)子ども同士のかかわりはどうか？

一人ひとりの子どもにとって、心が通じ合える友だちは誰？

(3)保育者に求めていることはどんなこと？

一緒に遊んでほしいのか、距離をもって見ていてほしいのか？　甘えたいのか？　など……

(4)さらに子どもたちの実態を日々の記録から継続的に捉え直してみましょう。

どのようなきっかけで遊びがはじまったのか、いま夢中になって遊んでいる活動は？　活動が壊れてしまう要因は？　単に、「子どもたちが何をして遊んでいるか」目に見える姿だけを断片的に捉えるのでなく、昨日、今日、明日といった継続的な流れで捉えていくことも重要です。

2　子どもの実態を基に具体的な「ねらい」を立てる

指導計画は、どれだけ具体的になっているかが最も重要視されます。倉橋惣三氏が「保育の危険は、よその保育案を模倣するときにことにはなはだしい。おのおのの園は、環境を異にして形態を異にしている。いかなる保育案といえどもいずれの園にもそのまま適用せられるべきことはありえない」と『倉橋惣三選集』（フレーベル館、1965年）に述べています。

そのクラスの子どもたちの姿や顔がみえてくるような具体的なねらいを立てるには，次の時期において子どもたちの内面に育ちそうなこと，育てていきたい方向性を見通したものです。ですから，目の前の子どもたちの実態，および，保育課程に示された発達過程の両方をふまえることがポイントになります。要は，いま，多くの子どもたちに育ちつつある心情や意欲態度などを見通すこと，さらに保育者がぜひ育てたいと願うことを重ね合わせ，立案することになります。

それから前の時期のねらいを検討することも必要です。前の時期に掲げたねらいがクラスの子どもたちにまだ十分達成されていない場合はそのねらいを次にもち越すことになるからです。前にも述べましたがねらいは，子どもたちや保育者の願いです。したがって「ねらい」のあとに〈ようになる〉という言葉を補い，適切であるかどうか吟味してみましょう。～を楽しむ〈ようになる〉とか，～をして遊ぶ〈ようになる〉，～に気づく〈ようになる〉，という表現の仕方をします。それは決して保育者が仕向けることではなく，到達目標でもないからです。

ねらいは，常に「幼児の内面を育む」という「心情，意欲，態度」が育つように立案されてほしいからです。ねらいを立てるには，まず子どもたちの真実の願いは何か？　を摑むことです。

これまでの指導計画の考え方では，子どもたちの平均的なレベルでねらいを立て，そこに子どもたちを引きあげるような傾向がありました。しかし，これからは，一人ひとりのすべての子どもたち，すなわちどういう状態の子どもでもその子にとっての充実した生活を考えていくことが出発点です。指導計画の枠をひろげてすべての子どもの実態に対応するねらいを考えてほしいと思います。

3　内容を考える

次に「内容」を設定します。内容は，ねらいを達成するために，どんな経験を積み重ねているかを見通すこと。すなわち，ねらいをより具体化した「経験する必要のある事柄」です。子どもたちの興味や関心は，経験することにより実現していきます。このように，生活のなかで具体的に経験していく事柄を見通したものが「内容」を設定することです。

ここでは，経験と活動とは違うということに注意する必要があります。たとえば，「鬼ごっこ」は活動そのものですが，同じ鬼ごっこという活動をしても「楽しかった」という経験もあれば「つかまってばかりいてつまらなかった」「うまくいかないからもうしたくない」という経験もあります。大切なことは，外見的な「活動」をしたか否かではなく，幼児の心にきざみ込まれていく内面的な経験です。

柴崎正行氏は『幼児の発達理解と援助』（チャイルド本社，1922年）のなかで次のように活動と内容について説明しています。「何人かの子どもたちが一緒にままごと遊

びをしていても、そこで経験していることが皆同じになるとは限りません。実際にはいくつかの異なる経験をしているのです。ある子は料理を作ることに主な関心があり、ある子は母親役を演ずることに主な関心があり、さらにある子は友だちのA子と一緒に過ごすことに主な関心があるという具合に、そこでの関心は必ずしも同じになるとは限らないのです。従って具体的な内容を設定しようとする場合には、園生活の中で子どもたちが取り組んでいることをていねいに見て、そこで経験しようとしていることを読み取ることが基本になります。この例のままごとごっこという活動においても①いろいろな素材を用いて自分のイメージしたものを工夫して作る ②自分のなりたいものになりきって表現する楽しさを味わう ③気の合う友達と一緒に遊ぶ中で互いの思いを伝え合うというように、いくつかの具体的な内容が考えられると思います」（120頁）。

　内容とは、ねらいを達成するために幼児に経験させたい事柄です。したがって「内容」の次に〈経験させたい〉という言葉を補ってみて矛盾がないかどうか見てみましょう。

　たとえば「夏から秋への自然の変化に関心をもつ」というねらいがあった時、その内容としては、

　○飼育してきた虫の生態や変化に気づく〈経験をさせたい〉
　○戸外に出た時、空を見上げたりし雲の様子や風の変化に気づく〈経験をさせたい〉

という表し方をすることになります。

4　環境を構成する

　乳幼児の保育は、発達の各時期にふさわしい生活が展開できるような環境を構成することによって行なわれるものです。子どもたちの発達や要求に即して、ねらいや内容を達成するために物や人、時間、保育者自身の言動などを総合的に捉えて状況づくりをすること、つまりは子どもたちの自発的な活動を引き出す「動機づけ」であり、活動の充実を図る要素といえましょう。

　ともすると従来の保育は「子どもたちに何を経験させるか、何を教えるか」といった保育者主導の保育が行なわれてきた傾向がありました。1990（平成2）年の保育指針の改定後はそれを改め、「保育を子どもの育ちへの援助活動」として位置づけ、子どもの自発性、主体性を大切にした「環境を通しての保育」が叫ばれてきました。「自分から発動することが生きた存在の特性」です（津守真『自我のめばえ』岩波書店、1984年）。要は子どもたちが積極的に環境にかかわることによって、さまざまな活動を展開し自己充実の経験を積み重ねていくこと、いうなれば「経験のさせ方」です。子どもたちの発達に必要ないろいろな活動に対して、「やりたい」「やる必要がある」という気持ちを起こさせる原動力こそが環境構成の条件の一つです。

保育者が子どもたちにぜひ経験させたいと意図した活動であっても，子どもたちがその環境に出合い「やってみたい遊び」として主体的に取り組めれば，それは，子ども自身の活動や経験になり，そこからまた新たな活動が生まれていきます。保育者が準備万端整えた環境に「さあ，どうぞ遊んでください」と子どもたちを追い込むのでなく，子どもたちの育ちや，興味ある活動を見据え，時には子どもたちと一緒に必要な環境づくりをすることによって応答性のある環境を構成していくことになります。

　さて，これまで環境構成というと「どこに，どんな物を配置するか。その活動のために準備するものは何か」といった物的環境が中心でした。それは環境構成の一部であって決してすべてではありません。環境には自然事象，周りの人びとや社会事象，さらには時間や空間，雰囲気などすべて含まれるわけです。とくに環境というものは，人と物，すなわち，その人にとってそこに在る物がどういう意味をもつのか，子どもの受け止め方，すなわち子どもが興味や関心をもち，かかわりたくなる心的要因こそ重要です。

　たとえば，よく例に出されますが，散歩に行った際，道端に季節の花が咲いていたとします。ところが子どもがその花に気づかなければ，その子にとっては花がないのと同じです。環境というのは，その子にとって意味をもった環境でなければなりません。同じ環境であっても一人ひとりの子どもによって受け止める意味が異なることもあります。積み木なら積み木が子どもたちにいま，どう受け止められているかを考えなくてはなりません。さらに環境を構成するといった時，遊具をどこにどう配置するかより，子どもにどんな印象を感じさせるか［心的要因］ということのほうが重要なのです。そこで次に環境構成をする際の基本的な視点について整理してみます。

◆◆ **環境構成をする際の基本的な視点**
- 子どもたちの興味や関心が実現し，連続していくような環境
- 子どもたちの活動や経験が充実し深まっていくような環境
- その時期にしか出会えないような環境［季節の変化などの自然事象，地震や災害など思いがけない社会の出来事，地域のお祭りや行事など］
- 新たな活動が生み出されていくような環境
- 子ども同士が交流できるような環境［クラスの子どもたちだけでなく異年齢の交わりなども］
- 子どもの発見や感動，時には葛藤に保育者が寄り添い共感の輪を広げていけるような人的環境

　要するに「環境構成をする」ということは保育者が3歳児クラスなら3歳児の目や体になって，5歳児クラスなら5歳児の目や体になって，その活動を頭のなかで想像してみることです。保育指針の第1章総則の「㈢　保育の環境」で以下の4つの視点をあげています。

ア　子ども自らが環境に関わり、自発的に活動し、様々な経験を積んでいくことができるよう配慮すること。
　イ　子どもの活動が豊かに展開されるよう、保育所の設備や環境を整え、保育所の保健的環境や安全の確保などに努めること。
　ウ　保育室は、温かな親しみとくつろぎの場となるとともに、生き生きと活動できる場となるように配慮すること。
　エ　子どもが人と関わる力を育てていくため、子ども自らが周囲の子どもや大人と関わっていくことができる環境を整えること。

◆◆「環境の再構成」をすることもある

　子どもたちの活動の状況によっては、実践の途中で環境構成を変更する必要が生じることもあります。たとえば、前期間中、3歳児クラスの子どもたちが「絵の具でぬりたくりを楽しむ姿」がよく見られたため、次の期間にもその内容を継続し、環境構成として「いつでも絵の具で描けるよう、絵の具のコーナーを設置する」とし、室内の一箇所に絵の具コーナーを用意しておきました。ところが次の期間を迎えてみると、子どもたちは絵の具で描くことより、新しく購入してもらったドミノ積み木をどこまでも長く並べていって倒す遊びに興味をもちはじめ、室内が狭くなってしまいました。そこで、せっかく活動の連続を意図して「絵の具コーナー」を設けましたがそこで活動する子がいなかったため、そのコーナーをなくし、友だちと一緒にドミノ遊びが楽しめるよう、広がりの場として再構成することにしました。

　計画どおり進む保育ほどつまらないものはないといわれますが、保育者が丁寧に子どもの姿や実態を捉え指導計画を立てたとしてもふたを開けてみると必ずズレが生じてくるものです。そのズレを承知しながら環境をそのまま放置するのでは、子どもの求めに応答するいい環境とはいえません。そこで、期間の途中であっても「環境の再構成」を行なうことが重要になってきます。柔軟かつ応答性のある環境づくりのために、この「環境の再構成」がいかに重要であるかをご理解いただけたと思います。指導計画にこの項目を設けなかったとしても、紙を貼り、計画に添付する方法でもよいのではないでしょうか。

5　子どもの活動を予測する

　前述の、環境を構成することによって、子どもたち（一人ひとりあるいは仲間と……）は、どのように環境に出合い、そこでどんな活動が生まれるか？　すなわち子どもの行動を予測し環境とどのようにかかわるかを考えてみることです。それを予測できないと、多様な活動を展開する子どもたちにふさわしい柔軟な幅広い援助ができません。

　本来指導計画とは、仮説であり必ずしも計画どおりに進むものではないはずです。

保育者の思惑をはずし，突拍子もないことをやってくれるのが子どもだからです。ですから，その子どもたちの活動を予測することは決して容易なことではありません。「はじめてのお散歩，○○ちゃんはどんなものに興味があるかな？　どんなものを見つけて喜ぶかしら？」と一人ひとりの関心事をしっかり把握し，それに応えたいという保育者の立案した事柄に対しての予測はできても，子どもたちが散歩先でどんな行動をとるか？　たまたま散歩の途中，子どもが知っている人と出会ってしまい急に歩道からとび出してしまうというようなことも考えられるわけです。

　平素から一人ひとりの子どもの姿をしっかり把握し，洞察力をもつことによって予測も可能になってきます。本来，大人と子どもとでは，感じ方，考え方など違う世界をもっています。その違いやズレを発見しながら，子どもの世界に大人が近づいていく楽しみ，そこに計画を立てる楽しみがあるといえるのではないでしょうか。

6　保育者の援助のポイント

　幼児期の教育は「発達の援助」です。援助としては，前述の「環境を構成していく側面」と「子どもたちの生活や遊びにどうかかわるか」という直接的な側面での援助があります。ここで述べる援助は後者です。また一言で「援助」といっても，保育者の子どもへのかかわりは多様です。ちょっと離れた所から，見て見ぬふりをして見守っているだけの援助もあれば，言葉がけだけでよい時もあり，どのようにすればよいか？　やり方を一緒に考える援助もあります。保育者が理解しやすいようにモデルを示すという援助もあります。場合によっては，あえて失敗をさせてみる援助もあれば失敗させないように手助けをする援助もあります。

　さらに子どもたちの活動形態からは，(1)クラス全体の活動（一斉活動）をすすめる際の援助，(2)子どもたちの好きな遊びを拠点にできてくる仲間活動での援助，保育者が子どもたちの友だち関係を考慮してつくる意図的なグループ活動での援助，(3)自分のやりたいことを一人で展開する，個の活動に対する援助，などが考えられます。ここでは(1)〜(3)の活動に対する保育者の援助のあり方をまとめてみました。しかしどの活動においても共通に言えることは「子どもたちがより主体的に活動を展開できるように促していくこと」に他なりません。

◆ クラス全体の活動をすすめる際の援助

- ねらいや意図がはっきりしていて，子どもたちにとってもその活動の必要性があること。保育者主導の保育にならないよう，いかに子どもたちのやる気を起こさせるか，意欲の喚起や導入が最も重要（第6章の展開例①「氷づくりからはじまった協同的な学び「世界一大きな氷をつくろう」」参照）。
- 一人で活動するより，みんなで取り組むことが楽しいという充実感が味わえるものであること。

- 一斉活動とはいえ子どもたちの発想や工夫が活かされ，主体的な取組みがなされること。

◆◆ グループ活動と保育者の援助
- グループのなかで，強い子が弱い子を支配してしまうような関係が固定化しないよう，それぞれが自己発揮できるようにしていく援助。
- 仲間関係，グループのなかで生じるけんかや葛藤，仲間外れなど自分たちの問題として一緒に（時には距離をもって子どもたちに任せ）話し合い解決していく援助。とくに葛藤をとおして自律や社会性がどのように育っていくかを支えていくこと。

◆◆ 一人ひとりの子どもの活動（個の活動）を支える援助
- 友だち同士の活動がどんなに楽しくても，時には一人になって自分の本当にしたいことをやり，充電することは最も重要である。そのような理解を子どもたちに伝え，グループ活動と並行して個の活動が充実する時間や場（環境）を支える。
- 一人ひとりの子どもの良さを摑みいろいろな機会にそれを伝え合うこと。それによって，一人ひとりみんながクラスの一人として認められるようになる。

7 反省・評価をする

　保育実践を振り返り，評価・改善していくことが次への予測を確かにし，保育者の力量を高めることになることはいうまでもありません。前にも述べたとおり，指導計画の目標は，決して到達目標ではないので評価，反省をする時は「その目標を達したか否か？　クラスの大方の子どもたちは目標をクリアしたけれども，少数の子どもたちがまだそこまで至らなかった」というような評価では意味がありません。

　内容についても同様です。「子どもたちが活動をやったか否か？　できるようになったか否か？」を問題にするのではなく，「できるようになったとすれば，それが，その子にとってどういう意味をもつのか」「できることを生かして，その子が（子どもたちが）日常生活のなかで，どう取り組もうとしているか」を見ていくことが重要です。そして，まだつまずいている行動（活動）があるとすれば，そのことを子どもがどのように感じ，受け止めているかを洞察していくことが評価になります。つまり，子どもたちの目に見える活動や能力を評価するのではなく，その子にとっての意味を見つけていくまなざしが，保育者の子ども理解のうえで最も重要になります。

　保育における評価のポイントの一つめは「子どもの育ちを確認すること」，二つめは日常生活のなかで，子どもの言動をどのようにみて，どう対応したか？　保育者の見方，かかわり方は適切だったかどうかを評価します。保育という相互的な営みのなかで，子どもの育ちを見る確かさが求められます。また，子どもに確かな育ちがあった時，それはなぜだったのか？　どういう理由でその育ちが見られたのか？　を分析，整理する力です。子どもに退行現象や葛藤が生じている時も同じです。そういう時こ

そ保育者の子ども理解（なぜ退行現象を起こしているのか？　どのように支えていったらよいのか？）が求められます。倉橋惣三氏は『育ての心』（フレーベル館，1988年）のなかで「この反省を重ねている人だけが真の保育者になれる……」と書いていることが心に突き刺さります。

　これまでともすると月の指導計画や週の指導計画に書かれてきた評価は，「環境構成が十分でなく反省している」とか「トラブルが多かったので気をつけたい」「以後環境構成の工夫をする必要性を感じた」など保育者の決意表明ばかりで，具体的にどうすればよいかの方針を打ち出していないものが多かったです。評価とは，「的確な現状認識とそれに基づく課題の抽出，そこから具体的な方針を打ち出していくこと」です。自己評価を書くことで子ども理解を深め，保育を改善していくことが可能になります。

◆◆ **記録の重要性　計画→実践→記録，評価→改善→計画へ**

　実践記録（実践者が書く日誌や児童票など）は，指導計画などに基づき保育が適切に進められていったかどうかを把握していく資料として，必要なことはいうまでもありません。記録によって，子どもの実態の把握ができ，自己評価しながら多方面にわたって保育の課題を見出していきます。それが指導計画を立てる際の礎です。また記録を具体的に書くことによって，自分の考えを周りの人と共有し合えるようになります。記録を簡潔に（要点をつかんで）書く力がついていくことは，つまりは，指導計画を適切に作成していく力の基盤になります。

　第4〜8章までは，計画を立て，それに基づく実践展開を事例で表現し，その自己評価を次なる計画につなげていく一連の保育の構造化を試みています。そこをしっかり読みとっていただければと願っています。

第 4 章

3歳未満児（0・1・2歳児クラス）の指導計画
―作成・展開・評価・改善―

第1節　0歳児クラスの指導計画

1　作成のポイント

　　0歳児は，一人ひとりの育ちや発達が，月齢によってまったく異なります。月齢の低い子どもは，一人ひとり睡眠・食事・排泄などの生理的欲求が異なるため，個々の発達をおさえた指導計画が必要です。とくに，入園当初の4月・5月の月齢の低い乳児の場合は，丁寧に配慮をしなければ生活のリズムが乱れてしまい，体調不良や疾病を引き起こすことも考えられます。保育者は，集団保育のなかで，クラスとしての1日の流れと，一人ひとりへの対応や育ちのバランスを，どのように工夫していくかが問われます。

2　発達の特徴

1　生後3カ月頃から6カ月未満

　　保育指針では「出生～3か月未満」と一緒のくくりになっていますが，生後3カ月とは大きく異なります。保育園では産休明け保育になりますが，3カ月までの乳児に比べて「泣く」ことが複雑になります。保育者のかかわりが子どもの心の安定，心地よさ，人との関係づくりになる大切な時期です。この時期には，喃語（母音を主とした「あーあ」「うっくん」という声）を発しはじめます。話しかけると，喃語で「あーあ」と応答することが観察されていますが，この過程を経て言葉のやりとりにつながっていきます。生後4カ月頃には首がすわり，身体の各部分が動くようになります。運動能力が高まり，手におもちゃをもち，腹這いの姿勢もとれます。寝返りもはじまり，身体の位置がかわるため，安全確保が必要になります。また，視線を合わすと，表情の変化があらわれ，保育者に自ら働きかけるようになります。さらに保育者が応答し，あやすとほほ笑み，乳児の表情は豊かになります。乳児は，自分から人に向かって笑いかけるようになり（社会的微笑），首がすわることで，保育者と対面するようになり，

応答性が出てきます。保育者は積極的に応答することが大切です。特定の大人との情緒的な絆が生まれ，人に対する信頼感が育まれます（愛着形成）。この時期は，生涯にわたる人間関係の基礎を培っていく大切な時期です。「いないいないばあ」等のふれ合い遊びをしましょう。また，手が発達しはじめますので，ガラガラ等の音が出たり，握ったりするようなおもちゃが必要になります。

2 おおむね6カ月から1歳3カ月の子どもの発達と遊び

指針の発達過程区分です。6カ月頃から，「寝返り」をし，「座る」「はう」「立つ」「つたい歩き」といった発達過程を経て，1歳3カ月頃までには「歩く」ようになります。1歳3カ月は，「歩く」ことが発達の目安になっています。したがって，この時期の乳児には，運動発達に必要な環境と保育者のかかわり方が重要です。また，「○カ月はお座り」といった平均的発達は，一人ひとりの乳児にはあてはまりません。この時期は，一人ひとりの発達過程をよく理解することが大切です。個別指導計画を作成しましょう。次の(1)〜(5)を参考に考えてみましょう。

(1) 「寝返り」の頃：仰向けからうつぶせに寝返りをします。少し離れた所に玩具を置いて音を鳴らすと，前に進もうとします。

(2) 「お座り」の頃：座りはじめの赤ちゃんは，クッションなどを置き，安全面に注意しましょう。機嫌良く座っていても自分で体勢を変えられないので，座らせたままにはしないようにします。

(3) 「はいはい」の頃：腕や脚，腹筋を使って「はう」ことをします。床に物を置かないスペースを広くとり，一緒に「まてまて遊び」「トンネル遊び」などをして，「はう」楽しさを味わいます。足の指先で床を蹴るため，裸足で過ごします。滑り台の斜面やマットの段差遊びに発展することで手足や腰の筋肉を鍛えます。

(4) 「つかまり立ち」の頃：手の届く場所につかまります。環境を再構成し，見守り，角を覆うなど安全対策が必要です。また，いすや箱などを押すようになりますので，安定感のある手づくりの手押し車や段ボールの箱などがあるとよいでしょう。

(5) 「伝い歩き」から「自立歩行」の頃：ベッドの柵やロッカーなどで歩くことを繰り返すうちに，何もない所から一人で立ち上がり，一歩を歩くようになります。子どもが大人の手を持って自分のペースで歩くようにしたいものです。また，指先を使った探索活動も盛んになります。探索意欲を満たす遊びを工夫しましょう。

0歳児 年間指導計画　たんぽぽ保育園

年間目標

- 衛生的で安全な環境のなかで、一人ひとりの生活リズムを大切にしながら、快適に過ごせるようにする。無理なく園生活に慣れるようにする。
- 愛情豊かな保育者の受容によって、人とのかかわりを喜び、安心して過ごす。
- 見る・聞く・触れるなどをとおして、身の回りに対する興味や好奇心が芽生え、自ら遊び出す喜びを味わう。

保護者への支援

- 連絡帳や迎えの時間をとおして、園での子どもの様子を伝え、成長を確認し合う。
- 保護者とのかかわりを大切にし、抱えている思いを受け止め、共感していくなかで信頼関係を築いていく。
- 保育参加や園内行事を活用し、保護者同士のかかわりを深める。

	I期（4・5月）	II期（6・7・8月）	III期（9・10・11・12月）	IV期（1・2・3月）
ねらい	・家庭での個々の生活状態や生活リズムを把握しながら、新しい環境になじめるようにする。 ・特定の保育者が継続してかかわるなかで、要求や気持ちを受け止め、安心して過ごせるようにする。 ・生活（食べる・眠る・おむつ交換）や遊びの場所を固定し、毎日同じ場所、同じ保育者が同じ手順で生活をするように心がける。その見通しをもてるようにする。 ・保育者が優しく語りかけたり、歌いかけたりして、泣き声や喃語に応えてする。	・食事・睡眠など体調に留意し、暑い夏を快適に過ごす。 ・保育者の愛情豊かな受容とかかわりのなかで、やりとり遊びを十分に楽しむ。 ・沐浴や水遊びなどをとおして気持ちよく過ごす。 ・戸外に出て気分転換をしたり、開放感を味わえるようにする。	・気候や体調にあわせ、動きやすい服装での遊びや活動ができるようにする。 ・保育者との安定した関係のなかで、他の友だちにも興味をもってかかわろうとする。 ・這う・歩くなどで行動範囲を広げ、探索活動を楽しむ。	・室温や衣類の調節に留意し、外気に触れる機会をもち、健康に過ごす。 ・保育者や友だちと同じことをしようとしたり、まねたりして一緒にいることを楽しむ。 ・探索活動をとおしていろいろな人や物にふれ、「楽しい」共感をたくさん経験させ、遊びや人への興味・関心を広げる。
保育課程	保育課程②のおおむね6カ月未満〜 おおむね6カ月未満〜1歳3カ月未満		保育課程②のおおむね1歳3カ月〜 2歳未満	
保育のポイント（○保健安全）	＊安心できる環境や保育者のもとで、一人ひとりがゆったりと過ごし、授乳や睡眠などの生活リズムが整うようにする。 ＊特定の保育者との情緒的な絆が深まる一方で、人見知りをするようになるため、不安にならないようにしていく。 ＊一人ひとりがのびのびと動いたり、好きな場所で遊ぶ環境をつくり、遊べるような環境を設定する。 ＊暑さや疲れで体調を崩しやすいため、水分補給や休息の時間をとる。 ○室内の温度調節や換気に気をつけ、快適に過ごせるようにする。		＊一人ひとりの成長している様子を見ながら、心地よい生活リズムをつくっていくようにする。 ＊子どもたちの表情や要求のサイン（泣きや指差しなど）に優しく応え、言葉を掛けたりすることで、喃語や発語を促し保育者とのやり取りを楽しめるようにする。 ＊戸外に積極的に出かけ、いろいろな素材にふれ、興味をもって遊べるようにする。 ○離乳食が進むなか、アレルギー児への対応に十分配慮し、誤食を予防する。 ○日中の気温差に体調を崩しやすい。	＊整った生活リズムのなかで、安心して健康に過ごす。 ＊保育者が楽しそうに歌ったり、話しかけたりすることで、まねたり片言などを使い、やり取りをしながら喜んで遊ぶ。 ＊言葉にならない思いを受け止め、お互いの気持ちを言葉にしながら、仲立ちをし、かかわり方を知らせていく。 ＊進級することで環境が変化するのを考慮し、保育者と一緒に1歳児のクラスの部屋で遊びに行ったり、生活をしてみるなど、少しずつなじんでいけるようにする。

	57日～3カ月未満	3カ月～6カ月未満	6カ月～9カ月未満	9カ月～12カ月未満	12カ月～1歳6カ月未満	1歳6カ月～2歳未満
子どもの育ち	・空腹・おむつがぬれた、暑いなど不快を感じると泣く。 ・睡眠と目覚めを一日に何回も繰り返す。 ・あやすと応えるように声を出したり、微笑んだりする。 ・眠っている間も手足をよく動かす。 ・目の前で玩具を動かす方向に頭をめぐらし、目で追う。	・授乳や睡眠のリズムが徐々に定まり、日中の睡眠は2～3回となる。 ・徐々に離乳食がはじまる。ミルク以外の味を知り、スプーンなどの感触に馴染み、スプーンから飲めるようになる。 ・保育者や他の子の動きを盛んに目で追い、そばに来ると自分のほうからニコニコ笑う。 ・人がいると盛んに声を発し、喃語を抑揚をつけて発する。 ・首が据わり、腹ばいにすると前腕で体を支えて頭や肩を持ち上げる。 ・そばにある玩具に手を伸ばし、引き寄せ、手に触れたものをなんでも口に入れるようになる。	・熟睡できるようになり、機嫌よく目覚める。 ・自分から食べ物や食器に手を出したり、早く食べたいというしぐさをしたり、いやになると向こうを向いたり、遊びだしたりする。 ・人見知りや場所見知りが出て、好きな人への後追いが見られる。 ・喃語を言ってご機嫌で遊び、相手をする大人の声を真似ようとする。 ・寝返りが上手になり、お座り、這い這いだし、活発に動く。 ・手近なものに興味をもち、手を伸ばしてつかもうとしたり、両手に玩具を持って打ち合わせたりする。	・自分の食べたい物を選び「マンマ」と手を伸ばし、手づかみで食べるようとする。 ・保育者のしぐさを真似たり、他児への関心が見られ、近寄り、かかわろうとする。 ・指差しをして、気持ちを伝える。 ・這う、つかまり立ち、伝い歩きなど移動運動が活発になる。 ・身の回りに興味を示し、物を出したり、投げたり、なんにでも触れたがる。	・生活リズムがほぼ整ってくる。 ・離乳食が完了し、乳児食になる。 ・大人のやりとり、触れ合って遊ぶことを喜ぶ。 ・指差しが盛んになるとともに、簡単な単語を言うこともあるようになる。 ・不安がりながらも歩けるようになり、押したり、投げたりの運動機能も増す。 ・つまむ、めくる、はがすなど手指を使って遊ぶ。 ・いろいろな物に興味を示し、探索活動が盛んになる。	・排尿したことを動作や言葉で知らせることがある。 ・手づかみから次第にスプーン・フォークが使えるようになる。 ・友だちへの関心が高まり、玩具を取り合ったり、相手をたたいたりすることがある。 ・「いやいや」自己などの要求を強くあらわす。 ・歩行が安定し、小走りしたり階段や狭い場所を好んで遊ぶ。 ・泣いている子を見て頭をなでたり、顔を覗き込んだりする。
	○睡眠中の顔色や呼吸に注意し、睡眠チェックをすることでSIDS（乳幼児突然死症候群）の予防をする。 ○入園面接などの記録票をもとに、既往歴・アレルギーの有無・発達・健康状況等を担任全員で把握する。	○沐浴の温水遊びの際は、月齢差に配慮するとともに、時間や温度などに気をつけて行なう。			○室内の温度や湿度に注意し、換気を行ない、健康観察を行なう。	
		時期なので、一人ひとりの体調の変化に気をつける。 ○気温の変化を考慮しながら、衣服の調節をする。				

第4章 3歳未満児（0・1・2歳児クラス）の指導計画 71

配慮	・授乳・排泄・睡眠やその他の不快に対するサインに優しい言葉で、ゆったり対応し、心地よく過ごせるようにする。 ・おむつを交換する時は、温かいおむつで清拭する。 ・静かで落ち着いた雰囲気のなかで、子どもの発声に同じように応えたり、優しい笑顔と言葉をかけながら相手をし、心を通わせる。	・離乳食は、発育や体調に配慮し、家庭と連絡を密に取りながら進めていく。食事・食後の様子も留意しながら、焦らずに進める。 ・子どものさまざまな要求に積極的にかかわり、大人への親しい感情が育つようにする。 ・腹ばい姿勢で満足するまで遊ばせ、見る、触れる動きを十分にして、興味をもったものに向かう運動を誘う。	・食事はゆったりと1対1で対応し、「おいしいね」などと言葉を掛けながら、喜んで食べられるようにする。 ・子どもの発語や表情を受け止め、丁寧に喃語に込められている要求や気持ちを察し、発声や発語などとのやりとりの楽しさを知らせていく。 ・持ちやすい物や音の出るおもちゃなどを身近に置き、つかむ、持ち替える、振るなどの遊びができるような環境を整える。	・自分で食べる意欲を大切にしながら、介助し、後期食へ進める。 ・苦手な食べ物などの食べ方、咀嚼などの様子を丁寧に見て、把握して対応する。 ・子どもの発語や表情を受け止め、丁寧に喃語に込められていることを大切にし、話しかけることを大切にし、言葉と動作を結びつけられるように助けていく。 ・指差しや言葉を丁寧に受け止め、ゆっくりと優しく応えていく。 ・歩くことができるようになるが、まだ不安定さがあるので、十分気をつける。	・排泄の自立は個人差が大きいので、焦らず個別に対応していく。 ・自分で食べようとする気持ちが強いので、妨げにならないように援助する。 ・子どもの思いを受け止め、相手の気持ちを言葉にしながら、かかわりの方について根気よくつたえていく。 ・行動範囲が広がり、好奇心が旺盛になるので、危険な物や場所がないか点検しておく。
食育	・授乳の際のアイコンタクトを大切にし、なるべく同じ保育者がかかわりゆったりとした気持ちで安心して飲めるようにする。	・保育者のひざに抱っこされて、喜んで離乳食を食べる。	・取り皿に食べものをのせ、手を伸ばしてつかみ自分で食べようとする。	・腰がしっかり座って背中を伸ばして座れるようになったら、イスに座って食べる喜びを知る(足が届かなかった時は、足置きを用意する)。	・手づかみの手が、口に入らなくなって指でつまむことが上手になったらスプーンを開始する。 ・前歯で噛みがちだが、奥歯で噛むくださることをおぼえる。 ・好き嫌いを表すようになる(決して無理強いはしない)。

月の指導計画

0歳児 4月

子ども9名　保育者3名（看護師）

ね ら い	○特定の保育者との安定したかかわりをとおして，新しい環境に慣れていく。 ○一人ひとりに合った生活リズムを大切にし，それぞれの要求に応えて気持ちよく過ごせるようにする。	家庭との連携	○保護者に保育園の生活を知ってもらう為に，入所時，親子で一緒に過ごし生活するなかで，親子共に新しい環境に慣れてもらう。 ○連絡帳や送迎時に子どもの様子を細かく伝えながら，コミュニケーションをはかる。 ○衣服調整，動きやすい衣服について知らせる。
保育のポイント	○一人ひとりの生活リズムや授乳，睡眠の状態を細かく把握し，家庭と連絡をとりながら，それぞれに合わせた働きかけができるようにする。 ○できる限り同じ保育者が授乳やおむつ交換などを行ない十分なスキンシップをとおして情緒の安定をはかり，園生活に少しずつ慣れていくようにする。 ○一人ひとりの発達に合った活動が十分にできるようにする。	環境設定	○ゆったりと安心して過ごせるように生活の場所（おむつ交換・食べる・寝る）を同じ場所で行ない，月齢差や発達差を考慮しながら，それぞれが安定して過ごせるよう遊ぶ場所を分ける。 ○玩具は発達に合った物を準備し，子どもが取り出しやすいようにする。 ○衛生状態が保てるように，物の置き方を工夫する。
チームワーク保育者間の	○子どもの様子を伝え合い，一人ひとりの発達状況やくせなどを把握し共通理解をもって接する。 ○職員間の連携を密にし（保育者・看護師・調理師），一日の生活がスムーズに流れるように役割分担などを常に話し合っておく。	健康安全の配慮	○一人ひとりの発達状況，既往症，予防接種状況，生活リズムなどを十分に把握しておく。 ○玩具の素材や形状は安全性を重視して選び，常に清潔にする。子どもの目の高さで安全確認をする。 ○睡眠中，時間ごとにチェックしSIDSの予防に努める。

	たくま（3カ月）	まゆ（9カ月）
子どもの姿	〜入園時の面接より〜 ○母乳とミルクの混合栄養で，哺乳びんの時には吸いはじめに時間がかかる。 ○音のする方を向いたり，ベッドにあるモビールをじっと見る。 ○眠っても音に敏感で，10分位で目を覚まし泣く。 ○排便が2〜3日に1回で，便秘気味。 ○泣いていても，あやされたり抱き上げると泣きやむ。	〜入園時の面接より〜 ○人見知りがあり，父母を追って泣く。 ○離乳食は3回食だが，家での食事形態は軟らかめで食べている。 ○おむつ交換を嫌がり，身をよじって泣く。 ○抱っこで眠る。布団に下ろすのに時間がかかる。物音で目を覚ます。
ねらい	○特定の保育者がかかわるなかで，新しい環境に少しずつなじみ，ぐっすり眠りたっぷり飲む。 ○排便がスムーズに出るようになる。	○特定の保育者とのかかわりのなかで，新しい環境に慣れる。 ○早番に入るので，午前寝をしながら機嫌よく過ごす。 ○後期食の形態に慣れる。
保育者とのかかわりと配慮点	○哺乳びんの乳首を吸いはじめるのに時間がかかるが，ゆったりとした環境で授乳をしていく。 ○物音に敏感なので，十分眠れるようにベッドの位置を考え，静かな環境で眠れるようにする。睡眠中の様子（顔）が見えるように気をつける。 ○ミルク以外（白湯）の水分補給を心掛け，お腹をさすったりしながら，様子を見ていく。 ○ゆったりと歌ったり，あやし遊びをするなかで，愛着関係をつくっていく。	○特定の保育者が安心できる存在になるように，丁寧にかかわっていく。 ○舌の動きに気をつけ様子を見ながら，家庭や調理師と相談し，調理形態をすすめる。 ○おむつ交換では「チッチ出たね」「おむつを替えようね」など，何をするのかを知らせるように言葉をかけ，ゆったりと交換する。 ○静かな環境をつくり，抱っこやおんぶをしながら安心して眠れるようにする。
行事	・入園式 ・身体測定 ・食育の集い	評価の視点： ・家庭的な雰囲気のなかで，機嫌よく過ごせるようになっているか。 ・保育者，看護師，調理師のチームワークがとれているか。 ・保護者が安心でき，気楽に伝え合えるようになったか。

※個人カリキュラム　子ども9名中2名のみ掲載。子どもの名前は仮名。

第4章　3歳未満児（0・1・2歳児クラス）の指導計画

0歳児 展開例

1 家庭と園とのつながりのある生活を

　はじめて親元から離れ，保育園という未知の世界で過ごす子どもにとって不安はいかばかりでしょうか。保育者は母親にかわる存在です。保育園が安心してやすらげる場となるよう，その子がいままでどのような生活をしてきたかを知り，なるべく家庭で生活してきたことを継続し，不安を最小限にとどめたいと思っています。

1 入園児の保護者からの聞き取り（面接）

①発育状況 　出生時の状況／首のすわり・つかまり立ち／立つ・歩く・人見知り／表情・言葉（喃語や指差し） ②健康について 　アレルギーの有無／病歴／平熱（いままでの発育状況，熱性けいれん有無） ③授乳について 　ミルクのメーカー／授乳の時間（間隔）／授乳の分量／授乳の仕方	④離乳食について 　離乳食の進行状況／好みの傾向 ⑤排せつ状況 　便の状態／おむつ交換回数 ⑥睡眠について 　時間／入眠方法／癖 ⑦その他 　保護者の心配事／園への要望，など

① 発達には，個人差が見られます。一人ひとりの発達段階を的確に捉え，その子に合った援助方法を考えていきます。

② 保育園で生活していくなかで注意することを確認します。場合によっては，看護師・栄養士と話し合い，全職員に周知します。
　熱性けいれんを起こした経験のある子どもは，再び起こしやすいので，体調の悪い時にはとくに気をつけ，目を離さないようにします。

③ 家庭での生活に近づけるため抱き方や癖などを聞き，乳首は吸いなじんだ物を持ってきてもらい，子どもが安心してミルクを飲めるようにします。

④ 離乳食は月齢だけでなく，家庭で食べなじんでいる味や形態に合わせて，栄養士と相談しながら段階を決めていくようにします。

⑤ 便は子どもの健康のバロメーターになるので，ふだんの便の回数や状態を知り，変化に気づいていけるようにすることが大切です。

⑥ 入眠方法や癖を詳しく聞き，安心できるものがあれば持ってきてもらうようにし，家庭に近い環境のなかで眠れるようにします。

⑦ 入園するにあたって，保護者が心配や不安に思っていることなどを聞き，気持ちを受け止め話し合うことで安心して子どもを預けてもらえるようにします。

2　心の通じ合う出会いと別れ

　子どもが登園時に抱えてくる思いは一人ひとり異なり，日々違います。朝の受け入れは，その日1日の子どもと出会う大切な時だと考えています。保育園での1日を気持ちよくスタートできるようにしたいですね。

◆◆ 保育者自身の手で子どもにふれて感じ取る

　受け入れの時は抱っこしたり，手を握ったりし，直接子どもにふれ体温を感じながら，「今日は元気かな？」「ご機嫌はどうかな？」と言葉をかけ，目を合わせます。

◆◆ 言葉に思いを込めて

　「おはよう！」と明るいあいさつに，もうひと声加え，「○○ちゃんに今日も会えてうれしいわ～」など，気持ちを込めたひと言で保護者から離れる不安な気持ちを温かく包みたいものです。担当以外の保育者が受け入れる時でも，しっかりその子の名前を呼べば，子どもは安心感を得られます。

◆◆ 登園時の保護者との別れ方と降園時の再会を大切に

　どんな小さな子どもでも，保護者と離れる時には置き去りにされたような不安を抱きます。離れる時は，必ず子どもの目を見て「お仕事に行ってくるよ。お迎えに来るまで，待っててね」と，声をかけてから行くよう保護者にお願いします。言葉をかけることは，心をかけることです。だからこそ大切にしたいと思います。

　また，お迎えの時は真っ先に子どもの所に来て，「お迎えに来たよ。会いたかったよ。待っててくれてありがとう」としっかり抱きしめてあげるように伝えます。日々の別れと再会に思いを込める。このことが愛着形成がいかに重要かを保護者に伝え，習慣づけてもらうようにします。

評　価

① 　日々の登園時の別れ方，お迎えの時の再会の仕方が，子どもの気持ちを安定させ，親子関係の深まりにつながりとてもよかったと思います。4月の最初の時期から保育園として，親子の絆がしっかりできるよう支えていくよう伝えられたことを，今後もぜひ園として大切にしていきたい。

② 　保育園で安心して午睡ができるように，家庭で使用しているタオルやぬいぐるみ人形など持ってきてもらえたことが，何より安らかな眠りにつながったと思う。保護者が子どもを寝かせる時，うたってやる子守唄や，抱っこしながら歌ううたなど予めきいておき，保育者も同じうたを入園の時期にきかせてあげられたらもっとスムーズに馴染んでいったかもしれないと思った。

第2節　1歳児クラスの指導計画

1　作成のポイント

　1歳は、一人ひとりの育ちや発達が異なるが、0歳と違い、生理的欲求のリズムには安定がみられるようになります。したがって、排泄・睡眠・食事の時間はある程度一定したものとなります。むしろ、この時期は「歩きはじめ」「手を使う」「言葉がでる」といったような運動機能や言葉の獲得の発達がめざましく、個人差への対応や配慮、発達への援助が必要といえるでしょう。一方、この頃から、さまざまな疾病やけがが多くなるので、注意しましょう。

　また、それまでの人間関係から安心感を獲得した子どもは、他者への興味・関心が出てくる時期であり、人との関係性の育ちをどのように見通していくかは、集団において、保育者の実態の観察や配慮が大切になります。さらに、探索活動が旺盛になるなかで、身近な生活道具や物への関心が広がり、物を扱う「操作性」をどのように育てていくかは保育者の配慮にあるといっても過言ではありません。1歳にとっては、遊びや活動の経験の有無が大切であり、それだけに、指導案の果たす役割は大きいといえます。記録は、書くことに終始するのではなく、「いま、何をしようとしているのか」「いま、どのような玩具が発達に役立つのか」「どのような言葉かけが子どもの育ちに役立つのか」等といったことを考えることが大切です。

2　おおむね1歳3カ月から2歳未満児（1歳児クラス）の発達理解

　1歳前半には、活発に体を動かし、盛んに"探索活動"を行ないます。また、特定の大人との愛着関係を基盤に、周りの人たちとのあたたかい交流をとおして自我がめばえ、自己主張をするようになり、いわゆる"だだこね"が現れてきます。

　1歳後半には、さらに自分の思いを伝えたい欲求が高まり、指差し、片言、二語文

を話しはじめ，対話がめばえます。気持ちの面でも切り替えができ，いったん尻込みした相手や恥ずかしいけれど気になる相手も受け入れるようになります。次の(1)～(8)を参考に考えてみましょう。

(1) 粗大面：走る，登る，跳ぶ，くぐる，などの動きができるようになります。戸外に出ると，しゃがんで石や落ち葉を拾ったりします。

(2) 微細面：指先を使って，ねじる，つまむ，ひねるなど手・指の細かい動きができるようになります。積み木を3つ以上積み上げたり，倒れても積み直したり，並べたりします。なぐり描きは，クレヨンやフェルトペンを持って描きはじめます。

(3) 養護面：椅子に座って食べはじめ，スプーンやフォークを持ち，苦手なものも励まされると食べようとします。排尿間隔が少し長くなり，生活の節目を目安にトイレトレーニングをはじめます。「オシッコでたね」と，言葉をかけると自分でも出たことを理解するようになります。衣類の着脱は脱ぐことからはじめ，援助されながら身につけていきます。「ジブンデ」の気持ちを尊重しましょう。

(4) まねっこ遊び：大人の生活を真似て，みたて，つもり遊びとして模倣します。「役割遊び」や「ごっこ遊び」へとつながっていきます。

(5) 散歩：散歩をとおして子どもは，見て，聞いて，触れて，においを嗅いで五感のすべてを使って周囲を感じます。思わず声や言葉がでることもあります。子どもと一緒に驚いたり，感動したりしましょう。

(6) 指示行為：「あれ」「こっち」など自分の要求や興味を伝える大切なコミュニケーション行為です。棚に置かれたおもちゃを指差した時には，「取って」や「見つけた」という意味があります。子どもの気持ちをくみ取り「欲しいの」「見つけたね」と言葉に置き換えて応えましょう。通じたことが嬉しいともっと伝えようとします。片言や二語文になり，話ができるようになると指差しは減少します。

(7) 友だちを求める：保育者を介して一緒に遊んだり，好きな遊びをする子どもが近くで遊ぶことが多くなります。「一緒にいたいな」と思うとそばにちかづき，手をつなごうとするなど，関係ができる行為があらわれてきます。見守られながら友だちとのかかわりを広げていきます。

(8) かみつき：思うようにならず，言葉でうまく伝えられないので，かんだり，たたいたり，押すなどのトラブルが発生します。自我の出てくる1～2歳の特徴です。「これが欲しかったの」と子どもの気持ちを言葉で代弁し，「貸してって言おうね」など保育者が仲立ちとなって友だちとのかかわりをつないでいきます。

1歳児 年間指導計画

保育課程①の1歳児のねらい

ねらい
- 自己主張の芽生えを大切にしながら、甘えや依存の欲求を満たしていく
- 保健的で安全な環境をつくり、快適に生活できるようにする
- 安心できる保育者との関係のなかで一人遊びや好きな遊びを見つけ全身運動を楽しむ
- 好きな遊びを見つけ一人遊びを楽しむ
- 保育者の話しかけや働きかけにより言葉を使うことを楽しむ

期	4・5・6・7・8月	9・10・11・12月	1・2・3月
期のねらい	○新しい環境や保育者に親しむ ○保育者と一緒に好きな遊びを楽しむ	○身近な人や自然物・飼育物に興味をもってかかわろうとする ○保育者と一緒に体を動かすことを楽しむ	○簡単な生活習慣に興味をもち自分でしようとする ○保育者を仲立ちとして生活や遊びのなかで言葉のやりとりを楽しむ ○身の回りのさまざまなものを自由にいじって遊び好奇心や関心をもつ
養護 生命	・家庭との連携を取りながら、一人ひとりの健康状態や発音・発達状態を把握し、生理的欲求が満たされるようにする ・一人ひとりとのかかわりを十分にもち、生理的欲求が満たされるようにする ・保育者との十分なスキンシップにより心の安定を図られるようにする ・友だちや周囲の人の存在を認め、興味・関心が高まり、かかわりのなかから自己肯定感や信頼関係が育まれるようにする		
情緒			
内容 健康	・手づかみやスプーンを使って一人で食べようとする ・種や苗の成長に関心をもつ ・1日1回睡眠する ・尿意を感じたり出したりしたら動作や言葉で知らせる ・着脱に興味をもつ ・汚れたことに気付き体をきれいにしてもらう	・遊びをとおして友だちと一緒にいることを喜ぶ ・嫌いなものでも励まされて食べようとする ・食材に関心をもち楽しく食べる ・身体の清潔に参加する ・身の回りのさまざまなものに興味をもちかかわろうとする ・片づけに興味や動作で答える ・自分の名前を呼ばれたら返事をする ・片言やオウム返しをする ・絵本を見たり読んでもらったりする ・友だちの名前を聞き分ける ・歌や音楽を喜んで聴く（わらべうた） ・簡単な歌の一部を歌うことを楽しむ ・保育者と一緒に手遊びを楽しむ ・いろいろな素材に触れる ・なぐり描きを楽しむ	・スプーン等正しく持ち正しい姿勢で食べる ・保育者を仲立ちとしてさまざまなものに興味をもちかかわろうとする ・スプーン等正しく持ち正しい姿勢で食べる ・皿に残ったものをきれいに集めるようにする ・鼻汁を知らせ拭いてもらう時促されてかむ ・体に水をかけないで手を洗う ・二語文で話す ・リズムにのって身体を動かすことを喜ぶ
人間関係			
環境			
言葉			
表現	・保育者のそばで安心して過ごす ・身近な動植物を見たり触ったりして親しむ ・保育者の話しかけに表情や動作で答える		

安全 災害 訓練	・保育室内外の危険箇所を十分把握し、保育者間で共通理解を図っておく ・保育者の誘導に従い避難場所まで避難することを知る（担任間の分担）	・玩具の消毒をこまめに行なう ・非常ベルが鳴った時の行動について知る ・保育者の指示を聞いて素早く避難できるようになる
配慮	・子どもの思いをしっかり受け止め、言葉や態度で応答する ・月齢差・個人差が大きいので、個々に合わせて接する ・生活全般が大人に左右されやすいので生活リズムを整えるよう家庭との連携を密にする	・行動範囲が広がるため、安全な環境を整える

1歳児期の発達の道筋を明記した発達表

月齢	9	12	16	18	20	24	32	36
運動機能	*高這い *パラシュート反応 *細かなものをつかむ	*つかまり立ち *伝い歩き（ハイガードポジション） *押し歩く *置く、投げる *積木を3～4個積める。利き手が決まる。ねじる・つまむ・ひねる	*一人歩き	*小走り *引き歩く		*歩行確立 ※寝返り、這う（腹這い、四つ這い、高這い）くぐる、歩く、またぐなどの移動運動の基本的な動きとして、転がす、的入れ、その場跳びなどのバランスのある遊びへ、大人が要求課題をもってすすめていくこと	*両足とび *片足で10秒立つ *片足ずつ階段を上がれる *両足とびで前進する *積木を5～6個積める。曲線・円・波形が描ける	
食事		完了期 *自分の場所がわかる（椅子に座る） *助けられてカップで飲む *パンを手に持って食べる	1対2 *スプーンで少しずつ食べられる *2スプーン（大人用と子ども用） *自分の食べ物と人の食べ物の区別ができる	*こぼすが一人で食べる *一人でカップを持って飲む	*上手に飲むことができる	自分でエプロンをする 助けをかりて口と手を拭く 食べ終わった後、エプロン・おしぼりをたたむ 使ったエプロン・おしぼりを片付ける 食べ終わった後、スプーンをコップのなかに入れる	*自分で椅子を引いて座り、食べ終わったら椅子を入れる *自立して食べ、よくかむことができる	
排泄		排尿の一定化がみられる 便器に座る（オムツのぬれていない時）	オムツがぬれたことを知らせる 大人の助けをかかり排泄後の手洗いをする	自分から行きはじめる	大人の助けをかかりてパンツを下げトイレを使用する 言葉で知らせる	男子トイレ立って用を足す だいたい自分で行ける 大人に拭いてもらう → 排尿の後、少しの助けで紙を使い水を流す オムツをはずしパンツになる	（大人は後ろって見ている） 自分で行ける	

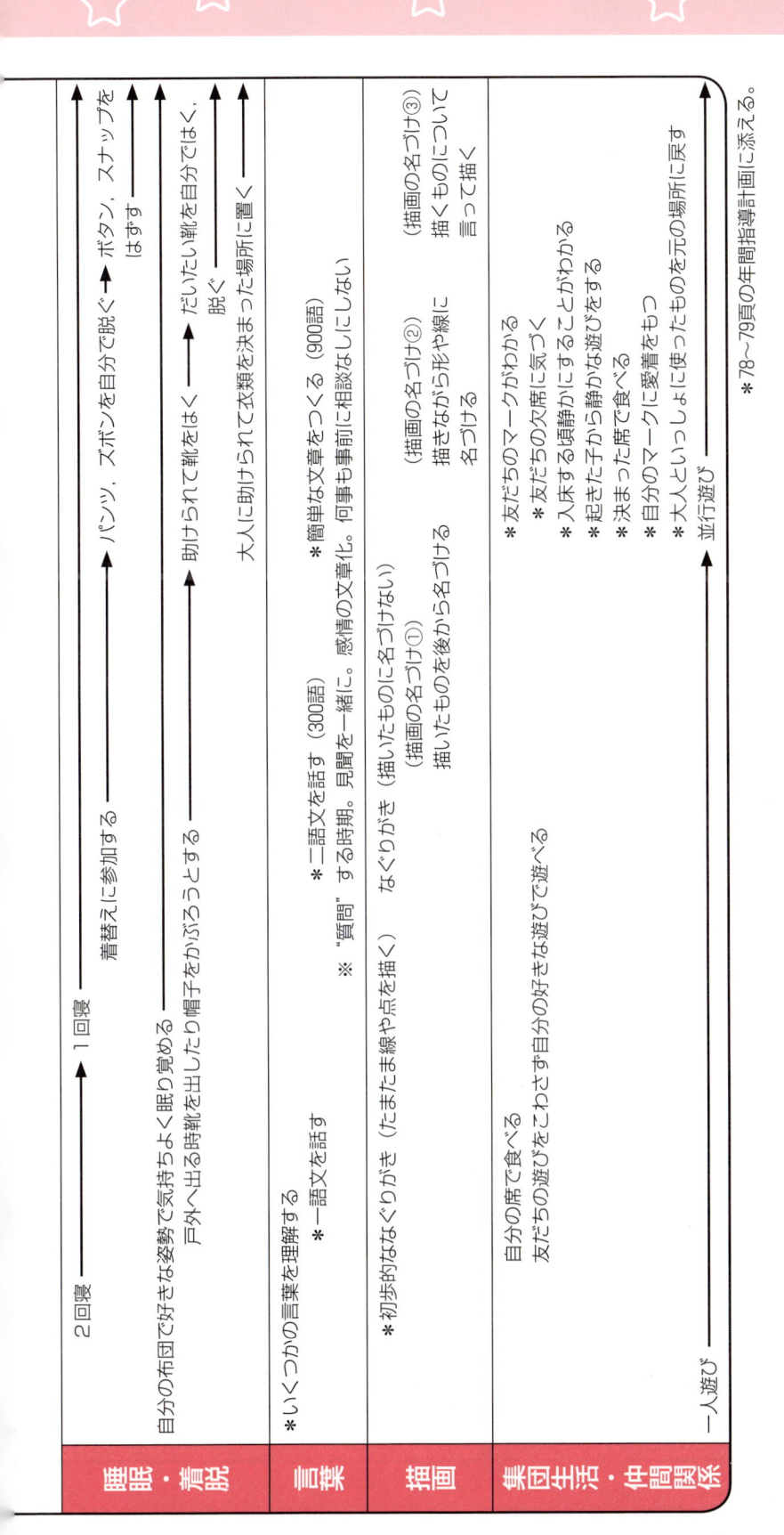

睡眠・着脱	2回寝 → 1回寝 自分の布団で好きな姿勢で気持ちよく眠り目覚める 戸外へ出る時靴を出したり帽子をかぶろうとする → 助けられて靴をはく → だいたい靴を自分ではく 着替えに参加する → パンツ、ズボンを自分で脱ぐ → ボタン、スナップをはずす 大人に助けられて衣類を決まった場所に置く
言葉	*いくつかの言葉を理解する *一語文を話す　*二語文を話す　*簡単な文章をつくる（900語） ※"質問"する時期。見聞を一緒に。感情の文章なしにしない。何事も事前に相談なしにしない
描画	*初歩的ななぐりがき（たまたま線や点を描く）　なぐりがき（描いたものに名づけない） （描画の名づけ①）　（描画の名づけ②）　（描画の名づけ③） 描いたものを後から名づける　描きながら形や線に名づける　描くものについて言って描く
集団生活・仲間関係	自分の席で食べる 友だちの遊びをこわさず自分の好きな遊びで遊べる *友だちのマークがわかる *友だちの欠席に気づく *入床する頃静かにすることがわかる *起きた子から静かな遊びをする *決まった席で食べる *自分のマークに愛着をもつ *大人といっしょに使ったものを元の場所に戻す 一人遊び → 並行遊び

*78〜79頁の年間指導計画に添える。

1歳児 6月 月の指導計画

ねらい	◎好きな遊びを見つけ，一人遊びを楽しむ。 ◎甘えや欲求を満たしてもらいながら，動作や言葉で活発に自己主張をする。
保育の ポイント	○子どもが自分から関心をもった遊びを見守り，共感のまなざしを送りながら，その活動をしっかりと支えていく。ほかの子どもによって遊びが中断されないように，場所を整えたりおもちゃの数を少し多めにそろえておく。 ○大人に対する独占欲が満たされてはじめて一人遊びをする気持ちや友だちとかかわる余裕が出てくる。子どもが保育者に依存し，安心感がもてるようにしながら，自己主張ができるようにしていく。 ○梅雨期は気温差が著しいので，健康状態や衣服の調節，衛生面に十分気を配る。

※ねらいは「1歳児年間指導計画のねらいにつながっている」

養護

生命の保持・情緒の安定

- ○気温の変化や子どもの健康状態，活動にあわせて，水分補給や休息をとるようにする。
- ○戸外遊びのあとは，手洗いを丁寧に行なったり，汚れた体をシャワーや湯で洗い清潔を心がける。
- ○甘えたい気持ちがぐずったり，怒ったりさまざまな態度になることを理解し，安心して自分らしさを表現できるようにする。

教育

健康・人間関係・言葉・環境・表現

前月末の子どもの姿	内容	援助・配慮
●こぼすことも多いが，好きなものはフォークや手づかみでどんどん食べる。 ●おむつのなかに排尿・排便をしたあとで，不快な表情を見せたり，保育者に知らせたりする。 ●ぐっすり眠れるようになり，途中で目覚めても泣かずに保育者とすごすことができる。 ●着がえの時，自分でズボンに足を入れようとするなどの動作が見られる。 ●園庭の水たまりを見つけ，手を入れてかきまぜたり，靴で水をすくったりする。 ●登園すると，すぐに好きなおもちゃを取り出して遊びはじめる。 ●段差や斜面を好み，よじのぼったり，とび降りたりする。 ●独占欲が強くなり，物の取り合いなどのトラブルが多くなる。 ●保育者や友だちの言葉の一部をオウム返ししたり，しぐさをまねたりする。	こぼしながらも，自分で食べようとする。 排泄をした時の感覚や不快感がわかってくる。 保育者にそばについていてもらい，安心して眠り，気持ちよく目覚める。 保育者とふれあいながら，楽しく着替えをする。 砂や水にふれ，心地よい感覚を楽しむ。 気に入ったおもちゃ等で一人遊びをじっくり楽しむ。 体を十分に動かして遊ぶ。 自分の気持ちをしぐさや行動で訴えようとする。 簡単な言葉のやりとりをしたり，動作をまねたりして遊ぶ。 保育者のまねをして歌ったり，リズミカルに体を動かす。	◆こぼすことや手づかみで食べることはあまり気にせず，自分で食べようとする意欲を大切にする。 ◆「チーが出て気持ち悪かったの？」などと声をかけ，排泄の感覚や不快さを意識できるようにする。 ◆寝つく時や目覚めた時は，まだ不安を感じることが多いようなので，寄り添って声をかけたりふれあいを大切にしていく。 ◆保育者が手を添え，援助しながら，やりやすい着脱のしかたを，くり返し経験できるようにする。 ◆気温や子どもの体調を考慮しながら好奇心を満たし，砂や水の感触が楽しめるようにする。また，砂や水を口に入れないよう，知らせていく。 ◆一人ひとりの子どもが，ゆったり遊べるよう場所を整えたり，おもちゃの数をそろえておく。 ◆室内でも全身を使って，のびのびと遊べるようにしていく。 ◆「これがほしかったの？」「○○ちゃんもほしいって」などと気持ちを察してやさしく語りかけ，お互いの存在に気づかせていく。 ◆「ブタさんブーブー」など，軽快な言葉や動作を伴った遊びを楽しみながら，発語を促していく。 ◆聞いたことのある曲やリズミカルな音楽を生活に取り入れる。

食育

- ○手づかみでも，こぼしが多くても，自分で食べたいという意欲がふくらむように促す。
- ○前歯で嚙みちぎり，奥歯で嚙みくだくことを保育者が一緒に食事しながらモデルになって示す。

子ども12名　保育者3名

環境のポイント	〈室内でも体を動かして遊べるように〉梅雨期に入ると戸外で遊べないことが多いので、室内でも体を動かして遊べるように、楽しい遊びや環境を工夫しましょう。★豆自動車を使って・走ったり止まったり・くぐって・よじのぼったり、すべったりして	家庭との連携	◆汗をかきやすい時期なので、調節しやすい衣類を多めに用意してもらう。また、6月は日ざしも強くなるので、帽子を持ってきてもらうようにお願いする。 ◆何に対しても「いや」と言う子が多くなるので、連絡帳をとおして日々の子どもの姿を伝え、自己主張の芽生えについて、保護者と共通意識をもてるようにする。 ◆砂や水を使った遊びのあとの泥のしみは落ちにくいので、汚れてもよい衣服を用意してもらったり、汚れた衣類は下洗いをしてから返す。

保育者の共通理解	○一人ひとりの健康状態や平熱を全員が把握する。 ○体調がわるい子、アレルギーの子どもが居る日は、室内と戸外にわかれて、活動していくよう連絡しあう。

	前月末の子どもの姿	内容	援助・配慮
はやと　1歳3カ月	●食欲はあるが、キュウリやリンゴなど硬いものは口の中にため、飲み込めない。 ●午睡の時は不安になり、保育者を求めるが、泣かずにすごす時間がふえる。 ●ウサギを指さし、「ワンワン」と知らせたりする。	ひと口ずつ、よくかんで食べようとする。 おんぶやだっこをしてもらい、安心してぐっすり眠る。 指さしや片言、しぐさで気持ちを伝えようとする。	◆食べ物をどんどん口の中に入れてしまうので、ひと口ずつ食べるように促し保育者がかむところを見せる。 ◆依存する気持ちを十分満たし、子守歌をうたったり、語りかけたりして、気持ちよく眠れるようにする。 ◆伝えたいことを受けとめ、「ワンワンいたの。これ、ウサギさんだね」などと言葉を添えていく。
シオン　1歳7カ月	●コップを持って飲む時、ほとんどこぼさなくなる。 ●排便すると「ウンコン」と、おむつを指さす。 ●大人が掃除をしているとそばへ行き、掃除機のスイッチを押して遊ぶ。 ●たまに「アヤアヤ」と声をあげ、音声をまねた友だちを顔を見合わせて笑う。	スプーンやフォークを持って、自分で食べる。 排便したことを言葉やしぐさで知らせる。 大人の動作をまねたり、興味のあるものにふれる。 音声でのやりとりをとおして、友だちとのかかわりを楽しむ。	◆自分で食べようとする気持ちが強くなってきているので、大切に見守る。 ◆おむつを気持ちよく取り替えてあげながら、排便の感覚を言葉と結びつける。 ◆人への関心や、自分が興味をもったことをやってみようとする気持ちを、大切に受けとめていく。 ◆言葉（音声）を発することで、友だちと気持ちが通い合う喜びを十分味わわせていく。
さち　2歳	●おむつがぬれると、「チイ」と知らせることもあるが、平気でいることの方が多い。 ●好きな保育者のひざを独占し、他児を寄せつけない。 ●好きな曲が流れると、音楽に合わせて踊りだす。	排尿後、言葉やしぐさで知らせようとする。 保育者との安定したかかわりを仲立ちとして、友だちに関心をもち、やりとりを楽しむ。 リズムに合わせて体を動かして楽しむ。	◆「おしっこが出て、気持ち悪かったね」と語りかけておむつを取り替え、快・不快の違いを感じとらせていく。 ◆甘えたい気持ちを受けとめ、自分から他児にかかわろうとする時は、様子を見ながら仲立ちをし、ふれあいが楽しめるようにする。 ◆保育者の歌やテープの曲などで、体を十分動かせるようにする。
評価の視点	○気温差や一人ひとりの体調に合わせ、健康に、快適に過ごせるよう、連携や配慮ができたか。 ○子どもの甘えや要求を適切に受け入れ、信頼関係が深まったか。 ○一人ひとりのしたい遊びを理解し、楽しめるような環境援助ができたか（自分から遊び出していたか？）		

＊　個人別指導計画は紙面の都合上3人のみ掲載する。子どもの名前は仮名。

1歳児 6月 展開例

1 物の奪い合い

　5月末頃から子どもたちの物の奪い合いが目立ってきました。せっかく一人遊びをしていても，誰かがさっと取ってしまうため，取られまいとして遊んでいる子が玩具を抱えこむようになり（独占），ますますトラブルが増えてきました。

　たえこ（1歳8カ月）は，ままごと用の布団で好んで遊ぶようになりました。棚から布団を取り出し，両手で抱え込んで持ち歩いたり，人形を寝かし「ね～むえ」と歌いながら布団をトントンたたいて遊んでいました。ほかの誰かが布団をほしがっても，「いや，いや」と貸すのを嫌がります。とられたくないためか布団を全部抱えて歩きまわり，落ちると拾いまた抱え直して歩きます。

　たえこにとっては1枚の布団も貸すことはできないのです。布団がほしいきよみ（2歳3カ月）はなんとか自分のものにしたいと必死で取ろうとするので2人がぶつかり合い泣き合う声が部屋中に響きわたります。保育者はたえこの気持ちもきよみの気持ちも満足させたいと考え，小さい座布団をきよみに差し出しましたが，それは嫌だと受けつけません。しばらくパニックの状態が続きました。たくさんある布団のなかから1枚くらい貸してあげたらいいのに……と保育者は思うのですが，先に遊びはじめたたえこにとってはすべてが自分のものであり，1枚でも手渡すことはできないのです。泣き続けるきよみを抱きかかえ「きよみちゃんも布団がほしいねぇ。貸してもらえないのはつらいね」とたえこに聞いてもらいたい思いで話しました。が結局，きよみがあきらめたのか泣きやんで別の所に行ってしまいました。

考察・評価

　こんな時，保育者はどう解決したらよいものか……とつい悩んでしまいます。たくさん持っているたえこの布団を1枚取り上げ，仲良く遊ぶよう保育者が一方的に解決してしまうことは簡単ですが，それでは2人とも決して納得しません。とくにたえこは，保育者から布団を『取られてしまった』と思い込み，泣きわめくのは目に見えています。たえこにとって『これはみんな私の大事なもの』という布団への強い執着心があればこそ独占したくなるのでしょう。だからといってきよみの訴えを受け流してしまうこともできません。つらい思いをしているきよみを保育者が抱きかかえたことで，少し気持ちがおさまったようです。きよみがその場から去っていく時「きよみちゃん，ごめんね。いまはどうしてもたえこちゃん布団がみんな必要だったみたい」と話し，「でも，きよみちゃんも布団がほしかった気持ちをいつかきっとわかってくれて，貸してくれるようになると思うよ」と話すべきだったと思います。2人の気持ちを大切にしてもらえたという思いを伝えることが何よりも大切だったと書きながら気づきました。

第3節　2歳児クラスの指導計画

1　作成のポイント

　年間指導計画は0，1歳児の時と同じように，1年間の流れを見通したクラス運営的な指導計画と，2歳から4歳（未満）までの発達をおさえた2本立てで作成します。2歳を迎えた一人の子どもでもたとえば「ことばの出方は早くても，運動面ではよく転び走り方もおぼつかない」といったいろいろな育ちの側面をみせてくれます。そのような時，個人に対応した発達をふまえた指導計画を見て，援助のあり方をつかんでいく必要があります。しかしそれだけではクラスとしての，4月から3月までの生活の見通し，友だち関係が開かれていく集団としての生活がみえてきません。やはり両方必要なのです。

　したがって月の指導計画も年間指導計画と同じようにクラス運営的な指導計画と個別の指導計画の2本立てで作成することになります。しかし，指針には個別計画の必要性を3歳未満児としていますから，3歳になった子どもからは（それ以上個人カリキュラムの必要性を感じなければ）記述しなくてもいいわけです。そして友だち関係の広がりを見ながら次第に幼児と同じような様式のものに移行していくことも考えられます。

　週の指導計画については，クラスの規模や保育者の人数などによっても作成の必要性の有無はさまざま考えられます。作成しなければならないというような決まりはありません。必要性を感じるのであればぜひ作成してください。しかし，月の指導計画を克明に作成していてその必要性を感じなければ，無理に作成することはありません。2歳児クラスもⅢ期に入ってくると子どもたちの多くが3歳を迎え，友だち関係の広がりや多様な活動展開が求められるようになります。そうなると週の指導計画の作成が活かされてきます。そうなったら個別の月の指導計画をなくし，週の指導計画に必ず個別欄を設けて記述していくことが必要になります。甘えと自律の狭間で揺れながら，保育者との強い信頼関係を支えに自律のめばえが育っていく大切な時期です。その発達に必要な活動展開を保障する地図を描きながら，保育者の知を協働して意味のある指導計画を作成していただきたいものです。

2 おおむね2歳児（2歳児クラス）の発達理解

　1歳頃に覚えた歩行は，さらに活発になり，走ったり，跳んだりすることも好きになります。ボールを蹴ったり投げたり，段ボール箱などのなかに入るなど，運動はいっそう活発になり，さまざまな姿勢をとりながら身体を使った遊びをくりかえし行ないます。自分の体を思うように動かし，生活のなかでの動きが活発になります。

　この時期は，指先の動きも器用になり，紙をちぎったり，破いたり，貼ったり，描画活動を楽しみ，なぐり描きから，曲線や丸，波形など描けるようになります。クレヨンなどの持ち方も3本の指を使い，大人と同じような持ち方に変わってきます。

　生活面では，簡単な衣服を着脱するようになり，階段の昇降や，ドアの開閉，水道の蛇口の開閉，いすに座る，引くなど，徐々にできるようになります。

　遊びの面では，遊具などを実物に見立てたりした「見立て遊び」やままごとやお店屋ごっこなどの簡単な「ごっこ遊び」をするようになり，この遊びのなかでの言葉のやりとりが楽しくなります。一方，自分の表現したい言葉が見つからない時にはかんしゃくを起こします。2歳を過ぎる頃から，「これ，なに？」，「これは？」など，物の名称についての質問をするようになります。2歳後半頃からは，「これ，わたしの，おもちゃ」というように，多語文が出てきます。また，「どうして？」「なぜ？」と理由を聞くことが増え，大人を困らせます。子ども同士でのごっこ遊びも盛んになり，言葉のやりとりもみられます。ごっこ遊びや見立て遊びが活発に発展し，お店屋さんなどをして遊ぶ姿もみられます。身体のバランスもとれるようになり，三輪車に乗ったり，追いかけっこ遊びなど，全身を使った遊びが広がっていきます。手遊びは聞いたり歌ったり，何度か聞くと覚えます。

　一方，この時期は，発声が明瞭になり，自分のしたいこと，してほしいことを言葉で表現できるようになります。それだけに自己主張も強くなってきます。「自分で」「自分で！」と，生活や遊びのなかで意欲が高まり，自己の意思をはっきりと表します。思いどおりにならないと，泣いたり，かんしゃくを起こしたりします。子どもたちの心に葛藤が起こりますが，子どもの気持ちを保育者が代弁することで少しずつ気持ちがおさまっていきます。

　激しく感情表出することに対して保育者が「早く泣きやみなさい」と押さえつけてしまうのでなく「思い通りにならないことはつらいねぇ。泣きたい時は泣いていいよ」と感情を吐露させてやることで，やがて「もう泣かない……」と気持ちの切りかえができるようになります。これが「自律のめばえ」です。自律のめばえに向けて，保育者が待つことを求められるのです。子どものなかに育つ力があることを信じられる保育者は，待てるのだと思います。

2歳児 期別指導計画

保育目標
①見守られながら、簡単な身の回りのことを自分でしようとする。
②見守られながら、友だちとかかわって遊ぶ。
③事物に関心をもち、見たり、触れたりする。
④見聞きしたことを模倣し、自分の思いを人に伝えようとする。

年間区分		I期（4月～6月）	II期（7月～9月）	III期（10～12月）	IV期（1月～3月）
期別目標		○新しい環境や保育者に慣れる。 ○保育者と好きな遊びを十分に楽しむ。	○保育者に見守られながら身の回りの始末の仕方を知る。 ○保育者とかかわりながら夏の開放的な遊びを楽しむ。	○保育者に手伝ってもらいながら、身の回りのことを自分でしようとする。 ○徐々に友だちとかかわって、遊びを楽しさを味わう。	○進級に期待をもち、意欲的に生活しようとする。 ○保育者や友だちとごっこ遊びや簡単な集団遊び等を楽しむ。
養護のねらい	生命	○子どもの健康状態を把握し保健的で安全な環境をつくる。	○子どもの行動範囲を十分に把握し環境の安全に配慮する。	○家庭と協力しながら適切な生活リズムを整えていく。	○簡単な身の回りのことを、一人でできたる喜びを味わえるようにする。
	情緒	○安全な環境で探索活動を楽しめるようにエ夫していく。	○保育者が仲立ちとなり適切に自ら表現しようとする心を育んでいく。	○子どもの心の動きや成長を知り、子どもの自信や意欲を受け止める。	○自分の感情を表出したり抑えたりして、気持ちを立て直す力が育まれるようにする。
教育のねらい	健康	○基本的な運動機能の発達に伴い体を使った遊びを楽しむ。②④	○基本的な運動機能の発達に伴い身体を使った遊びを楽しむ。②④	○興味をもった遊具や用具で遊ぶ。①③	○簡単な身の回りのことを手伝ってもらいながら、自分でできる。①
	人間関係	○身近な大人や友だちの存在に気付き一緒に遊ぼうとする。②	○身近な大人や友だちの存在に気付き一緒に遊ぼうとする。②	○保育者の仲立ちで、遊具などを使って友だちと遊ぶ。②	○特定の友だちに興味をもったり保育者の仲立ちによって共有の遊具を使って遊ぼうとする。②③
	環境	○身の回りやさまざまな物を見たり、触れて好奇心や関心をもつ。①③	○身の回りやさまざまな物を見たり、触れて好奇心や関心をもつ。①③	○身近な生き物に興味をもとうとする。③	○遊具や用具を大切にすることを知る。③
	言葉	○保育者等と見たり触れたりしたことを言葉で伝えたりして気付いたことに感じたりして楽しむ。③	○保育者と見たり触れたり、感じたことを簡単な言葉を楽しむ。④	○日常生活で使う簡単な言葉を楽しんで使おうとする。④	○保育者とのやりとりをとおして楽しんで言葉を使う。④
	表現	○保育者と一緒にまわりの身のまわりの音、色、形、手触り、動き等に気付いたり、感じたりして楽しむ。③	○保育者と一緒に身の回りのさまざまな物の色、形、手触り、動きさ等に気付いたり、感じたりしてとりくみを楽しむ。②③④	○気付いたり発見したりしたことを伝える。④	○保育者と一緒に人や動物等の模倣をしたり、経験したことを思い浮かべたりしてごっこ遊びを楽しむ。②④
環境		○遊具の安全を確認し、いろいろな玩具を用意する。 ○一人ひとりの家庭での様子や癖を把握し、心地よい場所づくりに努める。	○動と静のバランスをとりながら活動できるように、ゆったりとした気持ちで休憩できる場所を用意する。	○2、3人の友だちで楽しめるような遊びや経験ができる機会をもつ。	○一人ひとり育ちを見直し、遊びの興味や生活習慣等発達の課題を再認する。 ○安定して好きな遊びが集中できるようなコーナーづくりを心がける。
食育		○スプーンの正しい持ち方を知り、自分で食べようとする。	○よく噛んで食べようとする。	○苦手な物でも食べてみようとする。 ○友だちと一緒に食べることを喜ぶ。	○箸に興味をもち使おうとする。 ○食後に口をゆすぐ。

2歳児 I期 指導計画

期別目標	○新しい環境や保育者に慣れる。 ○保育者と好きな遊びを十分に楽しむ。			
月		4月	5月	6月
前月の子どもの姿			・保育園の生活リズムがわかりはじめ、身の回りのことを自分でしようとする子どももいるが、慣れずによく泣く子もいる。	・保育園での生活に慣れ、いろいろな遊びに興味をもつようになる。友だちとのかかわりも増えるが、その分トラブルも増える。
ねらい		○新しい生活に慣れて安心して過ごせるようにする。 ○一人ひとりの生活リズムを把握し、個々に応じて適切に対応していく。 ○不安な気持ちを受けとめ、抱いたり話しかけたりしながら、ゆったりと過ごせるようにする。	○疲れが出やすい時期、安心して過ごせるようにする。 ○一人ひとりの健康状態に気を配り、十分な対応をしていく。 ○一人ひとりの子どもの気持ちを受け止め、手伝ったりしながら安心して過ごせるようにする。	○梅雨期を気持ちよく過ごせるようにする。 ○室温や湿度に留意し清潔に過ごせるようにする。 ○友だちとトラブルが増え、激しく泣いたり、怒ったりするが、その気持ちを十分に受け止めていく。
養護	生命			
	内容			
	情緒			
	内容			
ねらい		○生活リズムを知る。 ○好きな遊びを見つけ、保育者と一緒に楽しむ。	○生活リズムに慣れる。 ○戸外でののびのびと体を動かして楽しむ。	○保育者に助けられながら身の回りのことをしようとする。 ○保育者や友だちと一緒に砂や水などで自然物に触れて遊ぶ。
教育	健康	・保育者と楽しく過ごすなかで、一日の流れがわかる。 ・園庭の固定遊具などで体を動かして遊ぶ。	・保育者の見守りのなかで排泄する。 ・保育者と追いかけっこ等全身を動かして遊ぶ。	・保育者に誘われてトイレに行き排泄する。 ・三輪車やボールなど、好きな遊具を使って体を動かして遊ぶ。
	人間関係	・自分の気持ちを態度で表そうとする。	・保育者や友だちと触れ合って遊んだり、自分の好きな遊びをする。	・気の合った友だちと砂遊びや泥んこ遊びを楽しむ。
	環境	・身近な動植物に気づき、見たり、触ったりする。	・春の自然に触れながらのびのびと探索活動を楽しむ。	・梅雨期の小動物や自然物に興味をもち、楽しむ。
	言葉	・生活のなかのいろいろな挨拶を知る。	・生活に必要な物の名前や友だちの名前を知り、言葉で伝える。	・自分のしたこと、やって欲しいことを身振りや言葉で伝える。
	表現	・保育者と一緒に簡単な歌を歌ったり手遊びをすることを楽しむ。	・簡単な手遊びや体を動かす触れ合い遊びを楽しむ。	・保育者や友だちと一緒に歌ったり体を動かして遊ぶ。
食育		・一人ひとりのペースで食べる。	・一人ひとりに合った量を食べる。	・前を向いて食べる。
行事		・新入進級式 毎月実施（誕生会・身体計測・避難訓練）	・子どもの日の集い ・保育参観 ・歯科検診	・歯の衛生週間 定期健康診断

2歳児 Ⅱ期 指導計画

期別目標	○保育者に見守られながら身の回りの始末の仕方を知る。 ○保育者とかかわりながら夏の開放的な遊びを楽しむ。		
月	7 月	8 月	9 月
前月の子どもの姿	○生活の流れがわかり、身の回りのことを自分でしようとする姿が多く見られる。 ○友だちとの会話が楽しめるようになり、気の合う友だちができている。	○水にも慣れてきて、保育者や友だちと一緒にプールや水遊びを楽しんでいる。 ○経験したことで感じたことを身振りや言葉で伝えようとしている。	○できないところは手伝ってもらいながら、身の回りのことを自分でしようとする。 ○自分の行動に自信がもてるようになり、意欲的に遊んでいる。
ねらい 養護	○休息を十分にとり、ゆったりと過ごせるようにする。 ○冷房を用いて室温調整をし、水分補給をこまめに行い快適に過ごせるようにする。	○休息を十分にとり、生活リズムを取り戻せるようにする。 ○一人ひとりの体調に合わせて無理なく生活できるようにする。	○遊具の配置や安全を確認し、子どもが楽しく遊べるようにする。 ○一つひとつの遊具の安全を確かめ、環境を整える。 ○陽射しを避け、木陰で休息するなど、気持ちよく過ごせるようにする。
内容 生命	○自分でしようとする気持ちを受け止め、できた時にはしっかりと褒める。	○久しぶりに登所した子の不安な気持ちを受け止める。	○自分でしようとする意欲を大切にし、なるべく一人でできるように見守る。
情緒	○保育者と一緒に身の回りのことをする。 ○保育者や友だちと一緒に夏の遊びを楽しむ。	○保育者と一緒に身の回りのことをする。 ○保育者や友だちとかかわりながら、夏の遊びを十分に楽しむ。	○保育者に見守られながら身の回りのことをする。 ○保育者や友だちと体を動かして遊ぶことを楽しむ。
ねらい 教育 健康	・簡単な衣服の着脱を、やってみようとする。 ・水遊びや砂遊びで十分身体を動かして遊ぶ。	・衣服の着脱を介助されながら自分でしようとする。 ・プールで体を十分に動かして遊ぶ。	・運動遊具で遊んだり、全身を使って走る。 ・脱いだ衣服の始末を自分でしようとする。
人間関係	・同じ遊びをしたり、同じ遊具を使って友だちと遊ぶ。	・プール遊びでの簡単な約束事を知り、遊ぶ。	・簡単なルールのある遊びに興味をもち友だちと一緒に遊ぶ。
環境	・泥んこや水などに十分触れて遊ぶ。	・水に触れて遊ぶ。	・秋の虫や草花に興味をもつ。
言葉	・好きな絵本を読んでもらう。	・見たことや身近なことを保育者に話そうとする。	・絵本を見て身近な絵や内容について、知っていることを話そうとする。
表現	・季節の歌を歌う。 ・身近な動物になって身体表現遊びをする。	・水の中でいろいろな身体表現をする。	・身近な曲に合わせて体を動かし、体を動かすことを楽しむ。
食育	・スプーンを下からしっかり持つ。	・スプーンを下からしっかり持って自分で食べる。	・促されながら良く噛んで食べる。
行事	・七夕 ・プール開き	・プール閉い	

2歳児 Ⅲ期 指導計画

期別目標
- 保育者に手伝ってもらいながら、身の回りのことを自分でしようとする。
- 徐々に友だちとかかわって、遊ぶ楽しさを味わう。

		10 月	11 月	12 月
前月の子どもの姿		・朝夕の気温差があるので体調を崩す子もいる。靴を優しこうとしたり、衣類の着脱を自分からしようとする。戸外や散歩などで友だちと楽しく遊ぶ姿が見られる。	・トイレに行きを自分で排泄しようとするが、間に合わないこともある。・戸外遊び等で気の合う友だちと言葉のやりとりをしながら楽しく遊ぶ姿が見られる。	・寒くなってきて、咳、鼻水の症状が見られ体調を崩す子もいる。・気の合う友だちと言葉のやりとりをしながら楽しく遊ぶ姿が見られる。
養護 ねらい	生命	○戸外での活動が多くなるので水分補給や休息を適宜取り入れ、健康で安全に過ごせるようにする。	○体調の変化に気を付けながら、健康に過ごせるようにする。	○気温の低下に留意し健康に過ごせるようにする。
	情緒	○活動量が多くなり、疲れが出やすい時期なので、一人ひとりの健康状態に気をつける。	○手洗いを励行し日中はできるだけ薄着で過ごせるようにする。	○風邪が流行する時期なので健康観察を丁寧にする。
養護 内容	生命	○できたことや頑張っていることを受け止め安心して表現できるようにする。	○友だちとのかかわりのなかができるだけさまざまな思いを保育者が受け止め安心感をもたせる。	○お互いの思いを十分に受け入れ大切にする。
	情緒	○身の回りのことに関心をもち自分でしようとする。○秋の自然のなかで体を十分に動かして遊ぶ。	○できないことを手伝ってもらいながら自分のことを自分でする。○秋の自然に触れて楽しむ。	○簡単な身の回りのことを自分でしようとする。○冬の訪れを感じながら戸外で遊ぶ。
教育 ねらい	健康	・自分から尿意を知らせ、トイレで排泄をする。・友だちと一緒にかけっこや運動遊びで体を動かして遊ぶ。	・排泄後の始末の仕方を知り、自分でしようとする。・いろいろな遊具を使って押す、引っ張る、跳び降りる等全身を使って遊ぶ。	・トイレの使い方がわかり、一人で排泄をする。・戸外や室内で体を十分動かして遊ぶ。
	人間関係	・年上の友だちの遊びに興味をもち真似てみようとする。	・いろいろな遊びをとおして、順番やルールのある遊びを楽しむ。	・保育者や友だちとかかわりながら、ごっこ遊びや簡単なルールのある遊びを楽しむ。
教育 内容	環境	・散歩に出かけ秋の自然に触れる。	・自然物を使い、ままごとや製作を楽しむ。	・クリスマス等の行事に喜んで参加する。
	言葉	・色、形などに気付いたことを言葉にする。	・物の名称や特徴など知っていることを伝える。	・保育者や友だちの話に興味をもち聞こうとする。描いたものに名前を付けて喜ぶ。
	表現	・保育者と一緒に身近な素材や秋の自然物で描いたりつくったりする。	・のりやハサミに興味をもち、進んで使おうとする。	・保育者と一緒につくったもので遊ぶ。
食育		・食後、声をかけられて口の周りを拭く。	・食べ終わった食器を重ねる。	・うがいの仕方を知る。
行事		・運動会		・クリスマス会

2歳児 Ⅳ期 指導計画

期別目標	○進級に期待をもち、意欲的に生活しようとする。 ○保育者や友だちとごっこ遊びや簡単な集団遊び等を楽しむ。			
月		1月	2月	3月
前月の子どもの姿		・防寒着の着脱は介助が必要な子どももいる。 ・仲の良い友だち同士で遊ぶ姿が多く見られるようになり、玩具の貸し借りも保育者の仲立ちでできるようになっている。	・風邪などで体調の変調をきたす子どももいる。 ・自分たちでつくったこまで遊んだり、友だちと一緒に遊ぶことを喜んでいる。	・身の回りのことを、見守られながら最後まで自分でしようとする姿が見られる。 ・簡単なごっこ遊びで言葉のやりとりを楽しんでいる。
養護	ねらい	○休み明けの園生活をゆったりと過ごせるようにする。	○暖かく清潔な環境をつくり、気持ちよく生活できるようにする。	○自分でやろうとする気持ちを尊重し、安定して生活できるようにする。
	生命	○気温の差を考慮し、衣服の調節をしたり、天気の良い日には戸外にも誘う。	○外気との温度差を考慮して、室内の暖房、換気を行ない、保健的な環境のなかで生活できるようにする。	○活動範囲が広がり、それに応じて、安全に留意をする。
内容	情緒	○休み明けは、無理なく園の生活に戻れるように個々の気持ちを受け止め安定して過ごせるようにする。	○興味をもつような玩具やコーナーを用意して、子どもが心地よく生活できるようにしておく。	○個々の気持ちや考え方を理解して、受容し保育者との信頼関係のなかで自分の気持ちを安心して表わせるようにする。
	ねらい	○保育者と一緒にしながら、冬の生活の仕方を知る。 ○保育者や友だちと一緒に簡単な正月遊びをする。	○保育者と一緒にしながら、冬の生活の仕方を知る。 ○友だちや保育者と一緒に遊びながらいろいろなごっこ遊びを楽しむ。	○身の回りのことをできるだけ自分でしようとし、自分でできたことを喜ぶ。 ○進級を楽しみに待つ。
教育	健康	・鼻水が出たら、自分で拭く。 ・寒さに負けず、戸外で思い切り体を動かして遊ぶ。	・保育者と一緒に手洗い、うがいをする。 ・寒さに負けず、体を十分に動かして遊ぶ。	・身の回りのことをできるだけ自分でする。 ・進級する保育室で過ごし期待感をもつ。 ・戸外に陽射しや風の暖かさを感じながら体を動かして遊ぶ。
	人間関係	・簡単なわらべうたやおしくらまんじゅう等の集団遊びをする。	・戸外や室内で簡単なルールのある遊びをする。	・友だちや年長児と一緒に遊んだり過ごしたりすることを喜ぶ。
内容	環境	・冬の自然に触れて親しむ。 ・たこ揚げ、かるたなど正月遊びをする。	・雪が降ったり、霜が降りたりした時は、戸外に出て、見たり触れたりして楽しむ。	・散歩をするなかで春の訪れを知る。 ・お別れ会等の行事に参加する。
	言葉	・遊びのなかで簡単な言葉を聞き分けたり、話したりする。	・生活やごっこ遊びのなかで、保育者や友だちと言葉のやりとりを楽しむ。	・場面に応じた挨拶を進んでする。 ・してほしいこと、して欲しいことを言葉で保育者に伝えようとする。
	表現	・好きなリズムに合わせて体を動かしたり、音楽に合わせて楽器を鳴らしたりする。	・お話を聞いて、保育者や友だちといろいろな方法で表現遊びをする。	・みんなで歌うことを楽しむ。
食育		・スプーンを三点支持で持って食べようとする。	・食前、食後の挨拶を言葉でする。	・最後まで自分で食べようとする。
行事			・節分 ・生活発表会	・お別れ会

2歳児 9月 月の指導計画

子どもの姿	○生活の仕方がわかりはじめ，衣服の着脱など手伝ってもらいながらも自分でしようとしたり，できないところは，助けを求めたりする姿が増えている。細かいところは，介助をしたり，傍で知らせることで，やってみようとするようになる。 ○遊びが並行しながらも，友だちに興味をもったり，やりとりをしたりと少しずつかかわりが増えはじめ，必要に応じて保育者が仲立ちすることで遊びが広がりつつある。	ねらい	○身の回りのことを意欲的にしようとする。 ○戸外で思い切り身体を動かして遊ぶことを楽しむ。 ○保育者や友だちと一緒に簡単なルールのある遊びを楽しむ。
養護	○内容※ねらい	※午睡など適切な休息や水分補給を行ない，心身の疲れを癒し，集団生活による緊張を緩和する。 ○食事，排泄，睡眠，休息など生理的欲求が適切に満たされ，快適な生活や遊びができるようにする。 ○一人ひとりの子どもの平常の健康状態や発育・発達状態を把握し，異常を感じる場合は，速やかに適切に対応する。また，子どもが自分から身体の異常を訴えることができるようにする。		

絵本を利用して知らせていく
食事の仕方や座り方など，わかりやすく絵にして表示しておく

	子どもの経験する内容（指導内容）	具体的な環境を構成するポイント
健康　人間関係　環境　言葉　表現	○食事のマナーを知り，姿勢良く座って食事をする。 ○汗を拭いたり，着替えたりしながら心地よく過ごす。 ○身体の異常を訴えようとする。 ○友だちとごっこ遊びなどを楽しむ。 ○夏に経験したことを再現して遊ぶ。 ○おもちゃを貸したり，借りたり，順番を待ったり交代したりして遊ぶ。 ○簡単なルールのある遊びを楽しみながら，保育者や友だちとかかわる。 ○異年齢児の真似をしたり一緒に遊んだりする。 ○運動会に期待をもつ。 ○保育者や友だちと一緒に思いっきり走ったり，音楽に合わせて体を動かしたりすることを楽しむ。 ○虫を探したり，草花の種を取ったりしながら身近な秋の自然に興味をもつ。 ○保育者や友だちとの言葉のやりとりを楽しむ。 ○自分の思ったことや感じたこと，見たことを言葉で伝えようとする。 ○走ったり，音楽に合わせて体を動かしたりすることを楽しむ。 ○絵本や紙芝居を見たり，歌を唄ったりして楽しむ。	○十分なスペースを確保し，ゆったりと食事ができるようにする。 ○残暑が続くので，心地よく過ごせるように，保育室の風通しを良くしたり，水分補給をしたり，タオルで汗を拭いたりする。 ○テントや日よけで日陰をつくり涼しい場所で遊べるようにする。 ○経験したことを活かして遊べるように必要な玩具を用意したり，友だちの遊ぶ姿が見えるようにコーナーを設定したりする。 （お店屋ごっこ，病院ごっこなどができるように玩具を用意する。） ○簡単なルールのある遊びをする。 （ゴー＆ストップ，渦巻き迷路，鬼ごっこなど） ○年中・年長児と一緒に遊んだり，運動会の練習を見たりする機会をつくる。 ○運動会まで期待をもって過ごせるように話したり，はじめての運動会で不安にならないように，楽しく参加できる雰囲気づくりをしたりしていく。 ○プランターで育てていた花の変化を一緒に見たり，バッタなど昆虫に親しめるように飼育ケースを用意したりする。 ○話したいという気持ちを十分に受けとめ，ゆっくりと会話を楽しめる雰囲気づくりをしていく。 ○子どもが親しみやすいリズムの曲を用意し，リズムにのって身体を動かして遊べるようにする。 （パワフルキットちゃん，かえるのみどりちゃん等） ○季節に関する絵本や紙芝居，歌を用意しておく。 （だんまりこおろぎ，おおきなおおきなおいも，もりのかくれんぼう，まほうのえのぐ，園歌，運動会のうた）

店員になって遊びたい子が増えたが，ままごとコーナーと玩具が混ざり合うので，玩具とコーナーの整理をして引き続き楽しんでいくようにする

個別配慮	○T児：本児の気持ちを丁寧に受け止めて，納得のいくようにかかわっていく。運動会のお話の内容は，絵を利用して視覚にわかりやすく訴えていくなど配慮する。 ○Y児：甘えたい気持ちを受け止めながらも励ましながら自信をもてるようにかかわっていく。 ○H児：遊びが途切れないよう見守り必要に応じて遊びを展開していけるようにする。また，運動会のお話の内容は，視覚に訴えてわかりやすく伝えていく。	異年齢児交流	○運動会の練習を見学するなど，異年齢児の姿を見て応援する機会をつくり，あこがれなどの気持ちを大事に育てていけるように接していく。 ○生活の姿や遊びの姿を見たり，一緒に遊んだりする機会をつくっていく。

意欲的に取り組む姿が増えたので，「したい遊び」など満足できる環境を提供していきたい

家庭との連携	○担当棚の着替えの服の補充と，気温差に対応できるように衣服の調節ができるように長袖も準備してもらう。 ○はじめての運動会なので，不安も受け止めてもらえるように気持ちを伝えながら，一緒に楽しむ姿を見て頂くように参加を呼びかける。	行事予定	9月14日　身体計測 　　18日　誕生会 　　25日　避難訓練 　　　　　運動会予行 　　30日　園内運動会
健康・安全	○十分な水分補給と休息をとっていく。 ○朝夕の気温の差が，大きくなるので体調の急な変化に気をつけて，視診・触診で健康状態を把握する。 ○戸外での活動も活発になってくるので，危険のないよう見守っていく。		

> どういうことでしょうか？　具体的に書くといいですね。
> たとえば食事前の手洗いや衣服が汚れた際の着替えなど……

	保育者の援助と配慮
	▲テーブルから体が離れすぎていないかなど細かく点検しながら声をかけていく。また，食器に手を添えるなど簡単なマナーを知らせながら，上手に食べる姿を褒めていく。 ▲食材の名前を知らせながら，「おいしいね」と共感しながら食べていくようにする。 ▲自分でしようとする姿は，見守りながら褒めていく。また，できにくいところは，必要に応じて手伝いながら「自分でできた」という満足感が味わえるようにしていく。 ▲友だちとかかわって遊ぼうとする姿を認め「一緒が楽しいね」と共感していく。また，トラブルの際は，お互いの思いを伝え合って必要に応じて仲立ちしていく。 ▲危険な行為に対しては，理由も伝えたうえで制止していく。 ▲「〜して遊びたい」という気持ちを受け止め，必要な物を考えたりつくったりして遊びが膨らんでいけるようにしていく。 ▲友だちと一緒の物を身につけたりつくったりして一緒に楽しめるように材料や道具，遊具を用意しておく。 ▲えさを入れたり，観察したり一緒に親しむことで命の大切さを学んでいけるようにする。 ▲小道具をつくり，友だちと一緒の物を身につけることで，一緒に取り組む気持ちにつなげ，運動会へ期待が高まるようにする。 ▲異年齢児の姿を見て応援する機会をつくり，憧れなどの気持ちを大事に育てていけるようにする。 ▲言いたいことなど先取りしてしまわないように，ゆっくりと話そうとする姿を認めて待つ。また，「〜なのね」とゆっくりと代弁して受け止めていく。 ▲絵本や紙芝居をとおして，季節を感じながらゆったりと楽しめるようにする。

吹き出しコメント：
- あまり盛りあがらず，イメージしやすい玩具不足だった
- 来月は室内でも楽しめるゲームをしていくようにする
- 図鑑などを用意して，コーナーをつくり，じっくりと親しめるようにした
- ホールにて→いろんなものになりきって体を動かしていく（ピアノでリズムをつけていく）「ぼくのおひさまパワー」
- 絵本→かえるの運動会，10ぴきのかえる
- お話の時間を利用して，どうしてダメなのか，お部屋でのルールの確認をしていく

保育者間の連携	○補助の職員に，運動会に向けての遊びの内容などを伝え連携が取れるようにする。 ○クラス同士，同じイメージで話ができるように打ち合わせておく。	評価の視点	○身の回りのことを意欲的にできるようにかかわれたか。 ○戸外で思いきり身体を動かして遊ぶことを楽しめるように配慮できたか。 ○保育者や友だちと一緒に簡単なルールのある遊びを楽しめるようにかかわれたか。 ※午睡など適切な休息や水分補給を行ない，心身の疲れを癒し，集団生活による緊張を緩和できるよう配慮することができたか。

次頁の評価およびコメント参照

第4章　3歳未満児（0・1・2歳児クラス）の指導計画

2歳児クラス9月の指導計画

■前頁の評価の視点より

○身の回りのことを意欲的にできるようにかかわれたか。

　㋐身の回りのことをどのように仕末すればよいかなど，㋑わかりやすく伝えたり，必要な物はすぐ手が届くように準備していった。来月も引き続き自分でしようとする姿をほめながら，㋒周囲の子にもその姿を知らせることで刺激し合っていくようにしていきたい。

○戸外で思いきり身体を動かして遊ぶことを楽しめるように配慮できたか。

　カエルやザリガニになりきって走ったりとんだりと身体を動かして遊ぶことができた。
　（イメージをもちやすいように㋓視覚に訴えたことが良かったと思う）
　㋔発達に応じた遊具を用意し，好きなカエルやザリガニになりきって遊べるようにしたので，意欲的に取り組めたと思う。満足感・達成感を充分に共感しながら来月も遊んでいきたいと思う。

○保育者や友だちと一緒に簡単なルールのある遊びを楽しめるようにかかわれたか。

　簡単なルールを㋕わかりやすく伝え，くりかえし楽しむ機会をつくった。何度もくりかえすなかでルールを理解したり，次はもっと上手にやってみようとする子がいたりして，その姿を認めながら，最後は必ず満足感を味わえるように言葉をかけ，次につなげていっている。㋖保育者対子どもの遊びから，子ども対子どもでも遊んでいけるように来月も取り組んでいきたい。
　また，室内でも，簡単なゲームを用意していきたい。

※午睡など適切な休息や水分補給を行ない，心身の疲れを癒し，集団生活による緊張を緩和できるよう配慮することができたか。

　水分補給を必ず行なうようにして気をつけている。
　また，活動のなかにも，静動を取り入れ，㋗無理なく遊んでいけるように計画をしている。

㋐身の回りのこととは，具体的に何を指すのでしょうか？
それがわからないので，例をあげて〜など身の回りのことと記述した方がよいですね。

㋑「わかりやすい伝え方」を具体的に記述することで，それがほんとうに子どもたちに理解されたのかどうか，評価できるようになるのですが……。

㋒は，適切な評価になっています。

㋓は絵本や紙芝居のことですか？
それを記述するとわかりやすいですね。

㋔発達に応じた遊具とは，たとえばどんなものでしょう？　読み手に見えるように書くと，参考にできるのですが……。

㋕保育者からはわかりやすく伝えられたと思っていることでも子どもの立場になってみるとどうだったのでしょう？
具体的事実を述べることで，確かな評価に結びつきます。

㋖今後の方針を具体的に打ち出していくことが評価です。
具体的でいい評価になっています。

㋗抽象的な記述です。
決意表明にならないよう，もう少し具体的に書くといいと思います。

2歳児 9月 展開例

1 言葉のやりとりが楽しいごっこ遊び

　テラスで子どもたちが三輪車やひとりのり自動車を走らせて遊んでいました。保育者は子どもたちがてんでに乗り物を走らせている様子を立って見ていました。その保育者の前で三輪車を止め、しんご（3歳）が「ガソリンシュタンドどこですか」とたずねました。そこで「この道をまっすぐ行って左に行くとあります」といかにも道があるようなしぐさで指さしながらこたえると「はいわかりました」といって三輪車を勢いよくこいでいきました。しばらくテラスを走りまわるとまた止まって「しゃっきはしゅいましぇん。こんどは公園どこですか」とたずねました。「公園は反対の方で、こっちの道を行って下さい」とわざとむきをかえてしんごの進行方向とは逆の方向を指さすと「どうもありがとしゃん」と言って、保育者が指さした方向をまったく無視して進んでいきました。

　それを見ていたさとし（3歳1カ月）は、自動車を止めて「あのお、すみません。のどがかわいたんですけど、ジュースやさんはどこですか」と訊きました。「確かむこうの方にあったと思いますよ」と話していると、私が言い終わらないうちに「わかりました」と自動車を走らせて行きました。すると今度は、私と前の2人の子どもたちとのやりとりを見ていたりょう（3歳2カ月）が「あのぉあのぉあのぉ……えんしょくどこでしゅか」と言ってきました。「えっ？　遠足に行くんですか？」と確かめようとするとさっと自動車を走らせ私の目の前からいなくなってしまいました。そしてまたあっという間に戻ってきて「えんしょくなかったよ」と言ったので大笑いしてしまいました。

評　価

　一人のふり遊びから友だちと一緒に遊ぶ「ごっこ」に展開していく過程において、保育者対子どもの1対1の関係が基盤となっていたことを知ることができました。

　同じことをして遊んでいる子ども、すなわち共通経験をもつ子どもたちが、互いに交わりをもつようになる基点に、保育者が在るということです。一人ひとりの子どもと保育者のイメージ交流が豊かであれば、その内容は、同じ遊びをしている他児にも伝達されていく可能性が大きいと感じました。人から人へイメージや意図を伝達する「言葉」が育ってきたからこそ楽しめた活動でした。ごっこ遊びにおいて「互いのイメージや意図を伝達しあう機能をもつ言葉」の重要性を面白いほど感じました。

第 5 章

3・4歳児クラスの指導計画
──作成・展開・評価・改善──

第1節　3歳児クラスの指導計画

1　おおむね3〜4歳児の発達理解

　子どもには，大きな個人差があり，また一人の子どもでもさまざまな発達の側面があります。したがって「何歳になったから〜になる」といった画一的な捉え方はできません。しかし，子どもの姿を発達していく流れで捉えていき，その発達の過程にふさわしい環境や人とのかかわり，指導計画を作成していくためには，その年代の子どもの発達の特徴を理解することが先決です。
「ぼく昨日泥んこやったの。面白かった。そいで今日もやったの。だからまた明日もやるんだあ」。
　過去，現在，未来という時の流れがわかり，自分が納得したことだからと理由づけの言葉を使ったり，未来に向けて自分が何をするつもりか，言葉で自分の考えや思いを表現できるようになってきます。さらに，そのめあてにむかって行動するなど主体が輝きだす時期，なんでも自分でできる，大人のすることや会話にも口出しし『私だってもう一人前……』を主張するようになります。
　自分のつもりや考えを言葉で表現できるようになるため自分が思っていることと，人が考えていることが違うということに気づくようになります。けんかも多くなります。友だちとのぶつかり合いをとおして，さらに自己主張する力，友だちの意図に気づき，一緒に遊ぶためにはどうしなければならないか，けんかをしても後で仲よくなることが何より大切なことです。
　また，自分がやってみたいと思っている好きな遊びを繰り返し楽しみながら，自己表現の喜びや気の合う好きな友だちもできてきます。そういう友だちとは一緒にいると楽しい。いつも一緒に遊ぶから，友だちのことがよくわかってきて，友だちが喜ぶことは自分も嬉しいなど人に寄り添う気持ちも生まれてきます。
　いろいろなお手伝いを体験し，活動の幅を広げていくこと，自分のしたことやその価値を大人に認められることなどがこの時期の子どもたちの成長の原動力です。一方，周囲への関心の強さが，たちまちごっこ遊びに表現されます。「ごっこ遊びは子ども

たちの憧れのフィクショナルな体験」です。友だちと，このごっこをくりかえし遊びながら，さまざまな人やモノへの理解を深め，社会性を育んでいくことはいうまでもありません。そして，4歳をすぎると，『○○ちゃんみたいにやってみたい』『○○ちゃんのお兄ちゃんは，強くて何でもできる。ぼくもおにいちゃんみたいになりたい』など，きれいなものや強いもの速いものや大きいものに憧れるようになります。

　子どもたちの行動がよく理解できない場合，それを解く鍵は子どもたちの想像している世界を探ることです。『早く大きくなりたい』『テレビやお話の主人公のようになりたい』という憧れや欲求が，日頃のおしゃべりや遊びに如実にあらわれます。豊かな想像力に支えられごっこ遊びが活発になります（想像生活時代）。このように，4歳児はたいてい自分なりの理解やめあてを掲げて活動をはじめます。そして，思うようにことが運ぶと自信をもち雄弁になります。しかし，現実には目指したとおりにことが運ばず，そのギャップに苛立ち葛藤することが多くなります。

　3歳児クラスの年間指導計画を立案する時は，保育課程に記述された3歳児と4歳児の年齢別のねらいや発達過程をふまえ，発達の特徴を十分に理解したうえで作成することが基本となります。

2　子どもの主体性と友だち関係の育ちを柱にした指導計画

　幼児期はなぜ環境をとおした保育を行なうのでしょう？　また，なぜ遊びが大切なのでしょうか？　その答えは，それがまさに「幼児期の発達の特性」だからです。保育指針「第2章　子どもの発達」「1　乳幼児期の発達の特性」にも「(2)　子どもは，子どもを取り巻く環境に主体的に関わることにより，心身の発達が促される。」「(5)子どもは，遊びを通して，仲間との関係を育み，その中で個の成長も促される。」とあります。

　私たち大人は，子どもが他人の言いなりになったり，自分を否定的に捉えたりすることなく，自尊感情や愛着をもって主体的な生き方をしてほしいと願っています。それを育むのが保育者の役割です。1，2歳で自我がめばえ，自己主張をするようになると幼児は，次第に自分のつもりやめあてにしたがって主体的に活動するようになってきます。"主体的"とは，「自分自身〈主体〉の判断で行動すること，その行動から得られたことをすべて自分自身のものとして受け入れること」です。自分からすすんでしたかどうか，すなわち自発的に取り組んだか否かだけではなく，"主体的"ということは，何かをはじめる時，それを自分自身の課題として取り組むことはもとより，取り組んでいく過程や結果が重要になってきます。主体的に取り組み，結果がうまくいけばその喜びは大きいものです。

しかし，仮に，思うような結果にならなかったとしても，「自分なりに精一杯やったのだから……」と反省しつつも納得できます。結果をも自分自身のこととして主体的に受けとめることができるわけです。だからこそ，「こんどこそ」と一層主体的に取り組む意欲がわいてきます。また，人に言われたことで，はじめは気のりがせずはじめても，活動していく過程でその気になり最後までやりとおすこともあります。自分の課題として意識的に取り組む時から，いいかえればその行動をとるまでの自分の判断や意向を含め，主体的な活動になっていきます。

　人生の最初の時（幼児期）からこそ自分の人生を充実して生きてほしい。それが私たち大人の願いです。そのためにも，幼い時から主体的に行動する力を身につけていく必要があります。

❸ 子ども集団は，自我を育てる大切な環境

　「友だちは第二の心の基地」と言われます。3～4歳になると友だちと意見や考えの違いからよくけんかをしたりしますが，友だちと一緒にいることで心が安定し，友だちとかかわる楽しみを味わうようになります。多様な子どもたちが生活している集団のなかで，一人ひとりの存在が認められ，自分らしく在ることが大切にされてほしいものです。鯨岡峻氏は『両義性の発達心理学』（ミネルヴァ書房，1998年）のなかで次のようなことを述べています。

　子どもは『こうしたい』『こうしてほしい』という自分の思いを主張し，それが実現されて満たされます。すなわち『自分の思いどおり』を貫いて自己充実したい存在なのです。反面，子どもは信頼できる大人を絶対的に必要とし，その人と気持ちをつなごうとし，それが実現されるなかで満足感と安心感を育んでいきます。すなわち「自分は一人では生きていけない」「みんなと一緒に」が喜びとする存在です。子どもはその存在のなかに，常にこの矛盾，対応する二面性をもっているのです。その二面性をバランスよく充実させていくことこそ，一人の主体者として生きるということ，つまりは自我がめばえていくことなのです。「自我」は，まさにこの両者の折り合いをうまくつけていく心の働きといえるかもしれません。

　幼児期の子どもたちの自我の育ちを支えていくためには，この発達の両義性を理解することが重要だと考えています。

　やがて4歳をすぎると，自分の思いや考えを友だちに伝え，友だちの思いを共有することでかかわりを深めていくようになります。大切なことはこの心が触れ合う体験をとおして，いかに心の結びつきを実感していくことができるかではないでしょうか。

第5章 ● 3・4歳児クラスの指導計画 ● 101

3歳児 年間指導計画　たんぽぽ保育園

保育課程①の3歳児のねらい
① 生活リズム、食事のマナー、着脱などの基本的生活習慣がほぼ身につく。
② 戸外遊びを十分にし、体を動かす楽しさを味わう。
③ 保育者に支えられながら、周りの親しい人と会話をしたり、自分のつもりを伝えられる。
④ さまざまな経験をとおして、感じたことや想像したことを表現する。
⑤ 友だちとぶつかりながら、相手の気持ちに気づいたり、一緒に遊ぶことの楽しさを知る。

	1期（4～5月）	2期（6～8月）	3期（9～12月）	4期（1～3月）
年間目標				
予想される子どもの姿	・困ったことやいやなことなどを言葉でなかなか伝えられず、泣く、乱暴する、黙ってしまうなど表情や行動であらわす。 ・新しい環境への不安や期待で緊張したり、逆に興奮したり、不安定な気持ちがあらわれる。（進級児） ・進級児の遊びがむつかしく、大きくなった喜び、進級した嬉しさをなくさず、張り切って生活する姿もみられる。	・薄着になることもあり排泄の失敗が少なくなる。 ・したいことがあると真っ先にそれに向かってしまい持ち物の始末や着替えることなどを忘れてしまうことが多くなる。 ・好きな遊びが見つかり、存分に遊ぶ。片づけることを嫌がる。 ・玩具をとりあったり、自分を主張して思いがとおらないと、じれたり、イライラして、トラブルが多くなる。 ・生活のなかで、さかんにごっこ遊びを楽しむようになる。	・心身の成長がさらに進む。体つきもしっかりとし、遊びに変化がみられる。 ・おしゃべりが大変活発になり、生活の見通しをもち、身の回りのことも自分から進んでする。 ・"ぼくが"というより"ぼくたちが"と訴えるようになる。 ・仲良しの友だちと遊びながら、まだよくトラブルになるが、時間がたつに互いに認めあう。 ・一人ひとりの心の葛藤を受けとめてもらいながら、少しずつ行動するようになる。	・言葉での表現やその他の表現活動を意欲的にする。 ・さまざまなことができて感動したとや、絵本、テレビで見たり聞いたりしたことを友だちと話しあうようになる。 ・気の合う仲良しの友だちと、活動をとおして互いに思っていることが伝わり、わかりあえるようになる。 ・クラスとしてのまとまりもでき、一緒に行動することを喜ぶ。次のクラスへの期待が高まってくる。
期のねらい	・新しい環境に慣れ、安心して生活する。 ・自分のやりたい遊び、好きな遊びを見つけて遊ぶようになる。 ・戸外で元気に遊ぶ。 ・生活に必要なことが少しずつわかり、自分からやろうとする。	・夏を健康に過ごしながら、夏の遊びを楽しむ。 ・自己主張のぶつかり合いを体験しながら少しずつ相手の気持ちに気づく。 ・保育者や友だちと遊びながら、簡単なきまりやルールを知る。 ・自分の好きな活動に集中する。	・いろいろな運動に興味をもち、身体を十分に使って遊ぶ。 ・友だちと遊びながらけんかしたり、仲直りしたりしながら、徐々に相手の意見を受け入れる。 ・身近な素材に親しみ、自由に描いたりつくったりすることを喜ぶ。	・生活に必要な習慣を身につけ自分で行動する。 ・さまざまな友だち、好きな友だちとおして仲良しになった友だちとの結びつきが強まる。 ・大きくなったことを喜び、進級することへの期待をもつ。 ・一人ひとりが自分の力を出しているかを見つめなおし、自己発揮が弱い子どもに対してはとくに成長してきたこと、良さを認めるなど自信をもたせる。子どもたちと1年間の成長ぶりを確認し合い大きくなった喜びを共にしあう。
養護と教育 健康（食育）	・生活の流れや生活の仕方がわかり、保育者に見守られながら身の回りのことは自分でやろうとする。 ・量を加減してもらいながら、自分で食べようとする。 ・箸の持ち方、食器の持ち方を知る。 ・トイレの使い方を知る。 ・登降園の身支度や着脱のできない子を保育者に手伝ってもらったり、見守られながら身の回りのことを自分からやろうとする。	・自己主張してもらったり見守られながら、身の回りのことを自分からやろうとする。 ・夏に注意しなければならないこと、水分補給、帽子をかぶることを知る。	・友だちと遊びのぶつかり合いを体験しながら、相手の気持ちに気づく。	・「なぜやらなくてはいけないの？」などと理屈をこねることができる。

保育課程②の保育目標② 発達過程おおむね3歳

保育課程②の保育目標④ 発達過程おおむね4歳

第5章 3・4歳児クラスの指導計画

養護と教育

健康（食育）

- ところは手伝ってもらいながら自分でやろうとする。
- 保育者がそばについて眠る。
- うがい手洗いをする。
- 促されて衣服の片付けを保育者と一緒にする。
- 遊んだあとの片付けを保育者と一緒にする。
- 全身を動かして遊ぶ。
- 固定遊具、砂場、三輪車などで遊ぶ。

- ある程度理解できればやろうとする。
- 偏食が少なくなり、食欲も増し楽しく食べる。食事の準備、食器を片付けるなど保育者と一緒にする。
- 嫌いなものでも少しずつ食べる。
- 箸や食器の正しい持ち方にする。
- 排泄後の始末を保育者に介助してもらいながら自分でやってみる。
- 簡単な衣服の着脱を自分でやろうとする。
- 衣服の前後、裏返し、靴の左右などに気づき、自分で着脱する。
- 一人で布団に入り、静かに眠る。
- 遊びの後、午睡の前など、保育者に手伝ってもらいながら、手や足をきれいに洗う。

- 自分がやれることに喜びをもち、生活に必要なことがほぼ身につく。
- 食事のマナーが身についてくる。
- 排便後始末を自分ですることができるようになる。
- 着脱など自分ですることができないところを友だち同士でやり合う。
- 生活の流れがわかり、うがい、手洗い、歯みがき、鼻かみなど、自分でするように分でする。
- 手洗いや衣服の着脱が自分でできるようになり、時にはゆんどうするのが身につく。
- 歯みがきすることが身につく。
- 運動用具や遊具を使っていろいろな遊び方を身につける。

- 自分がやれることに喜びをもち、生活に必要なことがほぼ身につく。
- 食事のマナーが身についてくる。
- 排便後始末を自分でできないところを友だち同士でやり合う。
- 生活の流れがわかり、うがい、手洗い、歯みがき、鼻かみなど、自分でする。

人間関係

- 保育者や友だちの名前を知り親しみをもつ。
- 自分のしたい遊びを見つけて楽しむ。
- 保育者に誘われたりしながら友だちと一緒に遊ぶ。
- 保育者を仲立ちにしながら、かかわり方や順番、待つことなどを体験する。
- 共有物などで遊びながら自分の思いと友だちの考えていることが違うこともあることを知る。
- 保育者や友だちに誘いかけってもらったり、わらべうた遊びをする。

- 保育者や友だちと一緒に遊び、思うようにならずに怒ったり、すねたり、楽しさを味わうなどさまざまな感情体験をもつ。
- 自分の近くで遊んでいる友だちに関心をもち友だち自身もしようとする。
- またほかの子と一緒に遊ぶ楽しさを知る。
- 異年齢児と一緒に生活し交わりながら、年長児や年中児のやることに関心をもったり憧れたり、畏れたりする。

- 友だちとぶつかりあったり、遊びに入れてもらえなかったりして怒ったり、悔しさ、寂しさを味わうこともあるが、自分を振り返り相手の感情を受け入れていく。
- 鬼ごっこ、じゃんけんゲームなど集団での遊びを経験しながらみんなと一緒に活動する楽しさを知る。
- 時にはいざこざが起きることもあるが、順番を守ったり、交替して遊ぶ。
- 行事活動をとおして、必要なルールを守って楽しみ合う機会をもつ。
- 年長児や年中児の活動に刺激され、行事や行動をもっと実感し合ったり喜んだり、真似したり再現したりして遊ぶ。

- 仲良しの友だちとの関係が強まり定まってくるが、そのなかでもお互いの存在や立場を認めあう。
- 友だち関係がひろがっていき誰とでも遊ぶ。
- 友だちとの遊びのくいちがいやけんかが生じるといつまでもくじけていて長引くが時間をかけて、相手の要求や立場を理解し親密さが増す。
- 身体測定で1年間の育ちを確信したり、アルバム、行事のビデオなどを見ておおきくなったことを実感し友だちと喜び合い、親しみにする。
- 自分より小さい異年齢の友だちと交わり、自分の小さい頃のことを思い出しやすい気持ちになる。
- 言葉の発達がすすみ、友だち同士の会話が楽しくなる。
- 友だちとの遊びを通じて、自分の発想やイメージを伝えあり友だちと通じあう。

言葉

- 挨拶や返事など生活に必要な言葉を言う。
- 保育者や周りの友だちと気楽に言葉のやりとりをする。

- 自分のことを代名詞で話す。
- ごっこ遊びのなかで日常生活での言葉を楽しんで使ったり興味をもった言葉や歌を保育者や友だちと一緒に口ずさんで楽しむ。

- 落ち葉や、カラスウリ、秋の雲など自然に触れ、その感動を表現したり詩や歌を保育者や友だちと一緒に口ずさんで楽しむ。

- 自分よりも小さい異年齢の友だちとの会話が楽しくなる。
- 言葉との遊びを通じて、自分の発想やイメージを伝えたり友だちと通じ合う。

言葉	・手遊びを一緒にしたり好きになった絵本や紙芝居をもって友だちと一緒に見たり聞いたりする。・言葉や手ぶりなどで自分の気持ちや必要を伝えようとする。・保育者や友だちとごっこ遊びをする。	・絵本や紙芝居などの内容がわかりイメージをもって楽しんで聞く。・生活のなかで身近な事柄について保育者と一緒にしている詩を聞き一緒に口ずさむ。・困ったことや要求にしてほしいこと、などを言葉で伝える。	・生活のなかでの子どもたちのつぶやきや、会話などを聞き保育者が中立ちとなって友だちに伝え感動をともにする。・自由な言葉のやり取りや簡単な言葉遊びを楽しむ。	・生活のなかをリードしながら、自分たちのイメージを広げる。・トラブルになると言葉で相手をやりこめようとする。・生活のなかの文字や記号に関心をもつ。・覚えた詩やお話をペープサートや人形で再現することを楽しむ。
環境	・園で飼っている身近な小動物（鳥、ウサギ、カメ）を見たり、ふれたりする。・園内のさまざまなところにでかけ（園内散歩）園で生活するいろいろな人や場を知る。・戸外で遊んだり、散歩に行きさきの心地よさを感じ取る。・身近な自然に親しみ、感動したりする。・砂、泥、粘土などの感触を楽しむ。生活や遊びのなかで、色、数、量、形などに興味をもつ。	・夏の遊び（砂、どろんこ、ぬたくり、フィンガーペインティング、ボディーペインティング、しゃぼん玉、色水遊びなど）を楽しみ開放感を十分に味わう。・戸外やプール遊びで体を十分に動かして遊ぶ。・園の飼育動物にあげるえさを取ってきたりして親しみをもつ。・園庭の草花や集まってくる野菜、そこに集まってくる虫などに興味をもち収穫や虫取りを楽しむ。	・秋の自然に親しみ、木の実や落ち葉など自然物を使って、並べたりつくったりして遊ぶ。色、形、量などに興味をもち、比べたり違いに気づいたりする。・季節の変化を感じ、小動物の生態、虫の種類などに関心を広げる。・自然のなかでできることにまにおい、音、形などに気づく。・焼き芋など調理などを経験し、収穫の喜びを味わう。	・冬の自然現象にふれ、気候の変化や氷、霜柱などに興味をもつ。・正月、節分、ひな祭りなど日本の伝承行事に関心をもち、日頃体験しない遊びや習慣を知る。・時の流れ（年が変わること、月日）時間の流れなどを理解する。・冬の生き物、植物の様子をテレビや絵本で知り関心をもつ。
表現	・クレヨン、絵の具、サインペン、ハサミ、のり、セロハンテープなどの使い方を知り、遊びのなかで使ってみる。・楽しんで絵を描く。・知っている歌を歌ったり、新しい歌をおぼえたり、いろいろな音楽に合わせて体を動かす。	・いろいろな歌や手遊びを楽しみながら、歌ったり踊ったりすることを楽しむ。・さまざまな打楽器に触れ、リズムにあわせて打つ。・好きになった絵本やお話、紙芝居など、気に入った部分を再現して遊ぶ。・自分の好きな遊びを楽しみながら自分なりのイメージをもち描いたり、しぐさや素材でつくったりする。	・生活の節目となるいろいろな園行事（運動会、お楽しみ会、園外保育）に参加し、感じたこと、感動したことなどを自分なりの表現方法で伝える。・聞いたり見たりしたことを簡単な劇ごっこなどで表現する。・曲に合わせてリズム打ちや拍子打ちなどを楽しんで表現する。・感動したこと、見たり聞いたりイメージしたことなどを描いたりいろいろな素材でつくったりする。	・年長児の得意ななわとび、コマ回しや編み物、わらべうたなどを教えてもらい遊びの経験を広げる。・描く、つくるなどいろいろな素材を自分なりに使い、遊びに活用する。（凧あげ、コマまわし）・絵本や紙芝居など大好きになったお話の登場人物になりきって友だちとごっこをしたりして遊ぶ。・劇ごっこに必要な道具を保育者と一緒につくり、それらを使って劇遊びに夢中になる。

養護と教育

環境・援助のポイント	・一人ひとりの特徴を理解し、様子の変化を把握し、しっかり受け止め、楽しい雰囲気で安定して過ごせるようにする。 ・新しい環境になれ、幼児クラスの生活の流れになれるようにする。 ・子どもたちのつながりがもてるようにする。 ・一人ひとりの興味や関心を大切に受け止め、簡単なきまりを知らせながら、好きな場所で、好きな遊びができるように工夫する。 ・親の不安を受け止め、気軽に話せるようにし、連絡ノートを活用するなどして親との信頼関係を築いていく。 ・新入園児を受け入れると同時に進級クラスの不安もしっかり受け止めていく。	・自由に遊ぶ時間をたっぷりとり、一人ひとりが遊びの満足感や充実感が得られるようにしていく。 ・楽しく遊びながら水に親しみ、夏の遊びを工夫し、安全に留意して進めていく。 ・保育士が仲立ちとなり、簡単なルールが決まりを知らせて、友だちとかかわって遊ぶ楽しさを知らせていく。 ・一人ひとりの興味やまとまりを大切に受け止め、簡単なきまりを知らせながら、好きな場所で、好きな遊びができるように工夫する。 ・一人ひとりの健康状態を把握し、十分な休息をとりながら、夏を健康に過ごせるよう配慮する。	・戸外遊びや散歩の機会を多くもち、自然に親しみながら、驚いたり感動したりする気持ちを大切にしていく。 ・個人差を考慮しながら、走る、とぶ、よじ登るなどの動きを組み合わせて、子どもたちが興味をもてるよう工夫し、全身を使って十分遊べるようにしていく。 ・子どもが進んでやろうとしている時は、保育者は見守り、働きかけを控える。保育者が意図する活動をしようとする時、子どもが「やってみよう」と思うような動機づけを工夫する。友だちとのかかわりをつなげていくなど、保育者のかかわり方を大切にしていく。	・簡単なルールのある遊びやいろいろなごっこ遊びなどをとおして、友だちと一緒に遊ぶ喜びを十分にもてるようにしていく。 ・個人差を考慮しながら生活習慣の見直しをしたり、励ましたり、認めていくことで、生活に必要な行動ができるようにしていく。 ・友だちとのかかわりを見つけるため、自分の目当てをしっかりもって行動できているかなどをもう一度見直していく。 ・クラスみんなで活動する楽しみを味わいながら大きくなった喜びと進級への期待をもたせていく。
保護者への支援	・園と家庭の1日の生活の様子を伝えあい、園ではまずは何でも安心して話し合えるという信頼関係を築く。 ・1年間のすすめ方についてわかりやすく伝え、保護者と一緒に話し合う。 ・新入園児はとくに、体調の変化（疲労）に気を配ってもらう。	・保育参観で日頃の子どもたちの園生活の様子を知ってもらい、その後、気づかれたことなどを話し合い、保育への理解をもってもらう。 ・友だちとのトラブルは、人とのかかわりを学ぶ大切な体験であることを伝え、理解を得る。	・行事のねらいやすく子どもたちの取り組みの様子を伝え、当日のできごとや結果だけでなく、取り組みの過程についての理解を得る。	・1年間の子どもたちの成長の過程を確認しあう。そして、園、クラスに対する1年間の評価をしあい、次年度に引き継ぐ。 ・進級への不安や期待を話し合い、新年度における方針などを伝え、見通しをもって生活できるよう確認する。
保健	・内科検診（5月） ・身体測定（1年間毎月行なう）	・歯科検診、ぎょう虫検査（6月） ・感染症などの早期発見に努め、職員間で迅速な処置ができるようにする。	・内科検診（11月）	・1年間の身長、体重など、成長ぶりを自覚する。
行事	・保護者会 クラス懇談会（4月） ・子どもの日（小運動会）（5月） ・親子遠足（5月）	・保育参観（6月） ・プール開き（7月） ・七夕まつり（7月） ・夏まつり（8月）	・保護者会（9月） ・運動会（10月） ・いもほり遠足 焼き芋会（10月〜11月） ・生活発表会（12月）	・おわかれ会（3月） ・おわかれ遠足（年長児と一緒に）（3月） ・卒園式（3月）

月の指導計画　たんぽぽ保育園

3歳児　6月

月目標
- 園生活の流れがわかり見通しをもって生活ができるようになる。
- 雨の日ならではの経験を楽しむ。
- 身近な動植物に親しみ興味をもつ。
- 自己主張しあいながら，友だちの考えていること，思っていることに気づく。

前月末の子どもの姿
- 新入園児も進級児も交じり合って生活できるようになってきた。ほとんどの子が喜んで登園し，自分なりのテンポで生活をすすめられるようになっている。が，新入のK子が週のはじめに登園をいやがったり渋ったりする。進級児のY男が，産休に入った母親から離れられなくなり激しく泣くようになる。しばらく泣いたあとは遊びだす。
- 食欲のある子とそうでない子の差が大きく，後者の子はダラダラと時間ばかり長くかかって食べる傾向がある。
- それぞれに好きな遊びが決まってきて意欲的に遊び出すようになった。が，それだけに自分のつもりと，他児の要求がぶつかり，激しいトラブルになることがある。また，関心をもった友だちを探し，その子のそばに行って，同じ遊びをしたり，気の合う友だちの登園を待って，一緒に自分たちの好きな遊びをはじめる姿も見られる。
- 登園するとかばんをロッカーにかけずに放ったままで遊びだしたり，汚れたものをあちこちにぬぎっぱなしにして遊ぶ子が増えている。
- 室内で飼っているカメや金魚など小動物に関心の強い子どもたちが，保育者と一緒に水をとりかえたりえさをあげるなどの世話をしている。

内容
- 保育者に見守られながら身の回りの始末を自分でやる。
- 人とかかわる生活に必要な「おはよう」「ありがとう」などの挨拶をし，言葉や挨拶をかわす心地よさを知る。
- 自分からすすんで食卓につき喜んで食べる。
- 砂，泥，水などの自然物に親しみ遊びの快感，解放感，を十分に味わう。
- トラブルが生じた時は，保育者が仲立ちとなって互いのつもりを聞いてもらい，相手の思いを知る。
- 気の合う友だちと同じ場所ですごすことを喜ぶ。
- クレヨンや絵の具で描く楽しさを味わう。
- 身近な小動物に触れ，親しみや興味をもつ。
  （かたつむり　カメ　金魚）
- 生命あるものや植物にふれ，発見の喜びや命の不思議さなど感じたことを保育者や友だちに伝える。
- 雨の日，傘をさしたりカッパを着て園庭に出てすごす。
- 鋏やのりを使って雨のようすを表現する

傘に当たる雨の音を聞く　　大きな木の下では…

雨のしずくを見つける 　　傘に隠れてる人だーあれ？

花や葉っぱは喜んでいるかな？  　　"ぼくたちでした"

個別配慮
- S子……母親が5月26日に産休に入る。トラブルがあると大声で泣くことで保育者を求めることが目立つ。母親の状況をふまえ，気持ちが言えるように伝えていく。
- H子……戸外に出たがらず室内で遊ぶことが多い。他児とかかわって遊ぶことが少ない。保育者とじっくりかかわりながら遊びが楽しめるようにしていく。
- M男……指しゃぶりを家庭で禁止されている。午睡時はタオルケットをかぶって行なう姿が見られる。そのことにはふれず，側について手をにぎったりして見守っていく。また，その不安が他の面にも出てくると考えられるので，日中の遊びを満たし，気持ちよく眠れるようにしていく。
- K夫……食事は少しずつではあるが，野菜を食べようとするようになる。友だちとの遊びも見られるようになるが，汚れる遊びや暑かったりすると室内に入ってしまう。外での興味ある遊びは何か？　見ながら機会を捉えていく。

保護者への支援	・子どもの断片的な話や，参観日の姿だけで園生活を判断しないよう，4月からの子どもの成長ぶりや，ほほえましいエピソードなど伝えながら理解を深めてもらう。 ・とくに食欲がない子どもは，家での食事のとり方，一日の生活のリズムなど聞きながら親と一緒にどう対応していったらよいか考え合う。	行事	・ぎょう虫検査 ・歯科検診 ・保育参観 ・避難訓練

環境構成と配慮	予想される活動
・早く遊びたくてかばんのなかのものを一定の所に出していない子は，遊びが一段落したら促す。また，タオルをかけていなかったため手がふけなくて困ったという場面を捉えて，登園後すぐやることを話す。 ・汚れたズボンやシャツをそこらに脱ぎすててしまう子のために，汚れ物を入れるビニールの手さげ袋を個別に用意してもらいテラスの壁に下げそこにしまうようにする。 ・とくに食欲のない子は最初に盛りつける量を減らしなるべくおかわりをするよう促す。 ・おなかがすいて昼食が待ちきれない子と，朝食が遅いため昼食の準備ができても食べたがらない子の差があるため，みんなが一斉に食べはじめるのをやめ，自分からテーブルにつくことを大切にし，20分程度時間をずらし待ってみる。 ・園庭の1か所にどろんこ山をつくり，水を流したり，穴を掘ったりして全身で遊べるようにする。 ・おたま，しゃもじ，スコップ，小バケツを用意する。 ・川をとめたり橋をかける木片，樋なども遊びに使う。 ・どろんこ遊びのあと，保育者に介助してもらい，手，足をきれいに洗う。泥を落とす洗面器を用意し，そこでまず手，足，洋服の泥などを洗うことを知る。 ・保育者がカタツムリのいそうな所を下見し，調べておく。 ・飼育ケースに入れたカタツムリは，子どもたちがいつでも見られるように置いておく。 ・怖がる子に無理に触れさせるようなことは慎む。 ・子どものつぶやきや発見を聞き，いっしょに感動する。 水たまりに入って　　　　水たまりをつない ジャブジャブ　　　　　　でいくと……大き "いい音するね" "ぼくが映った！"　な川ができるよ 　　　　　　　　　　　　　　　川が 　　　　　　　　　　　　　　　できたよ	・登園したらかばんのなかの物を一定の所に出し，汚れ物袋をテラスの壁かけに下げる。 ・雨具の始末を母親や保育者と一緒にする。 ・泥のついたものは下洗いしてから袋に入れることを知る。 ・量をへらしてほしいこと，自分の嫌いなものについてなど保育者に伝えられるようにする。 ・自分から食卓につき喜んで食べる。 ・箸の正しい持ち方を知る。 ・歯みがきをしてきれいになったことを保育者に伝える。 ・雨上がりの水たまりで遊ぶ。 ・どろんこ山で遊ぶ。 ・泥まんじゅうやケーキをつくってごっこ遊びをする。 ・雨あがりを見はからってカタツムリを探しにいく。 ・保育者と一緒に小動物の世話をする。（金魚　カメ） ・カタツムリを飼ってみる。 ・触ったり手にもって遊ぶ。 ・親しんでいる小動物の歌や詩を保育者と一緒にうたったり口ずさんだりする。 ・小動物の絵本を見る。「だんごむし」「かたつむり」 ・親しんでいる動物になって遊ぶ。 ・傘にあたる雨だれの音を楽しんだり。いつもとの違いを面白がる。

評価の視点	◎前月末の子どもの姿と，6月末の子どもの姿から，どんな変化や育ちが見られたか？ ・生活の仕方→次に何をするか流れがわかりやろうとしていたか。 ・それぞれの子どもたちの，好きな活動は何であったか？　また，それを楽しめたか？　もし楽しめていなかった子がいるとすれば，その理由は何か？　どうすればよいか？ ・自己主張して友だちとぶつかりあうことが多かった子は，友だちの思いやつもりに気づけたか？　反対に自己主張できない子はいなかったか？　なぜ自己主張できないのか？ ・身近な動物にふれ，どんな発見や喜びがあったか？　関心は強まったか？　小動物に関心がない子はいなかったか？

3歳児 6月 週の指導計画 第4週 たんぽぽ保育園

週の目標
- 気のあう友だちと一緒に楽しく食事をする。
- トラブルを経ながら友だちとのイメージやつもりの違いに気づく。
- 身近な小動物に触れ，関心をもつ。

先週の子どもの姿	内容	環境構成
・食事は量をへらしてもらうことで，大分気が楽になったようす。「ごはんにしましょう」と呼ばれてもいやがらず自分から集まってくるようになってきた。 ・男の子3～4人は雨あがりの園庭に出て行って水たまりで周りの子のことも考えずはしゃぎ出す。「かけないで」「服が汚れちゃった」と怒ったり，泣いたりよくトラブルになる。三輪車で水たまりのなかにつっこんでいく子もいる。園庭では，泥んこ，団子づくりに夢中になり楽しめるが，汚れを気にして遊ばない子もいる。 ・だんご虫やかたつむりを園にもってきて皆に見せびらかし得意になる。すぐに子どもたちが集まってきて「さわらせてくれない」「ぼくもほしい」とトラブルになる。かたつむりを触りたいのに触れない子もいる。 ・雨が降ると傘をさして庭に出ていきたがる。 ・積み木やままごと遊びで，互いに自分の思いを主張するが，主張するだけでなかなか相手の気持ちを聞こうとせず通じあえない。 ・年中組の絵の具のコーナーに行って，「絵の具で描いたの」と嬉しそうにもってきて見せてくれる子が増えてきた。	・友だちを誘い合って一緒に座り，おしゃべりを楽しみながら食べる。 ・「いただきます」「ごちそうさま」「おいしかった」「ありがとう」などの挨拶をし，人と気持ちをわかちあう。 ・砂，土，水を使って泥遊びの快感を味わう。 ・かたつむりやだんご虫をとりにいき，野菜などを食べさせて飼ってみる。 ・雨の日，傘の扱い方に慣れ，園庭で雨を楽しむ。 ・友だちとイメージやつもりのちがいからトラブルになる。 ・絵の具で描くことを楽しむ。	・1テーブル（6人）ごとに座ったら，自分たちで「いただきましょう」と声をかけあって食べはじめる。保育者は，子どもたちの思いや願いをつかむため，どんなおしゃべりが交わされているか興味をもって聞き，書きとめておく。 ・着替えを一式自分の椅子にセットしてから裸足で園庭に出る。いつでも水が使えるよう大きなタライなどに水をためておく。水を汲み出すポリタンクやバケツなどを用意する。 ・牛乳パックでかたつむりや団子虫を入れる手さげをつくりそれをもって散歩に出かける。 ・とったかたつむりを2～3箇のケースにわけて入れ「何を食べるかな？」と食べものへの関心をもたせる。 ・雨のなかで，子どもたちが発見すること，関心をもったことを理解し，共感する。 ・保育者も傘をさして庭に出る。雨が傘にあたる音などを楽しみ「雨だれぽったん」や雨の詩を口ずさむ。 ・相互のつもりやイメージしていることを聞き出し確認する。 ・子どもたちの見ている所で絵の具をとき，手伝いたがる子には一緒にやらせる。 ・筆で描いている時のつぶやきを聞き，あとで付箋紙に書き，添える。 ・次の日から描きたい子がいつでも描けるように絵の具のコーナーを設置する。

個人別配慮

T子……自分が大切にしている人形や絵本を他の子が持っていると「Tちゃんが使ってた！」と取り上げてしまうことが多い。また，友だちがままごとをしていると「それは使っちゃだめなんだもん」と文句を言う。T子も一緒にやりたいのではないかと思い保育者が「Tちゃんも入れてもらったら？」と話すと「やりたくないの！」と怒って行ってしまう。保育者がT子のやりたい遊びを一緒にたのしみながら，そこに友だちを引き込んでいくようにすると一緒に遊べるようになると思う。

3歳児クラス6月 第5週の目標
- 友だちの思っていること，イメージしていることが違っても一緒に遊びたい気持ちから折り合えるようになる。
- 身近な動物の生態に関心をもち，手に取ってみたりし面白がる。

家庭連絡	・汚れものが多くなるので，汚れてもいい洋服を着てくるよう連絡する。 ・着替えの補充をこまめにしてもらう。

予想される子どもの姿・活動	配慮
・T子，S男，Y男などはいすをもったまま立ち尽くすことが多い。「今日は誰と食事したい？」とたずねて意思表示を促したり，友だちに声をかけてもらうようにする。 ・おしゃべりばかりがすすみ，食事がすすまなくなる子がいる。 ・汚れるのをいやがるN男，K子には，まずどのようにして泥んこ遊びに入ってくるかを観察し，樋（とい）など使って団子ころがしの活動に誘う。 ・かたつむりを取りに行く ・歌「雨だれぽったん」詩「あめのうた」「かたつむり」を歌ったり口ずさむ。 ・「ももちゃんと雨」の童話を聞く。 ・あめのうた（作　鶴見正夫） 　　雨は一人じゃ歌えない　きっと誰かと一緒だよ 　　屋根と一緒に屋根の歌　土と一緒に土の歌 　　川と一緒に川の歌　　花と一緒に花の歌 　　雨は誰とも仲良しで　どんな歌でもしってるよ 　　屋根で（とんとん）屋根の歌 　　土で　（？）土の歌 　　川で　（？）川の歌　　花で（？）花の歌 （？）の所を子どもたちの発想で唱えてみる。 ・保育者と一緒に絵の具をとく。自分の好きな色を2色くらいそばにおいて，新聞紙や大きな紙に描く。 ・絵の具に興味をもたない子もいる。	・友だちを見つけられない子，まだ友だちがいない子には，保育者が早目に「○○ちゃん，一緒にいただきましょう」と誘いかける。 ・「楽しいお話のつづきはあとで先生にも聞かせてね」などと話し，食べることを促す。 ・なるべく自分で「やってみよう」という気持ちになるよう，友だちが楽しく遊んでいるようすを見させる。 ・樋にころがす団子がなくなったら「急いでつくらなくっちゃ」と保育者が率先して遊び出す。そしてつくった団子をN男，K子らに「この団子をお友だちのところにもっていって」と誘い入れる。 ・子どもたちがかたつむりがどんな所にいると考えているか？　きいてみる。そしてなるべく子どもたちにじぶんでみつけた喜びを味わわせる ・傘で地面を叩いたり，乱暴しないよう，傘の扱い方や大切さについて伝える。 ・「○○ちゃんはどうするつもりだったの？」と双方に丁寧に訊いてそれぞれの思っていること考えていることを確認しあう。その後「どう，○○ちゃんが思っていたことわかってくれた？」ときき，相互理解をすすめる。 ・子どもが描いた絵を台紙に貼り，展示した時「描いている時，気持ちよさそうだったね」などと話し描く楽しさを共感する。

評価	・自分の大好きな遊び（泥んこ，積木，三輪車，ぶらんこなど）ができてきた子は登園するといちもくさんにその好きな遊びの場所に駆け込んで行き，毎日くりかえしその遊びを楽しむ。すなわち，自分の行為にめあてができてきて，それに向かっていこうとする意志がめばえてきたようだ。そして活動を楽しめたあとは保育者や友だちに「聞いて聞いて」と自分のやったことをさかんに伝えようとする。そういう意味で，一緒に遊んだ友だちと，また一緒に食事ができるようになることは，友だち関係ができていくうえでとても良かったと思う。 ・友だちと遊ぶよりまだひとり遊びが楽しい子もいる。（S男，Y男）T子は遊びたいのにかかわり方がわからず邪魔したり乱暴したりしてしまう。ひとり遊びが楽しい子は，それを保障し，散歩にいった時など鬼ごっこやわらべうた遊びをし，保育者や友だちと一緒に遊んでみる経験をさせたい。 ・かたつむりを飼って，野菜を食べさせたりしたことで，生きものに強い関心をもつようになった。今後はかたつむりの目，口，体がどうなっているか，など，自分たちの体と比べながら関心を強めていきたい。

3歳児 展開例

1 トラブルをとおして相手とのイメージの違いに気づく

　けいた（3歳2カ月）は大型箱積木を並べたり，積み上げたりし，下図のようなものを構成しました。そしてⒶの所に立って周りを見まわし，ハンドルをまわす手つきをはじめました。そこへ仲良しのきよひろ（3歳1カ月）が走ってきました。そして「きよちゃんも」と行ってⒷの所に上がろうとしました。するとけいたは怒って「そこはのっちゃいけないの」ときよひろをひきずりおろそうとするので，はげしいけんかになってしまいました。しばらくとっくみあいが続き，二人がわあわあ泣いて少し気持ちがおさまった頃，保育者が二人のなかに入って聞きました。「けいたくんは何を運転してたの？」するとけいたが「消防自動車」と答えました。立って運転していたのでふつうのバスや自動車ではないなと思って見ていたのです。「そうか，これは消防自動車だったのか」と彼のイメージを表現させ，きよひろにも聞かせました。「でもどうしてきよちゃんがここに乗ってはいけなかったの？」ときくと「ここ（Ⓑのところを指して）は，乗れないの」と主張するので，「どうして？」ともう一度たずねてみたら「お水入ってるの」という返事でした。

　散歩に行って近くの消防署にとまっていた消防自動車を見た時，「ここにお水が入ってるんだ」と子どもたちに確かめていたことがありました。そして「ここからホースでお水を出すのか……」と話していたことをけいたはちゃんとおぼえていて，後ろにそのタンクを設置したつもりだったのです。

　そこでけいたに「じゃあ，はしごがおいてある所はどこ？」ときくとⒸの所をさしました。「それじゃあ，このはしごの横には，きよちゃんが乗れる？」と聞くと「うん」と頷いたので，低い積木をⒸの横に置くことにし，二人一緒に消防自動車に乗ることになりました。「ウーカンカン，ウーカンカン」ときよひろが発するとけいたも声をそろえ，さっきよりは嬉しそうに消防自動車を運転しました。

　椅子を並べてのりものをつくったり，積木で何かをつくっていく，その行為を動かしているのが，その子どものイマジネーションです。どういうイメージで遊んでいるのか？　形として見えてくると友だちが寄ってきます。けいたが箱積木に乗ってハンドルをまわす動作を見たきよひろは，「あっ，自動車だ」と思ったのでしょう。それで「きよちゃんも（のりたい）」と走ってきました。けいたときよひろは，とても仲良しだったのでふだんはこのような時，喜んで乗せてあげるはずでした。ところが，けいたには人が乗れる所とそうでない所の心づもりがあったのです。

消防自動車

評 価

　日頃，保育者はつい「二人で一緒に乗ればいいでしょ」「きよちゃんも乗せてあげれば」と大人の思いを押しつけてしまいがちです。けれども一人ひとりその子なりのつもりがあっての行為になります。トラブルは，自分のイメージをしっかり表現したいために起こるわけです。

　つもりを表現させることによって，他児にその子の考えていること（イマジネーション）をしっかり伝えることができます。この時期お互いのイメージの違いが，よくけんかになります。どこがくい違っているのか？　お互いに考えていることは何なのかを丁寧に話させながら，子どもたちがイメージを共有し合えるようになっていく，その課程を大切に育みたいと思います。イメージが共有できた時には，楽しい想像の世界に変わります。子どもたちは，周りの人と心や体を十分働かせ，やりとりすることによって，イメージ交流が豊かになり，意識を拡大したり，認識をより確かなものに形づくっていくことが可能であることを学びました。

2 小動物と親しむ
──カタツムリと遊ぶ

◆ カタツムリへの関心

　Y男はうれしそうに登園し，もってきたポリ袋のなかのカタツムリを会う人ごとに「ほら」と見せていました。S男はカタツムリをはじめて見たのか，物珍しくて「見してよ，見してよ」とY男にせがみました。机の上におかれたカタツムリを5〜6人で囲んでじいっと見ていましたが，S男がカタツムリがゆっくり動き出すといいながらもとの所におこうとしたのですが，力の加減がわからず殻をつぶしてしまいました。

　こういう行動は，よくカメに対してもみられます。動物が動き出すと「そっちはだめ」とか「まだ動いちゃいけないの」と自分のつもりを押しつけてしまうようです。Y男が怒ってS男に向かっていきました。周りにいた子どもたちはみんな「Sちゃんがわるいんだから」とY男の味方です。S男は，Y男が怒る理由がわかっているので以前のように加減もせず乱暴をすることはなくなり，Y男の怒りの行為を防禦するだけでした。

　そこで保育者が「カタツムリ，かわいそうなことをしてしまったね，せっかくYくんがもってきてくれたのに」と話すと，S男が「つぶれちゃったんだもん……」と小さな声でつぶやきました。「そうか，Sくんはつぶすつもりじゃなかったのか……」と話すとS男は，思い余って泣き出してしまいました。そこで「じゃあ，今度雨あがりのあと，カタツムリをとりにいこうか」と話すと，子どもたちは大歓声をあげて「雨，

早くふらないかな」と言っていました。

◆ **カタツムリのお散歩**

　子どもたちが飼育ケースからカタツムリをとりだして歩かせ「カタツムリさんもお散歩だよ」と言いながら歩く様子を見ていました。カタツムリが時々台の端っ子のほうに行ってしまうと「おっこちちゃうでしょ」と言いながら無理やりカタツムリを引っ張るのでカタツムリの殻をつぶしてしまったりし，無残でした。

　そこで保育者が週の指導計画に書いていたことを早速やってみることにしました。「色のついた大きな紙を敷き，その上にカタツムリをそっとのせ，子どもたちの見ているところで容器に小麦粉と水を入れ，よくかきまぜながら「カタツムリさんは小麦粉が大好きだから小麦粉の白い道を描いてあげるのね」と話し筆を使ってそうっと道を描いていきました。カタツムリはその小麦粉を食べるため白い道に添ってゆっくり動きだします。「うわっ，カタツムリさんが道のとおりに歩いていく」と，大歓声。何も言わずにじいっと見つめている子もいます。そこに集まっている友だちと同じところに目を見据え，すてきな時を共有することができます。「今度は危ないとこ行かないでよかったね」「カタツムリさんは道がわかるのかなあ？」「先生が道を描いてくれたから見てるんじゃないの？」「カタツムリの目は角のとこにあるんだよね」「ここが目かあ」「ふしぎだね」などと思ったこと，感じたままを話しています。すっかりカタツムリのとりこになったようです。見て，触れて，驚いて，発見したことを，絵本で再確認しながら子どもたちはカタツムリと親しくなっていきました。

◆ **カタツムリを描く**

　「先生，雨ふった」「また雨の日のお散歩行きたい」とM男とT子の二人は，窓から雨の外をながめていました。「Mくんたちは，雨が好きなのね。カタツムリと同じね」と話し，「雨だれぽったん」や「でんでんむし」の歌を保育者が歌いました。「あっそれ知ってるよ」と一緒に歌う子もいました。そばでクレヨンで絵を描いていたH子とN子が「先生，ほらでんでん虫描いたの」と見せにきました。二人は絵を描きながら保育者とT子たちの歌や会話をちゃんと聞いていたようです。カタツムリというと子どもたちはまずこの殻が印象的なのでしょう。殻だけ描いてくるのが愉快です。そこで，二人の描いたカタツムリを1枚ずつ両手にもって動かしながら「でんでん虫の詩」を口ずさんでみました。

　「でんでん虫は　ひっこしでお家をかかえてのろのろ歩いた　いい友達にあったならそこにお家をたてよかな　きれいな花でも咲いてたら　そこにお家をたてよかな

でんでん虫はひっこしで　竹の細道　のろのろ歩いた」(詩　佐藤義美)

ちょうど2匹のでんでん虫が「いい友達同士」になり，N子とH子も顔を見合わせて笑いました。歌もそうですが，話もできるだけ生活のなかでふっと口ずさみたくなるような機会に子どもたちと楽しめたらいいなと思っています。生活のなかで，詩や歌がきこえてくることで，よりその場の雰囲気が楽しいものになり，そこにいる人の心がなごむ，すなわち，生活の喜びのために詩や歌が生まれてきたことを子どもたちに示したいと思っています。そのためには，どんな生活が展開していくかを予測し，そこにふさわしい教材(歌や詩や絵本など)を提示できるよう保育者が自分のなかにいろいろ用意しておかなければなりません。

N子とH子の二人が保育者と一緒に詩を口ずさみながら描かれたでんでん虫を動かして遊ぶ姿を見て，他の子たちも「ぼくも描いてこようっと」とクレヨンのある所に走っていきました。

歌を口ずさみながらクレヨンを走らせる子，N子たちの詩を聞きながら気に入った言葉と手の動きが協調していくものなのだなと見ていたら，Y男が「でんでんむしが，にゅっとかおだして……つのもぴっ，ぴっ」と言いながら，自分の言葉に合わせた描き方をしているのに驚きました。言葉を発しながらその言葉のイメージに合わせた手の動きを伴って，それらしい表現ができていくものなのかと知りました。表現は，決して言語，絵画などと切りはなしては考えられないものであることを再確認しました。

◆◆ **カタツムリを捕りに行く**
(6月下旬の日誌より抜粋)

朝のうちしょぼしょぼと雨が降っていたが，10時頃からやみだした。カタツムリ探しには絶好の機会だと思っていると，子どもたちも「先生，今日はいけそうだね」と同じことを感じていたようだ。一人ずつカタツムリを入れる空箱や袋を持って出かける。園から数分の神社までいく途中の石垣にカタツムリを見つけたT男とS男「あった，あった」と大歓声をあげる。見つけた二人は手も早い。すばやくとって箱に入れている。

K子とU子の二人は，せっかく見つけてもつかむのがこわくて手が出ない。保育者がとって，手にのせると，安心したのかにこっと笑って自分の手にうつす。それからは自分でとれるようになった。神社の裏階段の石塀にはカタツムリだけでなく，みみずやだんご虫やなめくじもいっぱい！　なめくじはさすがに気持ち悪がってつかめない子が多かったが，だんご虫とみみずはもうすっかり子どもたちにはおなじみなので，片っぱしからとって「こっこ(鶏)にやるんだ」と話している。「ぼくが見つけたのに○○ちゃんがとっちゃった」「まだこれっぽっちしかとっていないのに○○ちゃんはいっぱい」というようなトラブルもあったが，とにかくたくさんいたので，だんだ

ん不満も解消し，帰りは袋や箱をのぞきながら，みんな喜んで帰った。

◆◆ **カタツムリを飼う**

　飼育ケースに日光消毒した土を入れ，子どもたちが園庭から拾ってきた枝や葉っぱを入れて，カタツムリを飼うことにしました。「カタツムリって何食べるのかしら？」とそばにいる子どもたちに聞いてみると「はっぱ」という答えが返ってきました。Y男が「キュウリも食べるんだよ」と言って，絵本棚から「かたつむり」の絵本をもってきて見せてくれました。そこで集まっている子どもたちにその絵本を読んであげると，ネギ以外の野菜は何でも食べることがわかりました。その日の帰りがけ，みんなが集まった時にカタツムリが野菜を食べることを知らせ，家から野菜のくずをもってくるよう話しておきました。

　次の日，子どもたちは早速いろいろな野菜をもって登園しました。野菜を全部入れてしまうと多すぎるので，にんじんとキュウリだけあげることにし，他の野菜は園の冷蔵庫にしまっておきました。2つの飼育ケースの片方ににんじん，もう一方にキュウリを入れておいたのですが，昼寝から起きるとY男がさっそくカタツムリの所に行ってのぞき込み，「先生，カタツムリが赤いうんちしてる！」とそれは大きな声で叫びました。葉っぱの上に細くてきれいな赤いうんちがたくさんありました。ちょうど自分たちのうんちと同じように，うずまき状に押し出された状態だったので，うんちとわかったのでしょう。それが，にんじんだけ食べさせていたので，ほんとうにきれいな赤いうんちをしていたのです。Y男の歓声を聞いてみんなが押しかけてきました。よく見るとキュウリの方は，緑のうんちです。「わあっ，緑のうんち」「赤いうんち」と大騒ぎになりました。N子は「こっちはにんじんを食べたから赤いうんち。こっちはキュウリを食べたから緑のうんち」と，納得したように話しています。

　その日，家に帰った子どもたちの大半が，家の人にカタツムリのうんちの話をしました。「"カタツムリってにんじんを食べると赤いうんちをするんだ"と子どもが話していましたが，ほんとうですか？」次の朝はそんな母親の疑問に答えるように，子どもたちが飼育ケースの所に連れていって「ほらね」と自慢することしきりでした。

評　価

　実はカタツムリがにんじんだけ食べていると赤いきれいなうんちをすることを，昨年，4歳児を受けもった時，子どもたちと一緒に感動しながら見守ったので，わざとにんじんとキュウリをわけて入れたのです。それが保育者の隠れたカリキュラムでした。「生き物は食べるからみんな，うんちをするんだね」という私の好きな絵本「みんなうんち」の言葉を，まず子どもたちに実感してほしかったのです。これからはカタツムリの口や目，体はどうなっているか？　などに関心を広げていけるのではないかと思う。「かたつむり」「だんごむし」の絵本を早速絵本棚に入れておくことにする。

第2節　いろいろな様式による指導計画・その点検と指導

1　3歳児クラス　月週案（4月）(116〜117頁) について

①この月週案の特徴は，月のねらい「◎」と内容「・」が簡潔にまとめられていることです。そのねらいと内容を週案で一目してわかるよう「週のねらい」→「保育の流れと活動内容」→「環境構成と援助」「家庭との連携」で具体化しています。とくに週のねらいが子どもたちの生活していく流れにそって，連続して適切に表現されていることがこの指導計画の良いところです。ただし3週目の3つめのねらいの「〜保育する」はねらいの表現としては不適切です。

②「保育の流れと活動」の箇所の，「○」で表わされている文言は「内容」にあたります。したがって「保育の流れ」より「内容と予想される活動」とした方がぴったりします。

③環境構成と援助に書かれていることも的を得ていると思います。

④第1節にも書きましたが，幼児の指導計画においても，個別配慮の項目を入れてほしいです。それがないのがこの指導計画の一番惜しいところです。

⑤反省評価を記述するスペースがありません。月週案用紙の裏などにしっかり書いてほしいです。

2　3歳児クラス　週の指導計画（12月第3週）(118〜119頁) について

①「最近の子どもの姿」の記述は具体的でよいのですが，個別だけにならないようもう少しクラス全体の子どもたちの姿を捉えて表現することも大切です。

②「ねらい」は，3歳児クラスのねらいとして適切かどうか？疑問です。

③個別欄を広く取って大勢の子どもの記述ができるようになっている点は，3歳児クラスとしてふさわしいと思います。

④〈予想される遊び〉と〈保育者のかかわり援助〉を一目してわかるようマークをつけて整理して書くとよいですね。

⑤3歳児クラスの週の指導計画の様式としては，書きやすいものではないかと思いましたが，環境構成の欄がないのが残念です。「予想される遊びと保育者のかかわり・援助」のスペースと「週の流れ」の欄をもう少し縮め，その間に環境構成を記述できるようにしたらよいのではないでしょうか。

3歳児 4月 月週案

4月当初の子どもの姿
- 進級児は幼児クラスになることを喜び、わくわくしている反面、保育室や担任が変わったことで不安感も抱いている。
- 新入園児は未知の世界への不安が大きく、保護者や保育者への依存心を強くもっている。
- 進級児・新入園児ともに、興味をもつとすぐ行動に移る子や、逆になかなか行動できない子がいるので、時としてぶつかり合いが起こったり、不満感をもつ子が出てくることがある。
- 友だちとふれあうなかで、友だちのすることに興味をもって同じ遊びをするようになる。

> （　日～　日）と記入するとよい。

> 発達をよくおさえた具体的なねらいです。

	第 1 週	第 2 週
週のねらい	・新しい保育者に出会い、園生活になじむ。 ・自分の生活の場所（保育室、トイレ、靴箱など）を知る。 ・園庭の遊具で遊んだり小動物を見たりしてゆったりと過ごす。	・新しい環境のなかで自分の居場所や遊びを見つける。 ・保育者と一緒に所持品の始末をする。 ・周りの友だちがやっていることに関心をもち、同じことをしようとする。
保育の流れと活動内容	○自分の生活の場、物の置き場所を知り安心する。 ＊＊好きな遊びをする＊＊ ○園庭で遊ぶ。 ・散歩をする。 ・固定遊具で遊ぶ。 ・砂や水で遊ぶ。 ・草花や虫に関心をもち、見たりふれたりする。 ・年中、年長児がしている色水遊びなどに関心をもち、見たりまねたりする。 ・年中、年長児の畑づくりをする様子や、野菜の苗を植える様子を見る。	○室内で遊ぶ。 ・人形やままごと道具で遊ぶ。 ・絵本を見たりクレヨンで絵をかいたりする。 ・折り紙や新聞紙で遊ぶ。 ・積み木やブロックを並べたり、積んだりする。 ・粘土で遊ぶ。 ・ごっこ遊びをする。 ・音楽にあわせてうたったり、体を動かしたりする。
環境構成と援助	・朝はなるべく保育室で子どもを迎え、登降園児の身のまわりの始末がスムーズにできるようにする。 ・個人用ロッカーなどにはそれぞれの子どもたちの好きなマークをつけ早く自分の所がおぼえられるようにする。 ・午睡時は布団に入る前に絵本を読むなどしておちついた雰囲気をつくる。 ・好奇心や興味をもつことのできる遊具や用具を配置し、好きな遊びを見つけて遊ぶことができるようにする。 ・個別に使うものについては、なるべく人数分用意する。 ・安心して過ごせるように、家庭的な雰囲気が味わえるコーナーを設けたり、家庭で使っているような遊具を準備する。 ・泣いたり、保護者から離れられなかったりする新入園児には、その気持ちを受け止め、優しく抱っこをしたり言葉をかけたりして、徐々に自分から部屋に入ることができるようにする。 ・保育者が子どもと一緒に遊びながらクラスの子どもの名前を呼び、クラスの友だちの存在や名前を知らせていく。 ・好きな遊びが見つけられない子どもには、安心して遊べるように保育者が一緒に遊びながら見守ったり、遊ぶきっかけをつくったりする。 ・年中・年長児の様子を見ながら、生活や遊びを知らせる。 ・健康診断に不安を感じている子どもには優しく言葉をかけ、手をつないだり一緒にそばにいることで、安心して受診できるようにする。	
家庭との連携	・日々の子どもの様子を、公開日誌や連絡帳、口頭で知らせ、安心感をもってもらえるようにする。 ・新しい環境で疲れて帰宅する子どもの様子を感じとってもらい、早く寝かせてもらうよう伝える。	・園庭遊びで洋服が汚れたりすることを伝え、着替えの補充をお願いする。

> 具体的な記述でよいと思います。

> 内容と予想される活動

> 具体的にはどういうコーナーをさすのでしょうか？

◎ねらい・内容	◎新しい環境に慣れ，喜んで登園する。 ・生活のリズムや生活の仕方がわかってきて，手伝ってもらいながらできることは自分でやろうとする。 ◎自分の好きな遊びを見つけ，楽しみながら保育者や友だちとかかわる。 ・戸外活動を楽しみながら，体力がついてくる。	行事	・入園式　保護者会 ・身体測定 ・誕生会 ・避難訓練

ねらいは，子どもの側の心情，意欲，態度で表現してほしいです。
保育するは大人の側の働きかけです。ねらいの文言としては適切ではありません。

第　3　週	第4～5週
・1日の園生活に慣れる。 ・絵本を読んでもらったり，知っている手遊びやわらべうたなどして，保育者や友だちと楽しくすごす。 ・近くの公園や空き地に行き保育する。	・虫や小動物，草花を使っての遊びなどして，春の自然に触れる。 ・近くの公園や空地に行き，保育者や友だちと追いかけっこなど一緒にする。
・給食を楽しみにし，食事の手順を知る。	・朝のあつまりを楽しみにする。
自然にふれて遊ぶ	
・園庭にいる虫を探したり捕まえたりする。 ・園で飼育している兎や鶏にえさをあげたりし，親しむ。 ・暖かくなるにつれて徐々に外で遊んだり，水を使って遊びはじめたりするので，砂遊びの道具やじょうろなどは人数分用意しておく。 ・砂や水のよごれを気にせず遊べるように，タオルや替え着を十分に用意しておく。	
	・身体検査をする。
・場のとりあいなどがおきないよう，食事につく位置を定め，同じメンバーでテーブルを囲むようにする。	・朝のあつまりでは「○○マークの△△ちゃん」と呼び方を工夫するなどして視診をしながら周りの友だちへの関心をもたせる。
・一緒に草花を見たり，草を使って遊んだりする。 ・衣服の着脱を自分でしようとする様子を認め，必要に応じて手助けしながら，ひとりでできるように励ましていく。 ・畑の土の感触を味わったり，ミミズなどの畑のなかの生き物を見つけたりしながら土に親しむ。	・追いかけっこは，保育者が鬼になり子どもたちの名前を読んで「○○ちゃんを追いかけるぞ～　○○ちゃんをつかまえよう」などと友だちに関心をもたせるようにする。つかまえた子は抱き上げてスキンシップをする。
	・身体検査の結果を一人ずつ保護者に伝え，1カ月たった家庭での生活ぶりについてきき，24時間の生活ぶりについてやりとりする。

環境構成と援助の欄に記述する内容です。

4月の時期にふさわしい，いい活動です。

3歳児 12月 週の指導計画　第3週

> 個別の子どもたちだけの記述にならないように。

最近の子どもの姿

- 電車の駅をつくったことから よしお の電車遊び（一人でなりきっていたもの）が、みんなの遊びへと広がる。段ボールの電車、suicaカード、自動改札、チャージ機等アイテムも増え、いままで電車遊びに興味をもたなかった子どもとの交流が増えた。
- ゆかり は保育者といることが多く、友だちと遊ぼうとすることが減った。またかかわりがあっても怒りっぽくケンカになりやすい。
- いさむ に泣かされる子多数。ほとんどは「ダメ」「入れてあげない」という言葉が原因。時々「入っちゃだめ」と友だちを押しのける。

ねらい

> ねらいは、3歳児クラスのこの時期の子どもたちに適切でしょうか。高度すぎるように思います。

- 友だちと一緒にルールのある遊びを楽しむ。
- 友だちとやりとりをしながらイメージを共有し、膨らませながらごっこ遊びを楽しむ。
- 経験したこと感じたこと考えたことを言葉にして表現する。
- さまざまな素材、道具の扱い方を知り、工夫して思い描いたものをつくったり描いたりする。
- 季節の移り変わりに気付き、秋から冬にかけての自然に親しむ。

> 週のねらいが多すぎないでしょうか。

個別配慮

よしお……電車でじっくり遊び、いろいろな子と交流も増えた。けんかも多いが、見ているとだいぶ よしお なりに譲れるようにはなってきていることを感じる。引き続き様子を見るようにしつつ、とくに年長とのかかわりを気を付けたい。

ゆかり……遊びたいことや友だちが見つかりにくく、私に甘えたり近くに居たがる事が増えた。受け止めつつ、友だちとも自然に交流がもてる場をつくったり、口調が強い時も注意するばかりでなく不安さも考慮しかかわっていく。

ともこ・みちこ
……2人でケンカすることが多くなった。それはよいが、2人で結束して他の子を入れなかったり、2人だけでこそこそしてしまうことがあるので見逃さずかかわりたい。

ともふみ……先週はまるまる休みだったのでとくに気を付けていく。

みつる……言葉の強さで相手を泣かせたり、入れないことが増えている。とくに誰ということではなく、その場で必ず〝誰か〟ということが多い。相手が泣くと焦って謝ったりもするが、そうでないとしつこく接してしまう。相手の気持ちも考えて発言できるよう見ていく。

> 週案の様式としては"書きやすい"のではないでしょうか。

> 「・予想される遊び＊保育者のかかわり・援助」というようにマークをつけて整理して書いた方がよいのではないでしょうか。

予想される遊びと保育者のかかわり・援助

☆薄着ですごし，戸外で活発に遊ぶ。
・狼と7匹のこやぎにわかれての鬼ごっこをする。
  それぞれにかぶりものをつけ，子どもたちがいちばん好きなやりとりのところを再現し，鬼ごっこに展開させる。
・風邪がはやっているので，うがい手洗いを励行する。うがい用のコップの清潔をとくに注意する。

☆クリスマスに向けて
・リースづくりのコーナーを室内につくる。紙皿でつくったリースの土台に毛糸や木の実をつける活動を体験できるようにする。とくに毛糸をリースに巻く作業は個人差が大きいと予測されるので，できない子は自分でできたと思えるように手を貸していく。
・クリスマスについて話をしたり，歌や絵本等でイメージをふくらませていく。

> 保育者のかかわり・援助になっています。

☆遊び
・電車ごっこ…引き続き楽しめるよう子どもたちの意見を取り入れながら遊びを広げ異年齢児との交流へもつなげていく。
・お店屋さん…具体的に「○○したい」と言ったり，自分たちで発展させたりするようにもなってきている。したいことを具体化できるよう手伝い，より盛り上がったり，展開できるようフォローしていく。
・○△□の引っ越しごっこ…ルールのある遊びは興味が高いが，保育者がいないとまだ続かない。保育者がやっていた役を子どもたちにやらせてみる。
・製作コーナー…日々盛んに人が出入り。〝ちょっとした〟ものを片付け忘れ，最終的にすごいことになっていることもある。自分の使ったもの（多いのがハサミ，切り落とした紙）へも意識を向けられるよう声をかけていく。

週の流れ

	14月	15火	16水	17木	18金	19土
	電車ごっこ ———————————→				〈クリスマス会〉	混合保育
	お店やさん ———————————→					
		クリスマスのリースづくり ——→		鬼ごっこ（狼とこやぎ）		

（子どもの名前は仮名）

第3節　4歳児クラスの指導計画

1 おおむね4～5歳児の発達理解

　この時期，子どもたちは友だちとの共感を基礎に新たな世界に出会っていきます。子ども同士での遊びが活発になります。自分たちの大好きな遊びをとおして仲間もできてきます。友だちに認められる喜びや，仲間と一緒にいる楽しさを感じるようになります。同時に友だちと自分を比較し，競争心や自負心がめばえ，自信家になったり落ちこんだり，さまざまな感情を体験します。また，友だちとのぶつかり合いで悔しい思いを経験しながらも，相手の主張を受け入れたり，一緒に遊びたいからこそ我慢する気持ちが育まれます。子ども同士の遊びやかかわりは，自律が育つ正念場です。仲間と一緒に活動する充足感や仲間からの刺激により，小集団の遊びが豊かになっていくのがこの時期のポイントです。

　一方，思っているようにはなかなか自己コントロールできない自分と向き合うことも多くなります。そのような葛藤体験から自分を振り返り，自分にできること，できそうもないことなど知っていく力がついていきます。子どもが葛藤している時，「どのようにするつもりだったのか？」その子の考えをきいてやり，「こうすればやれるかもしれない……」と手立ての見通しを大人も一緒に考えてやることで，心を落ち着かせ再度挑戦するようになります。探究心も旺盛で「なんで？」「どうしてなの？」と飽くことなく質問をします。物事の結果から，その原因や理由を追究しようとするなど考える力が発達します。人とより深くかかわりたいといった願いが，がむしゃらに質問する態度になります。そういう質問のための質問には，正解を述べるよりは「いい質問だね。○○ちゃんはどう思うの？」などと問い返し，その子の考えていることを十分に聞き，話させる機会にしていきます。

❷ 小集団の活動が生まれ，継続していく指導計画を

　共通体験をくる日もくる日も重ねながら，子どもたちは友だちの気持ちがわかるようになり，仲間意識が強まっていきます。友だちが何をしようとしているのか？　なぜ，いま怒っているのか？　なぜ，悲しそうにしているのか？　友だちと心のつながりが生まれるかかわりをポイントに，指導計画を作成します。友だちを理解できるためには，友だちの経験が自分の経験に重なる形でうけとめられる必要があります。そのためには，仲間や生活グループごとの小集団による話し合いが活発に行なわれていくことも大切です。比較的おとなしい子どもも小集団のなかで自己発揮し，友だちに認められて自信をつけていきます。一人ひとりの皆が，自分の考えや体験を表現できてこそ，集団のなかに認め合うこと，伝え合う力が育っていきます。

　一方，周りの大人たちからは一見ネガティブに思われている子ども同士のトラブルや葛藤が，心のバネを養っていきます。友だちにぶつかり合いながら互いに考えていることの違いを認め合うこと，また，互いの思いを解消していくには，できるだけ，くやしがったり，怒ったり……気持ちを吐き出すことも大切だと思います。子どもたちはけんかをとおして他児の意図に気づくのです。けんかのあとの重苦しい対立で，他人の存在をいやというほど心に刻みつけます。けんかをしても，そのあと仲良くなれるのが子どもたちです。相互理解を深めていくためには，保育者が互いの立場の解説者（通訳）になることが大切です。

　4歳児クラスの指導計画は，以上のような仲間関係の育ち，トラブルや葛藤をくぐり抜けながら育つ子どもたちの姿を捉え，作成します。

4歳児　年間指導計画　たんぽぽ保育園

年間目標

保育課程②の保育目標③発達過程おおむね4歳

① 生活に必要な意味がわかり見通しをもって自分の身の回りのことをする
② 興味をもった活動に集中する
③ 少人数の仲間やグループで、一人ひとりが自分の考えや思いを伝え、友だちの考えも聞き、話し合う
④ それぞれが自分の考えを出し合いながら、友だちと一緒に過ごす楽しさを味わう

大切にしたいこと

保育課程②の発達過程おおむね4歳児の「人間関係・言葉」

- 友だちと遊ぶ楽しさを知り、自分の成長を感じ自信がついていく。新しい課題に出会ったり困難な場面では投げ出しそうになることも多いが、保育者に支えられながら「どうしたらいいのか？」「なぜうまくいかなかったのか？」一緒に原因を考え、自分自身で解決していく力を養いたい
- 自分の思っていることと友だちとの思いとの間で葛藤も多いが思いどおりにならないつらい葛藤体験を経て（保育者に共感してもらいながら）人とかかわっていくうえですぐに調整していく力を養っていく
- ものごとの因果関係を知ろうと盛んに「何で？」と質問するようになる。疑問を抱くことを尊重しながら「どうしてかしらね」と子どもとともに問い返し思っていることを考えているようにやりとりをする
- 身近な動植物に親しみ関心や愛情をもつ

	I期（4・5月）	II期（6・7・8月）	III期（9・10・11・12月）	IV期（1・2・3月）
期のねらい	・進級を喜び、意欲的に過ごす ・健康で安全な生活に必要な習慣ややろうとする態度が理解でき、やろうとする ・身近をもった活動に集中する ・一人ひとりが自分の考えや思いを伝え、友だちの考えも聞き、話し合う ・それぞれが自分の考えを出し合いながら、友だちと一緒に過ごす楽しさを味わう	・夏の遊びを豊かに経験し全身を使って遊ぶ ・友だちとぶつかりながらも相手の意図に気づき、自分を振り返り、違いを認められる ・身近な動植物に親しみ関心や愛情をもつ	・全身運動が活発になり、自分のめあてに向かって意欲的に取り組む ・友だちとのつながりを深め、イメージを共有して遊ぶ ・自然の移り変わりに親しみをもち、疑問を追求したり生活にとりいれる	・友だちと一緒に目的に向かって色々な活動に取り組む ・生活や遊びへの見通しをもって過ごし進級することへの喜びをもつ
養護　生命の保持	・一人ひとりの子どもの平常の健康状態や発育を把握し、異常を感じる場合は察知し速やかに適切な対応をする。また子どもが自分の体の異常を訴えられるようにする。一人ひとりの子どもの生活リズム、発達過程、保育活動時間に応じて活動内容の調和を図りながら適切な休息がとれるようにする	・体調の変化、異常などを自覚し訴えられるようにする ・家庭との連携を密にし、適切な生活リズムがつくられていくようにする ・夏の健康予防（水分補給、伝染病にかからないようにする、帽子をかぶる）に気をつけることなど）に関心をもたせる	・体調の変化、異常などについて、ふり返り、改善できるところはどうすればよいかを考え、改めることができるようにする ・子どもの発達過程に応じた適度な運動や休息がとれるようになる	・自分の体に関心をもち健康状態がわかり、体調の変化に気をつけられる ・身体測定の結果に関心をもち1年間の育ちを知り喜ぶ ・適切な生活リズムが身につく
情緒の安定	・一人ひとりが保育者から受容され信頼関係のなかで安心して自分の気持ちや考えを表すことができる 保育課程②の保育目標① おおむね4歳	・失敗したりうまく思いようにならない体験をしても保育者に共感してもらい、気持ちを切り替えられるようになる ・一人ひとりの子どもの良さを保育者に認めてもらい、主体的に活動できるようになる	・目標に向かって活動し、自分なりにヤッターという充足感をもって自信をつける	・失敗や葛藤の体験を保育者に支えてもらいながらのりこえ、自信をもつ

第5章 3・4歳児クラスの指導計画

教育

健康

- 生活の仕方がわかり、できることは自分でする
- 身体の異常について自分から知らせる
- 身体を動かして遊ぶ
- 排便の後始末を自分でしてみる
- 鼻汁をかんだり、手・足を洗うなどを自分で清潔にする
- 身近な遊具や用具を使い十分に身体を動かして遊ぶ

- めんどうなことを省いたりごまかしたりすることもあるが、なぜそれが大切かがわかれば、いやでもやろうとする
- 衣服の調節をしたり、汚れたことがわかり自分で着替える
- 排便の後始末を自分でする
- 休息する大切さを知る
- 夏の遊びを楽しむ（プール、泥んこ、色水遊びなど）

- さまざまな動きを組み合わせて積極的に身体を動かして遊ぶ

- 生活の仕方が身につき、見通しをもって行動する
- 箸を使って食べる（1月頃）
- 危険なことがわかり、安全に気をつけて遊ぶ

食育

- 献立や食品に興味をもち食べる
- 自分の食べられる食事の量がわかる
- 器に手を添えて姿勢よく食べる
- 野菜の栽培をする

- 食べものと体の関係に関心をもつ
- 栽培の手伝いや水やりをし、収穫や収穫物を味わう

- 友だちと一緒におしゃべりをしながらも食事がすすむ

- 箸の扱いが上手になり身につく
- 楽しく食事をするために必要なマナーがわかる

環境

- 戸外で季節の変化に気づき身近な自然にふれて遊ぶ
- 身近な動植物に興味・関心をもつ
- 日常生活のなかで、数や量、左右、天気、形などの違いに気づき関心をもつ
- 身のまわりの物の大切さを知る（紙・水など）
- 行事の由来を知る
- 使った後、道具をきちんと元に戻す

- 身近な動植物とのかかわりを楽しむなかで変化や成長に気づく
- 各自共同の物の使い方を覚え大切にする

- 動植物の命や死、自然の変化さに感動する
- 具体的なものをとおして数や量、色、形などに興味をもち、分けたり集めたり比べたりして遊ぶ
- 生活のなかでさまざまなものに触れ、性質や仕組みに関心をもつ
- 身近なものを大切にする

- 友だちと協力して片づける

- 冬の自然現象に興味関心をもち、季節により自然や人間の生活に変化があることを知る
- 近隣の生活や伝承遊び等に興味関心をもち、保育所内外の行事などに喜んで参加する

言葉

- 親しみをもって生活に必要な挨拶をする
- 保育者にしてほしいと思ったことを伝える
- 紙芝居、絵本、素話、詩を楽しんで見たり聞いたりする
- 保育者が話をすすめる司会者の役割を果たせば、同じグループや仲間のなかで自分の思いを述べたり、友だちの考えを聞き、かんたんな話し合いができる

- 見たこと聞いたことを話したり同時に思ったことを尋ねたりする
- 保育者や友だちとの会話や言葉遊びを楽しむ

- 日頃話している言葉と文字の関係に気づき、文字への関心がめばえる
- 自分の要求や思いを言葉で伝える
- 相手の思いも聞こうとする
- 生活のなかで感動したことを伝え合う

- 話を聞いて自分で考えて行動する
- 絵本、紙芝居、素話、言葉遊びをとおしてイメージを広げ、言葉の面白さを楽しみ、言葉感覚が養われる
- 保育者がいらなくても少人数なら友だち同士で話し合える

教育	人間関係	・保育者に自分の思いを受け止めてもらい安定して過ごす ・保育者や気の合う友だちとかかわって過ごす ・生活や遊びのなかで約束のあることを知る ・友だちとのぶつかり合いのなかでいろいろな友だちがいることを知る	・気の合う友だちとさまざまな経験をとおして遊びを広げていく ・自分の思いを主張したり、けんかしたりしながら少しずつ相手の気持ちに気づく ・異年齢の友だちとの生活や遊びを経験する	・生活や遊びのなかで約束の大切さに気づきで守ろうとする ・思いがぶつかった時に相手の言葉にも耳を傾け、ゆずりあう気持ちをもつ ・身近な人や地域の人に親しみをもってかかわる	・年下の子に親しみ、年長児に憧れ、刺激され意欲的に遊ぶ ・友だちと一緒に遊び込んだ活動に取り組み最後までやりとおし自信をもつ ・ぶつかり合ってでも自分の気持ちをコントロールし、友だちとの調整を図る
		・友だちと一緒にルールのある遊びを楽しむ ・生活のなかで自分がやってみたいと思った興味ある行事に積極的に取り組む（係）		・生活グループで、自分たちの生活に必要な仕事（掃除、ふとん敷き、食事のしたく、飼育）を協力してやる（当番活動）	
	表現	・保育者や友だちと歌をうたったり、手遊び、わらべうたを楽しむ ・いろいろなごっこ遊びをする ・さまざまな素材や用具を使い自由に描いたりつくったりすることを楽しむ ・リズム遊びをとおして身体を動かす気持ちよさ、表現する楽しさを味わう	・生活のなかでできさまざまな状況やことがらに触れ、イメージを豊かにする ・感じたことや考えたことを自分なりの手だてで身近な大人や友だちに表し、伝わる喜びを伝える	・友だちとの共通イメージをもってごっこ遊びを広げていく ・音楽に合わせて表現したり楽器遊びを楽しむ ・絵本、おはなし、詩、音楽、生活経験からイメージを広げ、それを表現しようとする	・ごっこ遊びに必要な道具をつくる表現したり遊びを発展させる ・友だちと一緒にイメージを膨らませながら劇遊びを楽しむ ・自分の（自分たちの）1年間の成長を喜び、絵本づくり、紙芝居づくり、劇遊びなどで表現する
環境・援助		・一人ひとりの子どもの気持ちや行動を温かく受け止め、触れ合うなかで認め合ったり励まし合ったりする ・生活の仕方が決まる一人ひとりの状態に合わせて知らせていき自分でしようとする気持ちを育てていく ・好きな遊びが見つけられるよう子どもたちの言動に注目し、願いをつかみ、それに応える	・子どもも同士が話し合い、刺激し合えるような交流を設け、一緒に活動する楽しさを味わえるようにする ・一人ひとりの体力や運動機能を考慮しながら気になっている子ども持てるようにする ・梅雨期や夏期を快適に過ごすための環境を整え、生活の仕方を知らせる	・生活に必要なことや遊びなど、一人ひとりの思いを受け入れて安定させ、自己発揮できるようにする ・自然事象への驚きや感動を子どもとで子どもの感性の育ちを助ける ・園外へ積極的に出かけ、自然や社会現象に触れて、感動体験が多くなるようにする	・室温、換気、温度に留意し、快適な環境をつくる ・年長組になる喜びをもち、意欲的に取り組めるように、一人ひとりの成長を認め、自信をもてるようにする ・年長児から当番活動を受けつぐ機会をつくるなど、遊びのなかで、年長組になる期待をもたせていく

保護者支援	・進級し、子どもの疲労がたまらないよう休みの日の過ごし方、帰宅後の生活に配慮してもらう ・「あのね」「きょうははね」が終わり、子どもたちが何かを報告しはじめたら、目を見て、しっかり対面し、話す喜びを得させてほしい ・寝る前、一日に20分位、時間をとりで子どもに絵本や童話を読む時間を習慣づけてもらうよう懇談会などで話す ・子どもが自分の所持品を自分で持って登園してもらうようお願いする	・夏は気持ちが開放され行動も広がって危険も伴ってくる。してはいけないこと、行ってはいけない場所など、子どもとしっかり話し合って約束し合うよう伝える ・プールに入るための健康状態をしっかり把握してもらい、感染症などを極力防ぐよう協力を得る ・夏休みの過ごし方などについて、クラスだよりや園だよりで園の意向を伝える	・早寝早起きの習慣がなぜ幼児の成長発達に欠かせないことかを知らせ、朝から生き生きと活動できる子どもになるよう懇談会で話し合う ・人間が生活している「社会」は多くの人びとの仕事(働き)によって成り立っていることを理解してもらうよう、外出や買物、郵便局に行った時など、よく話してもらう ・自然の変化、動植物の成長など著しい時期。「なぜだろう?」「なぜかしらね」という疑問を大切にしてもらう	・寒くなり、清潔の習慣、薄着の習慣、朝の洗顔、外出のあとのうがい、手洗いを励行し、風邪の予防をしっかり行なってもらう ・この1年間の成長ぶりを感じたら、それを子どもにしっかり伝えてもらい、大きくなったことへの自覚、進級への期待感を得られるように励ましてもらう ・暖房器具や火災などの注意を促してもらう ・他家を訪問したり来客の際には、きちんと挨拶をするように心がけてもらう
行事	4月 保護者会 5月 子どもの日の集い(小運動会) 　　 園外保育(親子遠足) 　　 保育参観 　　 (1年間随時行なう)	6月 歯科検診　身体検査 　　 プール開き 7月 七夕まつり 8月 夏まつり	10月 運動会　芋ほり 11月 なかよし動物村 12月 クリスマス会	1月 もちつき 2月 生活発表会 3月 おわかれ会　卒園式 　　 保護者会

月の指導計画　たんぽぽ保育園

4歳児　9月

子どもの姿

- 夏の遊びを十分たのしんだことで，友だちとのかかわりが深まりつつある。いままで遊ばなかった友だちと遊ぶようになったり，積極的にかかわろうとしたり，友だち関係に変化が見られる。反面，自分たちの好きな遊びを拠点に仲間を意識するようになり，そこに入りたい子がなかに入れてもらえず言いつけにくるという姿もみられるようになる。
- 4月入園のM子，S男の二人は，登園をしぶることもある。
- 残暑による疲れから体調を崩したり，食欲の落ちている子もいる。
- 暑さもやわらぎ，外へ出て体を動かして遊ぶようになってきた。

		内　容	環境を構成するポイント
養護	生命の保持　情緒の安定	・気温の変化により，体調をくずしやすいので，一人ひとりの健康状態を把握し，活動をみて，休息を取り入れる。 ・一人ひとりの話をゆっくり聞き受け止めてもらえたという安心感をもたせていく。 ・自分から取り組んでできるようになったこと，自己発揮できたことが自信につながるように共感し認めていく。	・一人ひとりの健康状態を十分に把握しておけるよう，連絡ボードを用意し熱や症状を書き込んで，担任の間でも行き違いのないようにする。 ・休息をとりたい子がいつでも休める場（ソファーなど）を設置する。 ・夏休みの経験から遊びが広がりそうな気配をキャッチし子どもたちと相談しながらいっしょに環境づくりをする。 ミニギャラリーをつくる （海に行って拾ってきた貝，旅行での写真やスタンプ，虫の採集，休み中に描いた絵，つくったものなど）
教育	健康	・着替え，汗の始末，身の回りのことを清潔にしようとする。 ・友だちと一緒に，楽しく食事し，苦手なものも食べられるようになる成長を感じとる。 ・からだを十分に動かして遊び，充足感を得る。 ・活動量によって，休憩や午睡をとる。	・運動用具の安全点検をし，子どもたちが好きな時に出して遊べるように，倉庫のなかを整理する。また，時季的に使用しないものは，子どもの届かない所へ片づけておく。 ・年長組の担任と打ち合わせ，年長児の運動会への取り組みを見せてもらう。 ・好きな遊びにじっくり取り組めるように，日々の子どもの遊びの様子を見て，必要なものを子どもたちと一緒に準備し園庭を遊びランドのようにする。
	人間関係	・遊びランドをつくっておもしろそう，やれそうと思うこと，得意とする活動に繰り返し取り組む。苦手な活動は，友だちに助けてもらいながらやってみる。 ・ルールのある集団遊びに夢中になり，友だちとうれしさや悔しさを共有する。 ・共同の遊具をゆずり合って遊ぶ。 ・お年寄りにいたわりの気持ちをもつ。	
	環境	・夏と異なる空や雲の様子，月の変わりよう，気候の変化などに伴う生活の変化に関心をもつ。 ・虫捕りをしたり，花の種を集めたりし秋の自然に親しむ。 ・やってみたい遊びの場をつくったり，いろいろな用具を使って自分の（自分たちの）イメージを具体的にしていく。 ・自分たちの運動会にむけ年長組の子どもたちと一緒に応援に必要なもの，旗づくりなどの準備をする。	○夏の花（アサガオやヒマワリなど）の種とりをして，「たくさん花を咲かせてくれたね」「また来年，種まきをしようね」と，感謝の気持ちや来年への期待感をもつ。 ↓ 種を10個ずつ数えて小さな袋に入れる。

ね ら い	・友だちと一緒にからだを動かして遊び、自分の力を発揮するうれしさやみんなで力を出し合ってやり遂げる喜びを味わう。 ・友だちに聞いてもらえるうれしさや、友だち同士で思いを伝え合える喜びをもつ。 ・けんかや仲間はずれになるなどの葛藤を体験し、仲直りしたり友だちと一緒に活動できる喜びを味わう。 ・夏から秋への自然の変化に気づき、関心をもつ。	行 事	11日(火)　スイミング 15日(土)　敬老の日 　　　　　保護連フェスティバル 23日(日)　秋分の日　運動会 25日(火)　スイミング 26日(水)　避難訓練　誕生会

予想される子どもの活動	保育者の援助・配慮
◎身の回りをきれいにする。 　・汗のしまつをしたり、衣服を着替えたりする。 　・手洗い、うがい、歯みがきをする。 　・部屋が汚れたら自分たちで掃除をする。 ◎友だちを誘って、自分たちのしたい遊びを楽しむ。 　・テーブルシアター 　・パネルシアター 　・折り紙 　・自然の物や空き容器を使っての製作遊び ◎ミニギャラリーで自分の夏の経験を話したり友だちの話を聞く。 ◎いろいろな素材で描いたりつくったりする。 　・壁面の製作をする。 　・ミニギャラリーを保育者や友だちと一緒につくる。 　・ミニギャラリーで見にきてくれる友だちや保育者、保護者に自分の体験を説明する。 ◎遊びランドで好きな運動遊びをする。 　・かけっこ、なわとび 　・ロープわたり、のぼり棒、鉄棒など ◎ルールのある遊びをする（海賊ごっこ、ドーンジャンケン、基地ごっこ）。 ◎年長児の運動会の活動を見て自分たちがやれそうなこと（係など）を話し合う。 ◎アサガオの種を取り来年のことを想像しながら大切に保存する。 ◎自然に触れて遊ぶ。 　・散歩に行く。 　・興味をもった虫（バッタ、トンボ）を見つけ、つかまえて、生態に関心をもつ。 　・草花や種で遊ぶ。 　・空、雲を見る。 　・夜空に関心をもち、お月見の話を聞いたりし家族に伝える。 　・図鑑（宇宙、昆虫、植物など）や絵本を見る。 ◎牛乳パックで虫を入れるかごをつくる。 ◎毎日好きな絵本を見たり、続きのお話、読み語りを聞く。	・気温の変化や動きに合わせた衣服の調節ができるよう声をかける。 ・子どもたちが演じたパネルシアターなどを他の子たちに見てもらう機会をつくる。 ・折り方のわからないところは、折り紙の本を見たり友だちに教えてもらったりして一緒にやってみる。 ・一人ひとりの工夫している点などを認めてあげる言葉をかける。 ・運動会への期待が高まるように、うたを歌ったり、応援に使うものを一緒につくったりしていく。 ・「運動会に向けて」と力を入れずに日頃の子どもたちの遊びから"面白そう"と思ったことをすすめていく。 ・いろいろな運動遊びをしながら、子どもの楽しんでいる新しい遊び方などが見られたら、どんどん取り入れるようにする。 ・夏の間に成長した草花に種ができていることに気づかせ、子どもと一緒に種とりをする（アサガオ）。 ・とった虫は、どうするか話し合い、飼う時にはケースに入れて子どもといっしょに観察していく。 ・子どもたちの喜びそうなお話、いまの時期に読んであげたい童話など、絵本を選んで並べておく。 ・子どもたちの「もっと知りたい」にこたえるよう子どもたちがとってきた虫、花の種、夜空の月や星などの絵本や図鑑を読み、いつでも見られるように本棚に入れておく。

教育	言葉	・夏に経験したことや印象に残っていること，遊びのイメージなどを友だちや保育者に聞いてもらう。 ・運動会で自分たちが何をやりたいか話し合う。 ・「お月夜」「ばった」などの詩をおぼえ皆で唱和する。 ・気に入った絵本や童話を繰り返し読んだり，聞いたりし想像する楽しさを味わう。
	表現	・夏に経験したことを伝え合うため，写真，拾った貝がら，スタンプ，描いた絵などを持ちよりミニギャラリーをする。 ・友だちと一緒にリズムに合わせて，踊ったりして楽しむ。 ・運動会の歌や応援歌を友だちと一緒に歌う。 ・さまざまな素材や用具を使い，経験したことや想像していることを表現する。 ・自分たちの生活，遊びに必要な物をつくり，つくった物で遊ぶ。

・散歩のコースを下見して，自然の変化の様子や安全を確認しておく。
・網，飼育ケースなどを用意して，つかまえた虫など入れられるようにしておく。
・昨年の運動会のビデオを見て，自分たちの成長ぶりを感じとる。そして，来月の運動会に自分たちがやれることを出し合う（いま一番楽しい活動は？）。
・図書館に行って読んでもらいたい絵本を借りてくる。
・家庭へ，空き箱や容器などの協力をお願いし，いつでも子どもたちが遊びに出せるように，わけて準備しておく。
・5月頃から踊ったりしていたフォークダンスや体操，リズム遊びのCDを子どもたちがいつでもかけて活動できるようテープレコーダーを置いておく。
・遊びに必要なものをつくったり，こわれた時すぐ修理できる教材やコーナーを設置しておく。

家庭、地域との連携	・季節の移り変わりを親子で楽しんでもらえるよう子どもたちが話している会話や描いた絵，お月夜の詩，季節の絵本などを掲示板に貼ったりそばにおいて親子でたのしんでもらうようにする。 ・保育室のなかにつくったミニギャラリーを見てもらい子どもたちの話を聞いてもらう。 ・一人ひとりの健康状態を把握し，伝え合う。 ・空き箱を集めてもらえるよう呼びかける。 ・運動会に向けての子どもたちの様子を，連絡帳や口頭で伝えるようにする。 ・散歩に行き，出会った地域の人とも気軽に挨拶を交わし合う。
評価の視点	・一人ひとりが自分のめあてに向かって，運動遊びに挑戦していたか？　また自己発揮の喜びを味わっていたか？ ・集団遊びをとおしてそれぞれの子どもが，自分のつもりや思いを伝え合って活動できていたか？　そこで生じるさまざまなトラブルに対する保育者の援助は適切だったか？　けんかしても仲良くなれる関係が育っているか？ ・夏から秋への気候の変化を子どもたちはどう捉えたか？　家庭でも話題にし，経験できたか？もっと知りたい思いを共有し合えたか？

	・運動会の応援，グッズづくり ・敬老の日のプレゼントづくり ・基地ごっこや海賊ごっこなどに使う道具，かぶりもの，衣装などをつくる。	・考え方の食い違いや勘違いによる誤解などからトラブルが起きたら，その様子をよく見て，「○○ちゃんが△△君にもう一度話を聞いてもらいたいっていってるんだけど……」とお互いの気持ちを伝え合えるよう援助し子どもたちが相談し合って決めていけるようにする。また相手の気持ちを知って，ゆずったり話し合えた時は結びあえたことを一緒に喜び合う。仲間に入れてもらえないという訴えに対しては，「なぜ入れてくれないかきいてみて？」などと話し，双方の思いがあることに気づかせ，その場で結論を出させるのでなく，時間をかけてどうしたら一緒に遊べるようになるか考える。 ・体操やフォークダンスが得意な子，大好きな子を中心に思いだしながら活動を子どもたちで進めていけるようにする。
個別の配慮	R・T男……時々機関銃のように話して，内容がわからないこともあるが，聞き取れる範囲で復唱したりして，T男の思いを受け止めているんだよ，というこちらの思いも伝わるようにしていく。園での様子を細かく連絡をとり合い，運動会への参加のもち方を考える。 R・S男……家庭での睡眠時間が不十分なため，情緒の安定しない日もある。午睡を多めにとるなど配慮が必要である。また母親の仕事が忙しいため，母親とのかかわりが少ないためか，K保育士にはささいなことでも泣いて，抱っこをせがむ。甘えたいという欲求を満たしながら，S男の気持ちの支えになるようにしていく。	

4歳児 9月 週の指導計画 第3週 たんぽぽ保育園

週のねらい
・活動量に見合った休息を十分にとる。 ・体を動かす心地よさを味わいながら，ルールのある遊びやリズム遊びなど友だちと一緒に遊ぶ楽しさを味わう。 ・けんかをしてもまた仲直りし一緒に遊ぶ。

	先週の子どもの姿	内容
養護　健康　人間関係　言葉　環境　表現	・残暑の厳しいなか，戸外で長時間過ごすため水分の補給をし，テラスや木蔭で「あーつかれた」と横になる姿が見られる。 ・食欲が回復しよくおかわりをするようになってきた。(食事の残量がほとんどなくなってきた) ・はないちもんめ，基地ごっこ，追いかけドッチ，ドンジャンケンなどの遊びに夢中になりながら，いままであまり遊んでいなかった友だちとも親しくなり，友だちの輪が広がっている。 ・友だち関係が広がる過程で「仲間はずれ」や仲間同士のけんかが相変わらず見られる。 ・「いつ運動会？」「キリンぐみは海賊ごっこをやるんだよね」などと運動会への期待が大きくなっている。	・汗をかいたら自分で衣服を取り替え水分補給をする。 ・なぜ早寝早起きが大切かを知る。 ・活動と休息のバランスを上手にとる。 ・「おなかがすいた」「はやくごはんにして」という要求が強まり食欲が旺盛になる。 ・友だちと楽しく食事する。 ・やりたい遊びの場をつくったり用具を組み合わせたりして自分の（自分たちの）イメージを具体的にしていく。 ・遊びランドで自分の（自分たちの）やりたい運動遊びにくりかえし挑戦し目標をやり遂げようと頑張る。 ・いろいろな運動遊びをつうじて日頃あまり遊んでいなかった友だちとも親しみ，集団で遊ぶ楽しさを知る。 ・自分の考えや要求をはっきり友だちに伝え，また友だちの考えも聞き，お互いのズレを確認し「どうしたらいいか？」と話し合う。 ・手づくりの万国旗や自分の顔を描いた旗をつくり，運動会に向けての期待をもつ。 ・運動会の歌やリズム遊びをおぼえ，一緒に歌ったり踊ったりする。

個別配慮
Y男……「ボクのこと仲間に入れてくれない」と保育者に言いつけにくることが多くなっている。「なんで入れてくれないのか聞いてみたの？」と相手の立場や主張もあることに気づかせ，自分で交渉していく力を支える。 S・T男……まだ，友だちができず一人で遊んでいることが多い。保育者はT男の好きな遊びを思い切り楽しく遊び，そこに友だちが引きこまれてくるような機会をつくるようにしたい。

9月第4週のねらい
・水分補給や活動にみあった休息を自分たちでしていく。 ・運動会に向けて自分の（自分たちの）目標を目指し挑戦する。 ・けんかや仲間はずれなど友だち同士のトラブルに対して自分たちでまず「どうしたらいいのか」考えようとする。ほんとうに困った時，保育者に相談する。 ・秋に向かう自然の変化に気づき，伝え合う。

家庭との連携	・朝と日中の気温差が大きいので，衣服の調節がこまめにできるよう，着替えを多目に入れてもらう。 ・疲れがたまらないよう，なるべく早寝早起きに心がけてもらう。

環 境 構 成	◎予想される子どもの姿・活動 ・保育者の援助
・麦茶をいつでも飲めるよう園庭の涼しいところに麦茶のポットを用意する。 ・園庭にいつでも休めるようなベンチやござを用意し，憩いの場をつくり，そこで紙芝居やおはなしを聞いたりギターに合わせてうたったり，テープレコーダーの音楽を聴き楽しむ。 ・子どもたちのしたい遊びを聞きながら用具を組み合わせ一緒に「遊びランド」をつくる。 鉄棒／巧技台／入り口／かけっこ／タイヤの山とび／年長児と一緒に／ロープわたり／棒のぼり ・友だち同士で励まし合ったり，できないところを支え合っている姿を帰りの会などで他の皆にも伝え成長の喜びを広げていく。 ・室内にいる子どもたちが描いた旗をいつでも飾りつけられるようロープをはっておく。 ・万国旗ののっている絵本，図鑑を用意し，世界への関心が広がるよう地球儀を置いておく。	◎汗をかいたら自分で衣服をきがえる。 ・日差しの強い日はシャワーを浴びたり，蒸したタオルで体をふき快感を味わえるようにする。 ◎休息をとり，ござやベンチに集まってきた子どもたちと一緒にギターにあわせていろいろな歌を楽しむ。 ◎紙芝居やおはなしを聞く。 ・遊びランドでの活動が毎日継続するように他クラスの保育者と綿密に連絡を取り保育者の位置などを確認し合う。 ◎遊びランドに入る時は準備体操をする。 ・ランドではしてみたいことが自分たちではじめられるように入場後は子どもたちの活動，運動能力，苦手な活動などをじっくり見て，やり遂げた時に共感のことばをかける。 ・トラブルが生じた時はすこしはなれた所でお互いがぶつかり合うことを十分に見届け，わかりあえず混乱状態に陥ってしまった時，保育者が両方の立場から考えを訊きだし気持ちを落ち着かせる。 ◎先週に引き続き友だちと一緒にルールのある活動を楽しむ。基地ごっこ，追いかけドッチ，ドンジャンケン（障害物をわたりながら） ◎新しい活動「年長児と一緒に運動会へのとりくみ」をする。 ・年長児のリードでフォークダンスや玉入れなどその動きやルールを教えてもらう。 ◎手づくりの万国旗をつくり，保育室内に飾る。 ・表だけでなく裏面にも絵を描くように促す。 ・万国旗と一緒に丸い紙には自分の顔を描き，旗のとなりに飾る。

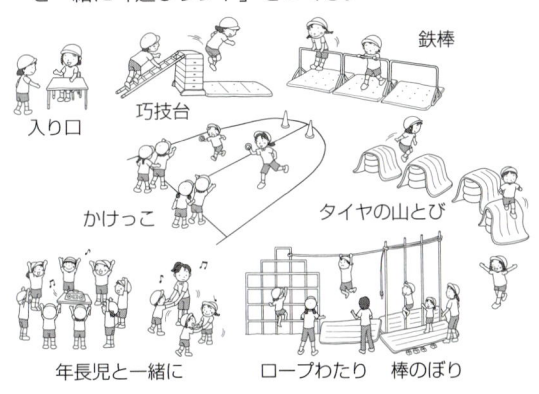

評価・反省	・遊びランドが楽しかったようで，友だち同士誘い合い，励まし合って取り組んでいた。自分たちがつくったという意識が強かったからか，かたづけもいつになくよくやっていた。 ・友だちがいない子，仲間に入れてもらえない子に注目し，援助ができたため，ねらいに掲げた「けんかをしてもまた仲直りし，一緒に遊ぶ」姿が見られるようになってきた。子ども自身がなぜけんかになったか？なぜ入れてもらえないか？ を（保育者に支えてもらいながら）振り返る力が重要だと思った。 ・年長児と一緒に活動し運動会に向けての期待は大きく広がっているが，環境の領域への関心や活動があまりみられなかった。保育者自身が運動会に向けての活動に精一杯になっていたからだと思う。朝夕の気温の変化や，戸外に出た時の空・雲の様子など，季節，自然界の変化などに気づかせる対応も丁寧にしていく必要がある。 ・運動量が多くなり，活動への充足感をもてるようになったためか，食欲が出てほとんどの子が残さずに食べるようになった。

4歳児 9月 展開例

1 仲間はずれ

1 基地ごっこに入れてもらえなかったゆたかのこと

　　　しゅう，ひびきら4，5歳児の5人がジャングルジムに登り，基地ごっこをしていました。ゆたか（5歳）も一緒に遊びたいのですが，彼は肥満体でほかの子どもたちのようにスピーディーにジャングルジムをのぼり降りできません。自分の体を動かすより，口で人を動かすことが多いので，友だちからはいつもいやがられていました。ジャングルジムの下で，基地ごっこをしている誰かがころんだりすると嘲笑したりするので，彼はますます孤立してしまいました。ゆたかにとって，仲間に入れてもらえないつらい生活が一週間余り続きました。

　園生活は子どもたちにとって楽しいことばかりではありません。思いどおりにことがすすまず失敗したり，挫折感を味わったり，ゆたかのように仲間はずれになりひとりぼっちで過ごすなどつらい体験もたくさん味わわなければなりません。そんな時，保育者の一言で「みんな仲良く遊ばなければだめでしょう」と大人の価値判断を押しつけ，外見上は一緒に遊ぶ機会を得たとしても保育者がいない所ではまた，仲間に入れてもらえない状況が生まれるのは目にみえています。子どもたちが，自力で矛盾やトラブルにたちむかい，一つずつその困難をのりこえていく力こそ身につけてほしいのです。ゆたかが，「自分も戦士になって基地ごっこをしたい」という強い要求を抱いたことは，とてもうれしいことでした。とくに男の子の仲間関係は体と体をぶつけ合う活動をとおして連帯感が生まれていくものです。夢中で活動しながら肥満傾向を克服するほんとうにいいチャンスではないかと感じたのです。彼がひとりぼっちになってイライラしている間，私は彼の要求を実現していくてだてをいろいろ考えてみました。

2 仲間意識がめばえるから仲間はずれも起きる

　仲間はずれになっている子がいると保育者はつい，その子の立場ばかり考えがちなのですが，もう一方の立場にも立ってみることも，重要なことだと思います。なぜ仲間に入れないのか？という理由がさまざま見えてくるからです。仲間は，気が合う者同士の集まり，すなわち自分たちが必要に応じて選びあった友だち関係です。このかかわりこそ「・自・分・の・生・活・か・ら・自・分・た・ち・の・生・活」に移行していく，いいかえれば共有意識にめばえていく集団活動の核みたいなものなのだと思います。子どもたちがこれまでの実生活のなかで「ひとりで遊ぶより気の合う仲間と一緒に活動した方が楽しい！」という実感のなかからつかみとった子どもの社会に欠かせない仲間意識のもとに結束

したグループです。

　そう考えてみると、幼児期「仲間はずれ」は起きて当然という気がします。「だってゆたかくんは仲間に入るとすぐ威張るんだもん」「ゆたかくんみたいに遅いと（走ること）負けちゃうもん」など彼が入れてもらえない理由もわかりました。

3　自分を見つめ直し変革していく力を

　その日も入れてもらえなかったと気を落としていたゆたかが部屋に入ってきた時、私は彼にたずねました。「どうして入れてくれないかきいてみたの？」彼はよくわかっていました。「入れてくれないから遊べないんじゃなくて、ゆたかくんが考えている基地ごっこをやってみたら……」まずは、仲間に加わることより、自分で仲間を集めて基地ごっこができることを促してみました。彼はおはなしや絵本が好きで想像力が豊かだったので、宇宙船や基地についても、彼なりのイメージがいろいろあったようです。しゅうたちが遊ぶ姿が、自分のイメージにあわないと「そうじゃないよ」と文句をいったりケチをつけるので、彼らは自分たちのイメージで遊びたいという思いをもっていたのだとわかりました。とくに口の達者なゆたかを仲間に入れてしまうとたちまち、ゆたかの思っているとおりになってしまうことを警戒したのでしょう。

　そこで私は、まず彼がどんな基地をつくりたいのか？考えていることを話させ、そのためにはどんな物を用意すればよいのか？など一緒に考えました。いろいろ想うことがあっても実行にうつすことが弱かったゆたかにとって、自分の考えている基地をつくってみることはとても喜びになったようです。けれどもタイヤを運ぶのはぎこちなく、一つ運んでは溜息をつき、「誰か手伝ってくれないかな」とぼやきます。想っていることを実現していくことは容易でないことを味わっていたようです。しかし、園庭の隅になんとかタイヤを運びこみ、積み上げてそこにシートをかぶせようとしていると、同じクラスの男の子が「何つくってんの？」「何して遊ぶの？」と寄ってきました。「空とぶ円盤の基地をつくってんだよ」という彼のイメージが友だちを引きこみ、三人でいままでにない基地をつくり出しました。

　タイヤを積み上げそこに青いシートをかぶせた基地から、ゆたかと他の二人が「発進」といいながらとび出していき、園庭をかけまわり、すべり台を坂からのぼっていったりする姿を、よく見るようになりました。時々部屋に入ってきて、トランシーバーをつくり、基地に入りこんでいる味方と応信したり、頭や腕に銀紙をはった輪をはめて活動するので動作は緩慢でも宇宙飛行士らしさは感じられます。

　この基地を拠点に2週間以上も遊び続けるうちに、仲間も増え、しゅうたちのジャングルジムの基地と交戦したりする姿も見られました。見ていて何よりもうれしかったことは、彼が走ることが以前よりは速くなり、身のこなしもよくなってきたことで

した。自分の体を存分に動かして友だちと一緒に遊ぶ楽しさを獲得できたのです。

　一方で母親と話し合い，なるべく減量できる献立を考えてもらうことも働きかけてみました。「肥満体のため，体を動かして遊べない，それで友だちと一緒に遊ぶことも少ない」という状態が続いてきた彼が，基地ごっこだけでなく好きな野球やドッチボールも，体を動かして遊ぶようになりました。

　仲間はずれになったことをきっかけに，ゆたか自身が，自分をみつめられたこと，保育者も，彼に対する具体的な指導案を考えざるを得なかったことが，功を奏したのだと思っています。

評　価

　ものの奪い合い，けんか，仲間はずれなどさまざまな葛藤やトラブルは，子どもたちにとっては確かにつらい体験にはちがいありません。けれどもこうしたさまざまな体験が自己変革の力になり，子どもの集団生活に一歩一歩踏みこんでより確かなかかわりを生む力になることを見てきたように思います。

　こうしたつらい体験をくぐりぬけてきた子どもは，自分と同じ経験をしている子どもの気持ちがよくわかるようになります。そして，再び嫌なこと，つらい体験にめぐりあった時，逃げだしてしまうのでなく，「あの時はのりこえられた」という自分の力を確信し困難にぶつかりよりよいものを切り拓いていく力を養っていくのだと思います。

　またけんかすることによって他児と対等な関係を築くようになること，自分の気持ちを抑えること（自律），さまざまな矛盾や問題を自分たちで解決していこうとする力が育つことなど，その重要さを考えないわけにはいきません。

　遊びは楽しいことばかりではありません。思うようにならないことがたくさん生じます。けれども友だちと遊びたいからこそ奮起する。その心のバネが育つことが何より大切なことなのだと思いました。なぜ一緒に遊べないかその理由を子どもと一緒に考え，つらい思いに共感しながらも具体的な方向性を見つけていく，このことが4〜5歳児の，自分を振り返る体験になるのだと学びました。

　9月の指導計画の保育者の援助・配慮欄に「仲間に入れてもらえないという訴えに対しては，「なぜ入れてくれないかきいてみて？」などと話し，双方の思いがあることに気づかせ，その場で結論を出させるのでなく，時間をかけてどうしたら一緒に遊べるようになるか考える」という援助の手掛かりをしっかり考えていたことが今回はとてもよかったと喜んでいます。

2 "いっしょっていいね"
——障がいをもった4歳児Sさんの実践記録

1 個別計画

　　障がい児の個別計画は，保育園オリジナルの"かめのこ連絡手帳——成長，発達の記録"を使い（図1，137頁），毎月子どもの様子，翌月への課題と取組みを記入し，父母にもそのノートにお家での様子を記入してもらっています。月に1回，障がい児をもつ親たちの集まり"かめのこ親の会"を実施し，子どもたちの成長の共有など，グループカウンセリングの場を設けています。

2 実践展開

〈Sさんのプロフィール〉

　　生まれつきの両下肢・体幹機能障害の肢体不自由児というハンデをもち，相談機関，医療機関，訓練機関ともに0歳児から継続して通院しています。

　　2歳後半頃からPT，OT，ST訓練を行なっています。移動型の座位保持椅子で姿勢を保ちながら，椅子と設置型のテーブルで，食事や本をみることができます。しかし同じ姿勢が続くことで上半身の筋緊張，疲労が多くなり，それが身体の変形，拘縮につながります。そのため常に身体をほぐしたり，ストレッチをするなど本児特有のかかわりがあります。

〈Sさんの保育経過〉

　　入園してすぐに通っている病院の理学療法士，保護者，当保育者の三者間で生活面での注意や成長にとってよくない姿勢，介助方法を確認しました。ただし，多くの経験を望んで入園を選んだ保護者の思いがあるため，できるだけ健常児と同じ経験をする方法を父母と考えることになりました。室内遊びがより充実できるような姿勢保持椅子を新たに保護者は発注をして，園内で心地よく過ごせる時間をもてるよう工夫をしました。

　　また，言語については，「か細い発声」で伝えるため，その理解に注視した結果，入園すぐに「〜〜〜の〜」という言葉がでると，Sさんが伝えたいことを保育者が理解していることを喜んでいるというサインであるということがわかりました。しかし，保育者側からの質問に対しては答えるということがないため一方通行の意思確認が続きました。

　　また，音声，意思がたくさんでてくることを喜びますが，保育者がSさんの発声に本当に伝えたいことを，想像によってくりかえすことによって言葉では足りない音声

が増えてくることがはっきりしてきました。たとえば「ブロック」が言いたいならば「〜ク」としか発声しなかったものを「ロック」と名詞に一歩近づくことも保育経過でわかってきました。これらが意思を伝える意欲につながっていることは，とくにハッキリと感じられました。

また，姿勢保持椅子のテーブルの上でブロックをしたり，お絵かきをすることもできるようになってきました。とくに「色」に関しては特段の興味と関心を示し「ぐるぐるきいろ」（扇風機が回っている場面を捉えて），「あお〜くつ」（青い靴）とイメージを伝えてきています。

評　価

入園当初，やはり誰もがもつ不安な情緒をまるごと受け入れる全面的な受容によって，深い安心感を得て意欲をもつという方向性を目指しました。この部分では間違えはないと感じますが，同時に身体の状態，姿勢の状態を常に意識しなければならないことはマンツーマンのようなかかわりに近くなり，そのうえでも意欲的な活動をすすめたい意図はあっても，ある程度までの介助があってはじめてできることが理解できました。筋肉のバランス，身体のバランスを意識することによって，変形，拘縮につながらない方法を医療機関，訓練機関と共通して同じ情報で常に配慮していったことは，結果的に指導計画の推進に力を与えています。

また，姿勢保持椅子のテーブルの上であっても興味があって「できる」遊びを行なうことで内的世界だけの満足から，外へ向かう力を育てることができたこと，また「つまむ，つかむ」ということを遊びのなかで意識するブロックやスモールステップであっても，姿勢保持椅子から離れて園庭を装具着用で遊ぶ時も，保育者が手を触らず自力で立ち上がり，「立つ，座る」を繰り返し，何度かやってみた後，遊びを意欲的にはじめることができることを確認しました。

これらの気持ちの「揺さぶり」は，保育者だけでなく，まさしく「統合保育」の第一義的な意味にも通じる子どもからの「Ｓさんと一緒に遊びたい」という働きかけで「意欲」に働きかけることができました。

また，情緒の安定を保ちながら集団生活を違和感なく過ごすためには，たとえば園庭から部屋に戻る際にも，少し早めに園庭を離れて部屋に戻ることで余裕をもって生活ができることを意識しました。また，足が地面に着地しない，そのことで姿勢が崩れるならば足置き台をつくってみたり，音声を発する時に，こういう時，こういう意味で「〜の」と話したなど行動分析をして，よりストレスの感じない方法をつくっていくことの大切さを感じました。

子どもの生育歴を確認し，いままでの保育プロセスを理解した保育者が月ごとに個別指導計画を立てます。それに対して，月に一度のピアトゥーピアカウンセリング形

	基本的生活習慣 食事，排泄等	言葉	人間関係	環境	表現	特記
保育園での様子						
課題と取組み						
お家での様子						

　　　　月　　　　　　　　　記入者

図1　かめのこ連絡手帳──成長，発達の記録

式の「かめのこ親の会（障がい児の親の会）」の冒頭で保護者が「家庭での様子」に記入をします。

　しかしほとんどの保護者にとってこのような文体に不慣れなため，要領をおさえたうえで書きやすくなると思われます。

　通常はこの結果に基づき「評価」し，翌月の「課題と取組み」を立てますが，同時並行で行なわれるのが「アセスメントシート」になります。こちらは毎月ではなく，3月経過した後により細かい視点に分けてチェックを行なっていきます。

　以上のような形で当園の「配慮の必要な子ども」の個別計画がつくられます。

第4節 いろいろな様式による指導計画・その点検と指導

1　4歳児クラス　月週案（12月）(139頁)について

①様式としては月のねらい→週のねらい→内容→環境と援助・配慮という順で記述しやすいものだと思います。個人別配慮の欄や反省・評価の欄もあり，必要な項目もすべておさまっています。月のねらいを各週で展開していく連続性のある指導計画です。

②月のねらい，もしくは週のねらいに，生活習慣の自立を捉える視点がまったく記述されていません。12月でもあり風邪の予防（うがいや手洗い）・衣服の調節など指導してほしい大切なことがおさえられていないのが残念です。

③内容の欄に活動名も記述されているので，その欄は「内容及び予想される活動」とした方がよいのではないでしょうか。内容の書き方が単に～をして遊ぶという表現になっていますがそれらの活動をとおして4～5歳児にどういう経験をさせたいのか明確に書いてほしいです。

2　4歳児クラス　週の指導計画（6月第1週）(140頁)について

①先週末の子どもの姿がこの週の指導計画には記述されていないため，ねらいが適切であるかどうかは明確にできませんが，4・5歳児の発達に適したものであると思います。ただ二つめの発達をおさえたねらいが，その下の内容に一つも具体化されていません。

②内容と予想される活動の書き方がごちゃまぜで整理されていません。
内容は「○」，予想される活動はその下に「・」で表記するなどきちんと整理して書いて下さい。内容の記述が楽しむことばかりです。子どもたちに経験させたい事柄や心情は，楽しいことばかりでなく，くやしがる・葛藤する・集中する・自信をもつなどさまざまであると思います。「楽しむ」とつけることで内容を表現してしまう安易さが感じられ残念です。

③評価の仕方については，ねらいに対しての評価と子どもの育ち／保育者のかかわりは適切だったかどうかの評価があるともっとよくなります。

4歳児 12月 月週案

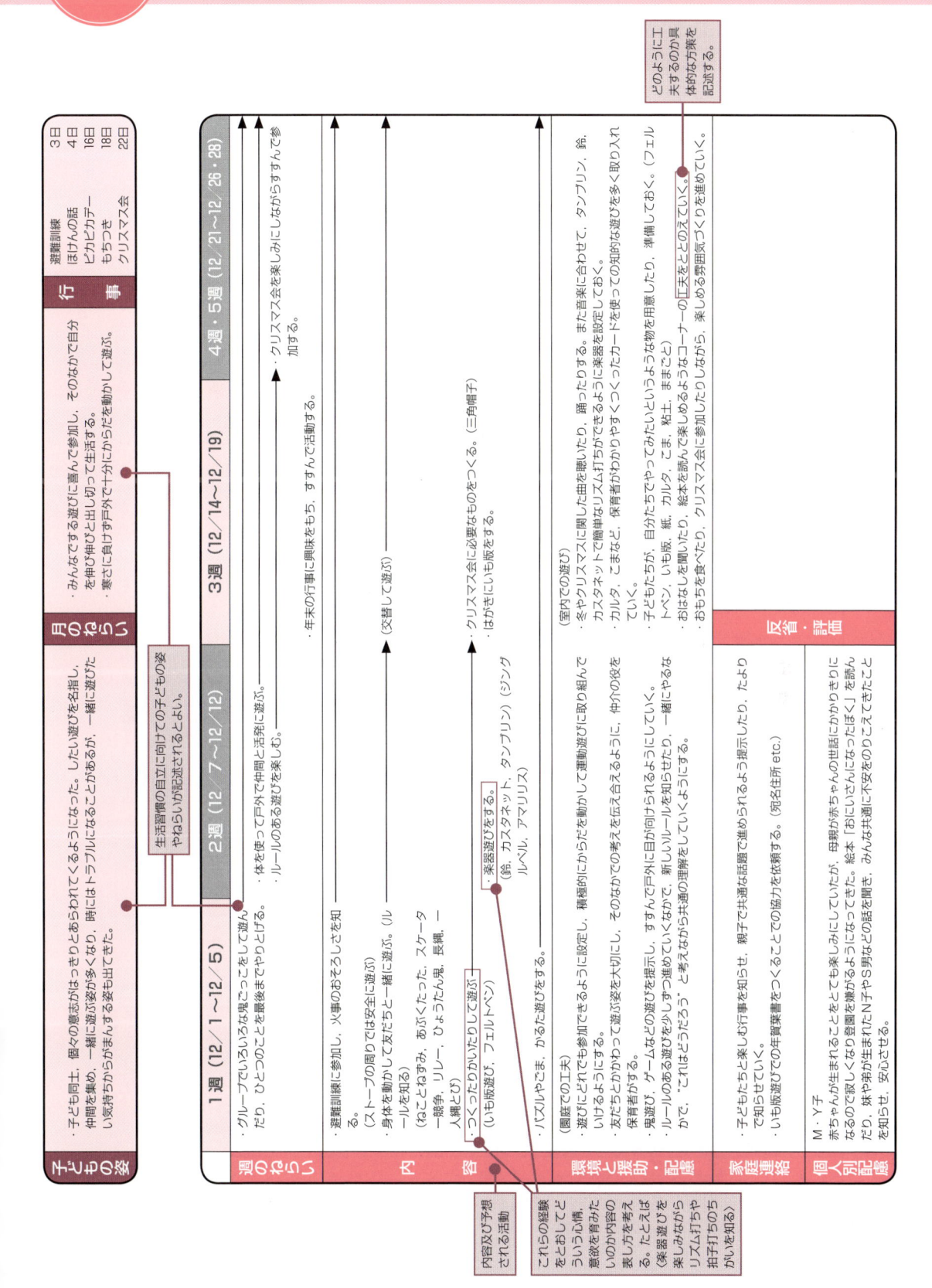

行事
- 3日 避難訓練
- 4日 ほけんの話
- 16日 ピカピカデー
- 18日 もちつき
- 22日 クリスマス会

子どもの姿
- 子ども同士、個々の意志がはっきりとあらわれてくるようになった。したい遊びを指さし、仲間を集め、一緒に遊ぶ姿が多くなり、時にはトラブルになることがあるが、一緒に遊びたい気持ちからまんぞくする姿も見出せてきた。

月のねらい
- みんなでする遊びに喜んで参加し、そのなかで自分を伸び伸びと出し切って生活する。
- 寒さに負けず戸外で十分にからだを動かして遊ぶ。

※生活習慣の自立に向けての子どもの姿 やねらいが記述されるとよい。

	1週 (12/1〜12/5)	2週 (12/7〜12/12)	3週 (12/14〜12/19)	4週・5週 (12/21〜12/26・28)
週のねらい	・グループでいろいろな場ごっこをして遊んだり、ひとつのことを最後までやりとげる。	・体を使って戸外で仲間と活発に遊ぶ。 ・ルールのある遊びを楽しむ。	・年末の行事に興味をもち、すすんで活動する。	・クリスマス会を楽しみにしながらすすんで参加する。
内容	・避難訓練に参加し、火事のおそろしさを知る。 （ストーブの周りでは安全に遊ぶ） ・身体を動かして友だちと一緒に遊ぶ。（ルールを知る） （ねこずみ、あぶくたった、スケータ一競争、リレー、ひょうたん鬼、長縄、一人縄とび） ・パズルやこま、かるた遊びをする。 ・つくったりかいたりして遊ぶ（いも版遊び、フェルトペン）	・楽器遊びをする。 （鈴、カスタネット、タンブリン、シンバル、アマリリス）	（交替して遊ぶ） ・クリスマス会に必要なものをつくる。（三角帽子） ・はがきにいも版をする。	（室内での遊び） ・冬やクリスマスに関した曲を聴いたり、踊ったりする。また音楽に合わせて、タンブリン、鈴、カスタネットで簡単なリズム打ちができるように楽器を設定しておく。 ・カルタ、こまなど、保育がわかりやすくつくったカードを使っての知的な遊びを多く取り入れていく。 ・子どもたちが、自分たちでやってみたいというような物を用意した。（フェルト、紙、いも版、カルタ、こま、杜士、ままごと） ・おはなしを聞いたり、絵本を読んで楽しめるようなコーナーの工夫をととのえていく。 ・もちを食べたり、クリスマス会に参加したりしながら、楽しめる雰囲気づくりを進めていく。
環境と援助の配慮	（園庭での遊び） ・遊びにどれでも参加できるように設定し、積極的にからだを動かして運動遊びに取り組んでいけるようにする。 ・友だちとかかわって遊ぶ姿を大切にし、そのなかでかかわっての考えを伝え合えるように、仲介の役をする保育者がいる。 ・鬼遊び、ゲームなどの遊びを提示し、すすんで戸外に目が向かうようにしていく。 ・ルールのある遊びを少しずつ進めていくなかで、新しいルールを知らせたり、一緒にやるなかで "これはどうだろう" と考えながら共通の理解をしていくようにする。			
家庭連絡	・子どもたちと楽しみな行事を知らせ、親子で共通の話題で進められるよう提示したり、たよりで知らせていく。 ・いも版遊びでの年賀葉書をつくってくることの協力を依頼する。（宛名所在 etc.）			
個人別配慮	M・Yチ 赤ちゃんが生まれることをとても楽しみにしていたが、母親が赤ちゃんの世話にかかりきりになるので家で淋しくなり登園を嫌がるようになってきた。絵本『おにいちゃんになったぼく』を読んだり、妹や弟が生まれたNチやM男などの話を聞き、みんな共通に不安なのでこたえてきたことを知らせ、安心させる。			

反省・評価

※どのように工夫するのか具体的な方策を記述する。

4歳児 6月 週の指導計画　第1週

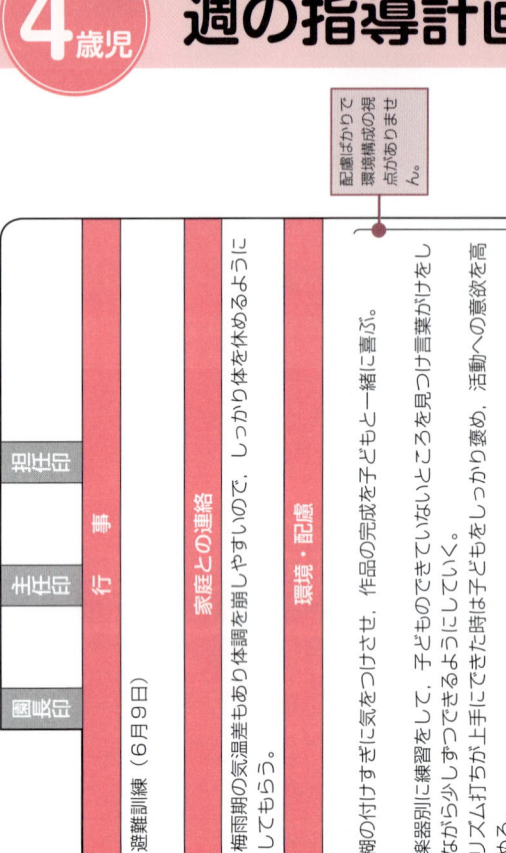

園長印	主任印	担任印

行事
・避難訓練（6月9日）

家庭との連絡
・梅雨期の気温差もあり体調を崩しやすいので、しっかり体を休めるようにしてもらう。

環境・配慮
・糊の付けすぎに気をつけさせ、作品の完成を子どもと一緒に喜ぶ。
・楽器別に練習をして、子どものできていないところを見つけ言葉がけをしながら少しずつできるようにしていく。
・リズム打ちが上手にできた時は子どもをしっかり褒め、活動への意欲を高める。
・「かわいい傘にしようね、かっこいい傘にしようね」などと言葉がけをし、子どもが傘を描きたいという気持ちを高める。
・子どもの遊びを見守り、遊具や用具などに危ない使い方をしていたら、言葉がけをしてやめさせる。
・子どもと一緒に遊びを楽しみ、また遊びをさまざまな方向に展開していく。
〈絵本、紙芝居〉『ぞうのごうべい』『まっくろネリノ』『どろだんご』『三枚のおふだ』「ブレーメンの音楽隊」

週のねらい
・さまざまな素材を使って描いたりつくったりすることを楽しむ。
・自分の思いを友だちに伝えることができ友だちの思いもしっかりと聞ける。

健康・安全・情緒の安定
・施設内の環境保健に十分留意し、快適に生活できるようにする。

内容・予想される活動

○時計製作
・折り紙でつくったアジサイの花やちぎったつぼみを色画用紙に貼る。

○楽器遊びを楽しむ。
・カスタネット、タンブリン、ウッドブロック、トライアングル、鈴などを音楽に合わせてたたいたり鳴らしたりする。[メリーさんの羊]「気のいいあひる」

○傘の製作
・折り紙でつくった傘に好きなように模様を描く。
・子どもなりに色の組み合わせなどを考えながら描く。

○さまざまな遊びを楽しむ。
・ごっこ遊びを楽しむ。
・固定遊具、縄、ボール、砂場遊びなど自分で好きな遊びを見つけて遊ぶ。
・コーナー遊びや手遊びを楽しむ。

○お散歩に行く。
・さまざまな発見を楽しむ。

週の計画と反省
・「ケンカが起こった時、「○○のねらい」のねらいに対する評価もしてほしいです。具体的な記述ですが、子どもの姿だけでなく保育者のかかわりに対する評価もしてほしいです。

※欄外注記：

- 4～5歳の発達をおさえたねらいになっていますが、それが内容につながって具体化されていません。
- はみ出してます。
- 経験させたい内容は楽しむことばかりではありません。
- 配慮ばかりで環境構成の視点がありません。
- 「さまざまな素材を使って……」のねらいに対する評価もです。具体的な記述ですが、子どもの姿だけでなく保育者のかかわりに対する評価もしてほしいです。

第6章

接続期（5歳児クラス）の指導計画
――作成・展開・評価・改善――

第1節　おおむね5～6歳児の発達理解

　遊びや生活のなかで積み重ねられてきた子どもたちのさまざまな育ちが，小学校以降の生活や学びの基盤になります。その発達の連続性を確保し，最年長としての園生活の過ごし方，さらに小学校とどのように連携していくかをポイントに指導計画を作成しました（具体的な手順については第3章第2節を参照）。

1　自律心（客観的な自我）の育ち

　気の合う友だち同士で「基地ごっこしよう」「おかあさんごっこね」などと好きな活動を拠点に，共通のめあてでつながり合い，仲間と一緒に活動する充足感を味わうようになります。その仲間活動をとおして友だちから色々な刺激をうけ，イメージ交流を豊かにし，協同活動の楽しさや難しさを知っていきます。仲間関係を築けた子どもたちは，友だちが心の拠所になり生活が安定します。言葉による表現力も発達し自分の思いや考えていることが人に伝わる喜びも大きく，自制心が育ちます。4歳の時のように「先生，○○ちゃんってすぐ怒るから遊ばない」と一方的に友だちを見るのでなく，「先生，○○ちゃんはよく怒るけどほんとうはやさしいんだよ」など思いをめぐらし，複数の判断を結びつけて自分の考えを導き出すようになります。

　またこの時期は，自分のなかに信頼できる他者のイメージや言葉を内在化し〈もう一人の自分〉と対話し考える「内言」が育っていきます。さらに「もしもわたしが○○ちゃんだったら……」と自分を相手に置きかえる仮定形の言葉をさかんにつかって相手を思いやる心も育ちます。とくに自分より小さい子どもへのかかわりや配慮が上手にできるようになります。この時期の子どもたちは，心のなかでことばの力を借りて考える力が育ちます。たとえば，いつも行く地域の散歩マップを描きながら「ポストを曲がってちょっと歩くと公園だよね」など自分が思っていることや考えていることを語りながら表現したり，行動します。地図が描けるということは，具体的な経験をとおして獲得してきた認識を，頭のなかで筋道をたてられるようになっていることです。

表現したかったことや，活動したことがうまくいかなかった時，保育者や親がいつも「うまくいかなかった原因はなんだったんだろうね？」と助言すれば，子どもは支えてくれたことを思い出し，「どうすればいいのかな？」と自分自身で振り返るようになり考える力がついていきます。また物事を進める時は，一人だけで考えるより友だちの発想や考えを聞くことで解決できることがあることがわかり，友だちと互いの考えを出し合い調整していく力が養われます。そして筋道を立てて考えたり表現する力は，みんなで力を出し合う時最も大きな力になっていくことを感じるようになります。

2 就学に向けて〈社会性・自律の育ちを確かに〉

　目前に迫った小学校生活への不安や期待から，「すぐ泣いたり怒ったりすることは恥ずかしいことだ」といった感情や自制心の育ちが著しくみられるようになります。友だちと力を合わせるといろいろなことができるという充足感から，感じたことや考えたことを相手にわかってもらおうと，自分の思いだけで話すのではなく，考えながら話すという態度もみられるようになります。現実をもっと知りたいという願望が強く，社会の出来事に強い関心を示し質問するようになります。また，生活の決まりや遊びのルールを守ろうとする気持ちも強くなります。

　その一方でルールを自分なりに解釈したり，大人がいないところでは抜け道を見つけて自分の都合で良い方に対応してしまう姿もみられます。けんかの多くは「みんなで決めたルールを守らなかった」「弱いものいじめをした」「協力してほしい時協力してくれなかった」など，仲間意識にかかわることが多くなります。状況判断もできるようになり，自分がいけなかったことを認めまた仲間に加わることも多くなります。知的探究心も旺盛になり，予測したり，推理したり，理由を明らかにするなど言葉や文字を使って考えたり，皆と一緒に表現する楽しさを味わうようになっていきます。「約束ごとやルールを守れるようになる」などの規範意識は，子どもたちの豊かな生活や遊びのなかで培われていきます。とくに子ども同士のトラブルは，子どもたちがさまざまな人間関係を学ぶ貴重な体験です。怒りすぎて友だちの気持ちを傷つけてしまうなど，感情の高ぶりがおさまると素直に謝ったり，相手を思いやることができるようになります。気持ちの切りかえができるようになることこそ自律への第一歩。また，大勢でやるいろいろな集団遊びのルールは，誰もが皆，平等に守らなければその遊びは成立しないことを実感していきます。1年生になるという意識や期待から，自分の生活を振り返り「決まった時間に寝起きする」「あいさつや返事ははっきり」「（耳と目と心で）人の話を聴くこと」なども目標をもって張り切って生活するようになります。

5歳児 年間指導計画　たんぽぽ保育園

保育課程①の保育目標②

年間目標

① 見通しをもって生活できるようになり、生活習慣が自分の意志や判断で進められる。
② 友だちとぶつかりながらも協力し合い目的を達成していく喜びを味わう。
③ 探究心が深まり試したり、工夫したりして遊びを楽しむ。
④ 身近な社会、自然に親しみ、感じたことや、想像したことを自分なりの手立てで表現する。
⑤ 地域の人やハ学生、異年齢の子とかかわりそれぞれの人の気持ちを理解しようとする。

	1期（4～5月）	2期（6～8月）	3期（9～12月）	4期（1～3月）
子どもの姿	・年長児になった喜びがあるが、一方では新しい環境に慣れないで緊張気味の子もいる。 ・日常生活習慣はほぼ身についているが、保育者の言葉がけが必要な時もある。 ・当番活動やハさい子の世話をはりきってしようとする。 ・年中組からのつながりのある友だちと遊ぼうとする。	・好奇心が旺盛になり、疑問を周りの人にぶつけたり、自分の思いや考えを伝え、力を合わせて当番活動や遊びを進める。 ・身近な動植物に興味、関心が増し、世話をしたり絵本や図鑑で調べたりする。 ・相手の存在や思いに気づきながらも、自分をおさえられない時もある。 ・トラブルが起きた時、自分たちで解決しようと意見を出し合う場面が見られるようになる。	・遊びの内容が豊かになり、共通の目的をもってグループの友だちと考えたり工夫したりすることを喜ぶ。その反面、遊びのほうにかたむき、当番活動がおろそかになったりする。 ・好奇心探究心が高まり、友だちと相談して疑問を解決したり、身の回りの出来事、自然現象に感動したり、変化に気づいたり、収穫を喜ぶ。	・就学への期待がふくらみ、生活や遊びに意欲的に取り組むが、不安になる子もいる。 ・友だちと協力して、役割を分担したりしながら、工夫して遊ぶ。 ・知識が豊かになり、身近な文字や数などに関心をもち、生活や遊びのなかで使って楽しめるようになる。
期のねらい	・保育者が一人ひとりの子どもの要求を満たし、肯定的にかかわることで自分が大切にされていることを感じ、主体的に生活しようとする。 ・年長児になった喜びや期待をもちながら園生活を楽しむ。また、必要な決まりを理解し守る。 ・異年齢児とのふれあいをとおして親しみの気持ちをもつ。	・考えのちがいやトラブルをとおして相手の考えていることも受けとめる。 ・友だちとイメージを出し合いながら遊びや話し合いさを味わい伝わる喜びを実感する。 ・人の体や病気について関心をもち、健康な生活の仕方について考える。身近な動植物や自然に親しむ。また、食物との関係に関心をもち、栽培や調理を楽しむ。	・身近な社会や自然の環境に自らかかわり、生活や遊びに取り入れる。 ・友だちと一緒にルールのあるさまざまな運動遊びに取り組み、達成感をもつ。 ・共通の目的に向かって友だちと協力したり共同活動のなかで自分の立場や役割を遂行する。 ・園内外の行事に意欲的に参加する。集団の一人として友だちの話を聞き、伝わり合う喜びを高める。	・身についた生活習慣を確認しながら、就学への期待をもって生活する。 ・大人の言うことよりも自分や仲間の意思を大切にし、とおそうとする。また保育者や友だちから認められて自己肯定感が育つ。 ・ひとつの目的に向かって、友だちと協力して最後までやり遂げようとする。 ・いたわりや思いやりの気持ちをもって、異年齢の子どもにも自らかかわり、つながりを深める。また人の多様性に気づき、複数の判断をする。

保育課程①の年齢別ねらい（6歳児）
友だちと協力しあい、目的を達成していく喜びを味わう。

第6章 接続期（5歳児クラス）の指導計画

保育課程①の年齢別ねらい（6歳児）
地域の人やり小学生、異年齢の子など多くの人とかかわり、それぞれの立場の人の気持ちを理解しようとする。

- 結びつけて考える。
- 雪や氷など冬の自然現象に親しみ、積極的にかかわり、遊ぶ。
- 地域の人やり小学生など、いろいろな人との交わりを楽しむ。

内容

健康

- 生活習慣について確認し、できることは自分たちでする。
- 友だちと一緒に楽しんで食事をし、食事の仕方が身につく。
- 快適に生活できるように（午睡や休息、衣服の調整や汗の仕末など）夏の生活の仕方が身につく。
- みんなで水、土、砂などでダイナミックな遊びを楽しむ。
- からだと食品の関係について理解し、嫌いなものでも食べてみようと努力する。
- 生活のなかで危険を招く事態がわかり、気をつけて行動する。
- 寒さに負けず、友だちと一緒に全身を使った運動や遊びを楽しむ。

人間関係

- 自分たちのしたい遊びを意欲的になる。
- 自分たちのできることを考えたり進めたりしながら年長児としての自覚をもち、喜びを味わう。
- 鬼ごっこやくらべっこなど簡単なルールのある遊びを楽しむ。
- 年下の友だちにかかわって、積極的にかかわったり、自分ができることを手伝ったり教えてあげたりする。
- 異年齢の子どもと生活を共にし、かかわりを深める。
- 簡単なルールをつくり出して友だちと一緒に工夫して遊びを発展させる。
- グループで友だちと相談したり、一緒に活動し合って関係を深める。（お泊り会に向けて）
- 集団遊びの楽しさがわかり自分たちでルールをつくり、それに向かって協力して最後までやり遂げようとする。
- 運動会に年長組として果たせる役割、仕事を遂行し自信をもつ。
- 自分や友だちの良さや得意なことを見つけ、認め合う。失敗や欠点なども許し合える。
- 自分で目標を決め、それに向かって友だちと協力して最後までやり遂げようとする。
- 友だちと意見が違ってもわかって、条件を出し合ったり、時には譲り合って遊びを継続しようとする。また良いことや悪いことがあることがわかり、複数の判断を結びつけて判断し行動する。
- 自分の生活に関係の深い、いろいろな人に親しみ、心を通わせる。
- 年長児として、自分たちが誇りに思ってやってきた役割を年少児にわかるように伝達したり頼んだりする。

環境

- 身近な動植物に関心をもち、いたわったり親しんで世話をしたりするなかで、それらの変化に気づく。誕生、芽生えに感動し、生命の尊さを知る。
- 野菜の苗を植えたり、花の種をまいたりして、水やりなどの世話をし、生長を喜ぶ。
- 危険なものや場所がわかり、安全に気をつけて遊ぶ。
- 動植物の生長に気づいたり、現象を直接的に体験するなかで、世話をしたり絵本や図鑑で調べたりする。
- 収穫を喜び季節の移り変わりを知り、自然や生活に変化のあることに気づく。
- 自然や身近な事象に関心をもち、工夫したりつくったり教え合ったり、また種類や形などに気づき、考えたこと、感動したことを伝え合う。
- 小学校の運動会を見に行き、就学への期待と自覚をもつ。
- 冬の自然事象に関心を強め、遊びに取り入れる。

内容

言葉

- 人の話を注意して聞き、相手にわかるように話す。
- 自分の名前や友だちの名前（その由来）に関心をもち、読んだり書いたりする。
- 自分の思ったこと感じたことを、言葉や文字で表現する。
- 身近な生活や遊びに使うものなど、目的をもって工夫してつくる。
- 身近な動植物や自然に親しみ、おもしろさ、不思議さ、美しさなどに感動する。
- みんなで共通の話題について話し合い自分の考えを相手にわかるように話す。
- 小学校を見学し、小学生になることへの憧れと期待をもつ。
- 絵本や物語などに親しみ、その内容に興味をもって劇ごっこや絵本づくりなどをする。
- 相手の気持ちを考えながら話したり聞いたりする。

表現

- いろいろな素材を使って、自分なりの表現をする。
- 続きもの童話や絵本を読んでもらい、つづきを楽しみにする。でれらの話のイメージをいろいろな素材で表現する。
- 経験したことや感じたこと、想像したことなどを言葉や身体、造形などで表現することを楽しむ。
- 文字を書いたり、絵を描いたりして、郵便ごっこ、学校ごっこをする。
- 感じたこと、想像したことなどを、音楽、造形などで自由に表現することを楽しんだり、演じたりすることを楽しむ。
- 小さいクラスの子どもたちに使ってもらうための製作をクラスのみんなで取り組む。
- 大きくなったことに感謝し、その成長ぶりをいろいろな形で表現し、自信をもつ。

環境・援助

- まず一人ひとりが「自分自身を認められる」ようになるために保育者が個々の要求を考えをしっかり受け止めるようにする。
- 解放感が十分に味わえるような時間と場を保障し、自分たちの生活が展開していくのだという実感をもたせ心身ともに快活になるように促す。
- 年少児への援助や世話が負担や押しつけにならないよう気をつけたい。
- 固定遊具での遊び方をみんなで確認しあう時をもつ。
- グループのなかで望ましい対人関係が育っていくようリーダーを交替していたり、一人ひとりのよさを十分に認め合えるような援助をする。
- 生活のなかに生じた問題点や困難な事態などには自分たちの力で解決できるよう、のりこえられるよう、保育者が中心にならないよう気をつけたい。
- お泊り会に不安をもっている子には、昨年の話をしたり、不安要因を理解し期待をもてるようにする。
- 行事が多い時なので年長児に負担がかかりすぎないような展開、取り組ませ方を考える必要がある。年長児といえども個の充足の時間や場が必要である。集団的な活動に押し流されてしまわないよう生活にゆとりをもたせたい。
- 小学校へ連絡をとり、運動会を観させてもらう。また、保育園の運動会、卒園式に小学校の教師を招待する。
- 園生活最後の時を、「自分たちの好きなことが十分に楽しめる」という、楽しみの多い生活で終始できるよう配慮したい。そのために卒園に向けての行動や活動が、ほんとうに子どもたちの要求を実現するものになっているかどうかなど、常に吟味し見守っていく必要がある。

	4月～5月	6月～8月	9月～12月	1月～3月
保護者への支援	・子どもは進級し、年長になった喜びをいろいろ語るようになる。子どもの話をよく聞き（先取り、代弁をしないよう）できるだけ家庭での会話を保育者に伝えるようお願いする。 ・家でも毎日20分位、(寝る前など)昔話や童話などをつづきものの本を読んでもらう。 ・帰園後は、自分の所持品（かばん、タオル、箸など）を、自分で仕末するよう習慣づけてもらう。 ・子どもの名前の由来などを話してもらい、子どもの見ている所で絵本や持ち物の記名などをしてもらい、文字に関心をもたせてもらう。	・水遊び、自転車のりなどの危険な遊び方、場所などをしっかり話し合い、約束し合うよう伝える。 ・自分の健康状態をしっかり伝えられるよう「体調が悪い時は教えてね」と日頃から話してもらう。また、規則正しい生活が送れるよう話し合ったことを、親に伝え一緒に生活リズムを考え、実行していけるよう協力を得る。 ・帰園後友だちと遊ぶ時は、必ず大人に告げてから出かけること、決められた時間に帰ることなど話し合ってもらう。	・食事の時はテレビを消し、食品やつくり方、栄養などについて話し合ってもらう。 ・時間の流れ（カレンダーや時計）に関心をもつようにする。 ・テレビの見方について（園で話し合ったことを伝え、家族とも約束しとして話し合ってもらう。1日どれくらい見るか）(見る番組を決める。) ・外出の際の社会のルール（乗り物に乗った時は小さい声で話す。お年寄りに席をゆずる、ごみは持ち帰るなど）を伝え、促してもらう。 ・働く人々への感謝、その人たちのおかげで生活が支えられていることなどいろいろな機会に伝えてもらう。	・身辺整理が自分でしっかりできるよう（あまり口うるさくせず）進学への期待につなげる。 ・寒いなかでも動植物がしっかり生き、活動のたくましさを見たり触れたりできるよう、自然の準備をしていることを見たり伝えたりしてもらう。 ・文字を読んだり書いたりする機会（カルタ、トランプ遊び、進学や年賀状などで文字で伝え合う機会）を大切にしてもらう。 ・学校の先生を囲んでの懇談会を行ない、進学に対する心の準備をしてもらう。(学校生活について) ・卒園式に小学校の校長先生に参加してもらい、保護者と懇談する。
行事	4月 入園式　保護者会 5月 子どもの日（小運動会） 　　 保育参観　歯科・内科検診 　　 親子遠足	6月 小学校の参観日に保育者が参加する 7月 交通安全教室　七夕　お泊り会 8月 夏まつり（卒園した小学生を夏まつりに招待する）	9月 敬老の日の集い 10月 運動会　芋ほり 11月 焼芋大会　幼保小教育交流研修会 12月 生活発表会	1月 もちつき　音楽会 2月 観劇　保育参観 　　 懇談会（小学校の教師にも参加してもらう） 3月 ひなまつり　おわかれ会 　　 卒園式

5歳児 2月 月の指導計画　たんぽぽ保育園

月目標
・生活や活動の見通しがもてるようにし，時間を意識して守ったり，自分たちで生活をすすめようとする。 ・冬の自然現象に触れ，発見や探求の喜びを味わう。 ・絵本づくりや劇場ごっこなどの協同活動をとおして，自分の役割を果たしながらみんなで新しいものをつくり出していく喜びを味わう。

前月末の子どもの姿	内　　容
・仲良しグループやドッジボール仲間，こま仲間など各々の集団ごとに活動がすすんでいるが，クラス全体も仲間なんだという意識があり，何か出来事が生じたり問題が出てくるとみんなが集まって話し合うようになってきた。 ・女の子たちのはじめた学校ごっこと「どろぼうがっこう」の劇遊びを楽しんでいたグループが合流し，見る側と演じる側の役割に再構成し，それが他のグループの子どもたちも引きこんで広がっている。 ・仲良しグループと称するかかわりのなかに，強い子にひっぱられ自分の気持ちを十分に出しきれていない子もいる（H子，T男）。そのような子にもっとはっきり自己主張する機会や場をつくりたい。さらにH子，T男のよさをそれとなく伝え認め合う。 ・自分たちの好きな活動に没頭することで，それぞれの子どもたちの得意なことが友だち同士に認められ，自分の苦手なことを，得意な子の力を借りてやろうとしたり，自分から「それやってあげる」と手伝ってあげる姿がよく見られるようになった。 ・ありじごくをみつけてありを飼った経験を絵本づくりにすること，氷づくり，プールに水をはってスケートごっこをすること，自分たちが飼ってきた鶏の成長や世話の仕方をまとめて小さい人たちに発表することなど，みんなでまとまって活動することが，子どもたちの発想で積極的に広がっている。このようなクラス全体の活動をとおして，男の子の仲間からはずれぎみだったK男が自己発揮の場を得て，また秋頃のように活発に活動するようになってきた。 ・生活のなかで経験したこと，新しい体験，好きな動物などを絵本づくりや紙芝居にして友だち同士で見せ合い表現することが日常的に行なわれるようになってきた。また，そのような活動をとおして，話す，聞く，書く，読む機会が多くなり，伝える喜びを実感できるようになった。	・時間を意識しながら自分たちで声を掛け合って生活の切り替えをする。 ・寒くても戸外で元気に遊ぶ。 ・自分たちのやりたい遊びを十分に楽しむ。 ・節分の行事の由来を聞き，豆まきをする。 ・劇場ごっこ，学校ごっこなど共通の目的をもって遊びに取り組む。 ・友だちや小さい人たちに自分たちの得意な活動を見てもらう。 　歌と合奏 　言葉遊びと詩 　自分たちがつくった紙芝居 ・自分たちの活動に必要なものを自分たちで準備したりつくったりしながら，好きな活動に没頭する。 ・自分の考えていること，思ったことを相手にわかるように話す。 ・冬の自然現象に関心を高め，疑問をもったり試したりする。（氷ができる理由を見つける） ・一人ひとりの成長を確認し合い入学への期待をもつ。 ・小さい人たちに伝えておきたいことを話し合い，絵本や紙芝居づくりに取り組む。（卒業記念作品として）

家庭との連携	・子どもと一緒に通学路を歩き学校までの道を教えてあげる。 ・卒園アルバムに貼る写真を子どもと一緒に選びながら，成長を親子で喜び合い確認してもらう機会にする。（子どもが描いた絵がアルバムの表紙になっているアルバムに園生活の思い出になる写真を家で10数枚貼ってもらい，みんなが集まった折などに，一人ひとりのものを順番に見せ合う）	行事	・小学校の見学 ・節分 ・劇場ごっこ ・身体測定 ・誕生会

環境構成	◎予想される活動と＊配慮事項
・活動内容の具体的な流れを絵や図で示したり，時計で示すなど子どもたちが声を掛け合って取り組めるようにする。 ・ラインひき，なわとびなど所定の所に置いておき，遊びが進めやすいようにする。 ・小さな劇場を保育室にどのようにつくるのか話し合い，みんなでその準備をする。 〈活動が相互にかかわり，発展していく場づくりを〉 （室内配置図：クレヨン，テープ，プレーヤー，ロッカー，入口，紙・はさみ，鉛筆，楽器，本棚・教材棚，戸板を並べた舞台，じゅうたん，押入れ，演じている子，見ている子，ピアノ，円形テーブルで保育者と一緒に縫い物をしている，学校ごっこをやっている（木枠），絵本づくりコーナー，水道，こま遊び，テラス，紙芝居制作コーナー，紙・筆・絵の具） （寸法図：戸板 170〜180cm × 90cm，高さ10cm／木枠 60cm × 45cm） ・氷ができそうな所に水を入れたいろいろな容器を置いておく。 ・プールに10センチほどはった水が凍るのを楽しみにしているので，「今日の氷ニュース」をみんなに伝える係を決めて朝の集まりの時間に報告してもらう。 ・テラスと室内の両方に（子どもの目の高さに）温度計をおき外と室内の温度差に関心をもたせるようにする。 ・絵本づくり，紙芝居づくりグループに分かれ，いつでも続きができるよう製作コーナーを別々に設定する。	◎時計を見ていまどうすればよいかを判断する。 ◎ドッジボール，なわとび，鬼ごっこ，「氷おに」，開戦ドン，コマまわし。 ◎自分の心のなかにすんでいる福の神（長所）と鬼（短所）について考える。 ◎「おおきくなったひよこ」の紙芝居や「ありじごく」の絵本づくりをする。紙芝居や絵本を小さい組の子に見せてあげる。 ◎自分たちの好きな歌や合奏，劇遊び，言葉遊びなどグループに分かれ小劇場で発表する。 ◎劇場ごっこに必要な事柄を話し合い行動する。 　案内状づくり。 　劇場で働く人の役割を決め，その役目を果たす。 　劇遊びに必要なものをつくる。 　表現を工夫しながら演じる。 ＊子どもたちが主体的に取り組んでいく過程，困った時にどう対処したかなど，記録したこと，保育者の感動などを子どもたちに伝えながら協同活動を見届ける。 ＊疑問に思ったことや探究したいことなど自分たちで調べよう，確かめようとする気持ちや態度を高めるため，子どもの関心事を捉え，それに関する絵本や図鑑などをおいておく。 ＊子どもたちが劇場ごっこに使ういろいろな道具を必要に応じてどのように用意したり扱ったりするか見届け，（時にはビデオに撮って）みんなで共通理解する必要があることは活動後に話し合いをもち，ビデオを見ながら確認し合う。 ◎保育者に相談したり援助してもらいながら劇に使う簡単な衣装（スカートやマント）などを縫ったり，いろいろな材料を使って道具づくりをする。 ◎氷をつくり，できた氷で，いろいろな遊びをする。 ◎プールで氷をつくりスケートごっこをする。 ◎氷ができる気温（温度計）を見る。 ◎氷ができたら長靴をはいてスケートを楽しむ。 ◎友だちの卒園記念アルバムを見る。 ◎自分のアルバムを友だちに説明しながら見せる。 ◎1年間描いてきた絵を4月から見直し好きな絵を額縁をつくって飾る。

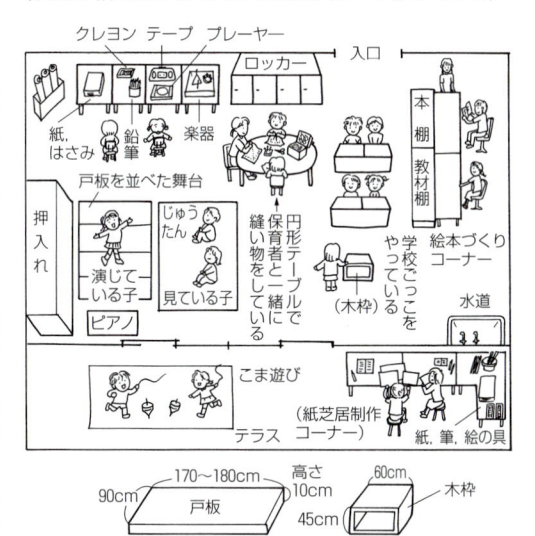

5歳児 2月 週の指導計画 第3週 たんぽぽ保育園

週目標
・友だちと遊びや仕事の役割を分担し，それぞれに自分のもっている力を十分に出し，友だちの力も認めながら，自分たちの活動をやりとおす。 ・自分の行く学校の名前や場所を覚え，見学に行く。 ・紙芝居や絵本を読む時，小さい子に理解してもらえるようにはっきり話す。

・先週末の子どもの姿	◎内容及び・予想される活動
・食事をしながら「あともう少しで食べ終わる時間だ」などと友だちと声を掛け合いながら生活する姿が見られる。 ・1月中旬からみんなで分担して描き続けてきた飼育動物についての紙芝居「おおきくなったひよこ」ができあがり，みんなの喜びがまたひとつにまとまったようだ。先週の話し合いで，この紙芝居も「劇場ごっこ」をやって小さい子に見せてやることになり，劇場をどうつくるのか？ 劇場で何をするか？ 紙芝居をはっきり話す練習などが話題になっている。 ・劇に使う衣装の縫い物からはじまった学校ごっこが毎日続いている。木枠を利用して教室をつくり出した。子どもたちのなかには小学校への期待が大きく広がっているようで，「今度は，算数の問題です」などと言いながら，先生と生徒になって1週間も楽しそうに続いている。 ・クラスの友だちの誰と同じ小学校に行くかなど子どもたちの話のなかに就学への期待が聞かれる。 ・自分たちのしたい活動に友だちが集まらなくて（人数が足りなくて）他の活動をしている友だちを引き抜こうとしてけんかになることがある。いつまでももめごとが続く場合と，リーダー格のH男やT子がなかに入って，双方の立場を話させ解決している時もある。トラブルになる時と自分たちで解決していく違いを全体に知らせ考えさせたい。 ・温度計を見て「今日は何度になってるかな？ あったかいからプールの氷はできないな」などと気温と氷ができる温度について関心をもつようになってきた。	◎時間を意識しながら自分たちの生活をすすめる。 ◎小さいクラスの子どもたちを呼んで，劇場ごっこをする。 ・劇場で働くいろいろな人の役割分担を話し合う。 ・出しものを決め，案内状をつくる。 ・自分たちの得意な活動を精一杯演じる。 ・小さい人たちがつまらなくならないようはっきりとした読み方，話し方をする。 ・学校ごっこ 　　自分の名前を書く。 　　先生と生徒になってやりとりを楽しむ。 ◎自分たちの行く小学校を見学し，小学生と交わる。 ・通学路を覚える。 ・親しい人でなくても場面に合わせて挨拶や返事をする。 ・わからないことを小学生に質問する。 ◎生活のなかに生じたトラブルを劇に表現してみる。 ◎自分がかかわっていなかった友だちのけんかにも関心をもち，解決の方法など一緒に考える。 ◎プールでのスケートを楽しみにする。

環境構成と留意事項

- 子どもたちの気づきや考えを取り入れ，みんなに伝える掲示板「らいおんぐみニュース」をつくり，子どもたちが発信できるようにする。
- 保育者は，劇場ごっこでそれぞれが十分に力を出せるよう，仲間の一人として意見を述べ，子どもたちのイメージを共通理解する仲立ちをしたり，人数の調整などについて援助する。
- 舞台と観客席の仕切りに幕をはる。
- 舞台は，戸板4枚では小さくて合奏などの活動では狭すぎるということがわかったので，巧技台の一番上の台を8枚補充し広げる。
- 当日は担任がビデオを撮り，あとでみんなで一緒に見る。そこでの子どもたちの気づきをみんなで確認し合い次に生かすようにする。

  予想される出しもの
  - みんなでつくった紙芝居「おおきくなったひよこ」
  - 大型絵本「ありじごくのこと」
  - 歌と合奏「ぼくら風の子」「そうだったらいいのにな」
  - みんなで覚えた詩や言葉遊び「つるつるとざらざら」
  - コマ回し

  子どもたちが考えた係分担
  　受付け　幕をひく係　はじまり係（めざまし時計のベルをならす）
  　道具を出したり片づける係　小さい子の案内係（会場）　アナウンサー（司会）
  　聞こえない時教える係（声が小さいことを知らせる）　静かにさせる係

- 小学校と連絡をとり，学校見学をする。一年生とふれあい，小学生になることへの憧れと期待をもてるようにする。
- 小学校や保育園が出ているわかりやすい地図を貼っておき，行き方について確かめる。

- 子どもたちのなかで生じたトラブルで他の子どもたちにもぜひ知らせたいことなどは，みんなが集まった時に「今日はこんなことがあったね」と当事者に思い出させながら，その時のことを小舞台で再現してもらう。その後，見ている子どもたちが，どう感じたかを話し合い，それぞれの立場に主張があることを感じとらせていく。また，仲介ができた子どもの勇気（よさ）をみんなで認め合う。
- 温度計を見た子どもが，その日の気温とプールの氷のようすを書いて掲示しみんなに知らせるようにする。

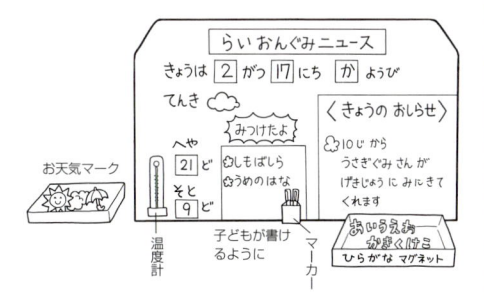

5歳児 展開例

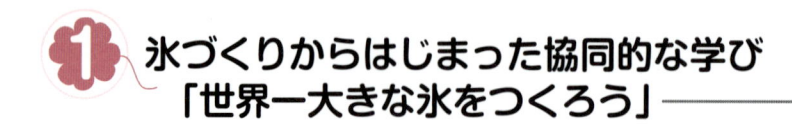

1 氷づくりからはじまった協同的な学び「世界一大きな氷をつくろう」

　2月，園庭の小さな池にはった氷を見つけ，その大きさを競いあったり，バケツに入れて溶けていく様子を観察したりしていた年長児たちの活動要求（遊び心）をふくらませていく活動をとおして，「もっともっと大きな氷をつくってみたい」という願望を育み，クラスの子どもたちが「協同」してスケート場づくりに取り組むようになった活動展開の一部です。協同的な活動とは，「集団生活のなかで子どもたちの自発性や主体性を育むために，幼児同士が共通の目的を生み出し，協力し，工夫して実現していく，いわば協同する体験を重ねていく活動」を指します。幼稚園教育要領や指針において，就学前の教育としてこのような活動の重要性が提起されています。「世界一大きな氷をつくってみたい」という子どもたちの願望を実現していく活動のきっかけは，2月5日の保育者の意図する一斉活動からはじまりました。

　年長児の活動においては，「子どもが夢中になって遊び生活するなかで成り立つ学びへの援助」をいかに豊かにしていけるかが最も重要なところです。「なぜ？」「どうすればいいのかな？」「わかった！」などと考えながら，あれこれやっている時の子どもたちの目の輝き，知らないことやわからないことがわかっていく喜びや楽しさこそ，子どもたちの求めてやまない遊びに秘められた魅力，宝物といえましょう。四季折々の園生活のなかに生じる子どもたちの興味，関心，願いや要求を興味の共同体，要求の共同体として形成し，その要求の実現を目指して遂行していきました。

評価，反省

　「幼児では感動と思考は結びつきが強く，絶えず体験のなかで重なりあい，感動は思考をおしすすめ，思考はまた，新しい感動を呼び起こす働きをする」（中沢和子著『幼児の科学教育』国土社，1972年，59頁）。感動のある体験がいかに子どもたちの考える力を豊かにしていくものであるかを改めて学ぶこととなりました。

　しかし，氷ができたかできなかったかを気温と容器の両方から一緒に考えさせようとしたことに，子どもたちの混乱を招いてしまいました。氷ができた場所は，外か室内か比較し考えることは年長児にも可能でした。しかし，プリン容器や発泡スチロール皿に入れたものは凍らなかったこと，その原因が本当に容器のせいかどうかは非常に曖昧でした。発泡スチロール皿でも置き場所（気温）によっては凍ることもあります。気温と容器を一緒に考えることに無理があったようです。見た目の変わったいろいろな氷をつくって楽しませたいという保育者のねらい（願い）と，どうして凍るのかを考えさせたいというねらいを一度にもってきてしまったところに，子どもたちの混乱

やま組（年長児クラス）日誌

2月5日　火曜日　天候（曇）	在籍児童数	出席児童数	欠席児童数	記録者	園長印
	25人	21人	4人		
保健　風邪の予防のため，うがい，手洗いの指導を丁寧に行なう	欠席児（理由） N・Y男―風邪（通院）　T・M子―気管支炎 M・S子，H・R子―家の都合				

今日のテーマ：ねらいや配慮	活　動　の　展　開
◎氷ができる面白さ，不思議さに関心をもつ ◎氷遊びをとおして氷の性質や気温との関係に気づく 環境構成と配慮 ・子どもたちが園庭の小さな池の氷を発見し，遊んでいた機会を捉え，自分たちで氷をつくってみようと促す ・温度計 ・ミルクの空き缶，卵のケース，いちごのパック，プリン容器，発泡スチロールの惣菜容器，洗面器，タライなど…準備し，自由に選ばせる。 ★活動の継続として 氷の穴あけ遊び，型押し遊びのためストローやひもを用意する	先月から，園庭の隅にある小さな池の氷をとって，宝物でも発見したように大喜びで見せ合っていた子どもたち。 　N男とR男たちは，その氷をバケツに入れてベランダに置いていたが，いつも昼ごろには溶けてしまい，悔しがっていた。そこで今朝は，いつもより厚くはった氷をみんなに見せ，「どうして氷がはったのかしら？」と問いかけてみる。T男「寒かったから」　S子「冬だから」　Y男「池のなかに水が入ってたから」という答えが返る。㋭「寒かったらほんとに氷ができるかやってみようか」と話し，ひとり一つずつ容器に取水させ，㋭「氷ができそうな所はどこかしら？」とそれぞれに考えさせ，置きにいく。㋭「寒いってどれくらいの寒さなの？」と聞いても，「わかんない」。ほとんどの子は，園内で最も寒そうな裏庭や池のそばに置いたが，H子，「先生，保育園には冷蔵庫ないの？」と訊きにくる。Y子は室内の流しの下に置いている。 　食事の後，待ってましたとばかり園庭に出て見に行くが，「まだできていない」。夕方も「いつになったらできるんだ」と，半ば怒ったように見に行っていた。 　明朝に楽しみをつなげることになる。
個人記録　・T男は水道の水より池の水の方が早く氷になると信じているようで，池の水を汲みに行く。 ・卵の容器に水を入れたK子は，ふたをして，ホッチキスでとめる。 ・E子は容器を広げ，両方に水を入れる。	〈評価〉　寒くなると，氷ができるということは，どの子もわかっていたようだが，気温との関係に至っていない。氷ができそうな所を探し，いろいろなところに置いていたので，明日からはどこに置いた水が氷になっていたか，気温との関係や容器との関係に気づかせ，できた氷でいろいろな遊びを楽しませたい。 　氷ができなかった子どもにも，氷遊びができるよう準備する必要がある。

特記		家庭との連携		継続していく活動	読み語り（つづきもの）「ペンギンの冒険」 　つづきが待てなくて，自分で読みはじめる（N男，Y子）

やま組（年長児クラス）日誌

2月6日　水曜日　天候（曇）	在籍児童数	出席児童数	欠席児童数	記録者	園長印
	25 人	23 人	2 人		

保健　風邪の予防のため，うがい，手洗いの指導を丁寧に行なう	欠席児（理由） N・Y男―風邪（熱は下がるが大事をとって） T・M子―気管支炎

今日のテーマ：ねらいや配慮	活 動 の 展 開
◎氷ができた感動を味わい，できたわけ，できなかったわけを考える。 （気温／水量／容器などから） ◎氷に穴をあけたり，型押しなどして遊び，氷の性質に関心をもつ 環境構成と配慮 ・氷の穴あけ遊びの教材には何が適しているかを，いろいろためしながら考える ・氷の型押しの材料として椿の花や葉を準備する ・『かがくのとも』「こおり」を読む	登園すると，早速氷ができているか見に行く子どもたち。空き缶の氷が，5ミリ～8ミリ位の厚さにできていて，"すご～い，ぼくの氷だ"（S男）と大喜び。プリン容器や発泡スチロール皿に水をはった子どもたちは，残念ながら凍っておらず，"なんでできなかったの"と，ぶつぶつ言いながらうらめしそうに，できた子の氷をのぞいている。卵ケースの両面に水を入れたE子のも，表面に氷ができていたが，ふたをしたK子の方は水のままである。9時半にみんなが集まった所で，まず，できた氷はどこに置いたものか，容器は何であったか，子どもたちに話してもらう。 H男「だって，お部屋は氷がはるほど寒くないもん」 S男「そうだよ，霜柱だって外しかできないしね」 ㋚「部屋と外では寒さはどれ位違うかな？　何か調べるものないかしら…？」 　誰も温度計には気づかなかったので，㋚が外に出しておいた温度計と室内のものを比べて，気温の話をする。氷ができなかった子どもたちも，そのわけがわかったようで，「また，明日氷ができるかな」と早速容器を変えて氷づくりをはじめていた。 　今日氷ができなかった子どもたちのために，冷凍庫でつくっておいた卵ケースの氷で，「これから手品をします」と，ストローを使って氷の穴あけをはじめると，静まりかえって注目。ひもを通して，"氷のネックレスで～す"と見せると"なんで穴があくの？"という疑問のことばが殺到する。"その答えは，やってみて考えてくださいネ"。 　あとは静まりかえってストローでの穴あけの不思議さを味わっていた。

個人記録	Y・Y子…風邪ぎみで，咳がでるため氷にふれたりせず，友だちの様子を見るように促す	〈評価〉 ・春／夏／秋にもっと気温の差について，生活のなかで関心をもつ働きかけがなされていればよかったと，反省する。しかし，今日は『かがくのとも』「こおり」を読み，零下4度というマイナス温度があることを，子どもたちは氷ができる温度と重ね合わせて知ることができた。 ・氷に穴をあけるのに使用したストローが，子どもたちの興味をわかせた。呼気の温かさや氷の性質に関心をもたせる好材料であった。

特記		家庭との連携		継続していく活動	読み語り（つづきもの）「ペンギンの冒険」

が生じていました。保育者のちょっと欲張った思いだけで，ねらいがたてられてしまったことに反省点がありました。

　活動の流れとして，まず「どうすれば氷ができるか」を知る（ここでは当然できなかったという悔しい体験も大切になります）→（なぜだろう？なぜかしら？）→できた氷で遊ぶ→いろいろな氷をつくってみたいという要求を起こさせる→いろいろな容器で氷づくりを楽しむ，というふうに，順を追った展開を考えてみることが欠けていました。「もっともっと大きな氷をつくってみたいね」というM男の発言をきっかけに「世界一大きな氷をつくってみよう」と子どもたちが夢をふくらませ，その話題が注目を集めました。大きな氷をどこでつくろうかと考えていくうちに，その願いを一番懸命に考えていたM男が「そうだプールだよ，プールで大きな氷ができるよ！」と提案し，どれくらい水を入れたらいいか話し合いました。たまたまスケート場に行った子どもがいて「お水は少しのほうがいい。たくさん水を入れても氷にならないよ」と提案し，10センチほど水を入れることにしました。みんなでプールに水を入れる作業が大変でした。冬はプールの水を出す栓を使えないことがわかり，子どもたちは「水を運ぶなんて大変だよ」「寒いしね」といった時はやめようかどうしようかとまた話し合いになりましたが，「やっぱりスケートしたい」という思いが強く，バケツの水をリレー式に運ぶことになりました。集団だからこそできることでした。

　寒いなか，かけ声をかけ力を合わせることで体があったまるということも体験しました。何とか10センチくらい水を入れ毎日毎日，登園すると真っ先にプールに走って行き氷のはり具合を観察していました。水を入れてから4日目，薄く氷がはりました。スケートを楽しむ（？）まではいきませんでしたが，それは楽しい思い出になりました。みんなで一つの願いをもって共に新たなものを創造していく力，園生活の二度と得られない「自分たちだけの活動」になったようです。

　2月12日　「スケートできるかな？」
　その朝は，ほとんどの子が長ぐつをはいて登園しました。前日の帰りがけ，プールにはった水の状態がうっすらと凍っていたのを確認できたからです。「明日の朝になるともっと氷がはるよ」「氷がはったら，明日は，スケートだ」と話し合っていたからです。"プールに氷がはればスケートができるかもしれない"そんな子どもたちの期待を何としてもぜひ実現させたいと思いました。朝，いつもより早く子どもたちが集まりました。
「どう，スケートできそう？」
「うんとかたくなってないから，できないよ」（ひろゆき）
「じゃあこのままにしておく？」

「だめだよ，おひさまがあたって，とけてきちゃうよ」（りょうた）
「じゃあ，ほんとに氷の下が水かどうか，プールに入って調べてみる？」と保育者が話すと，子どもたちは「ワアイ」「ヤッター，ヤッター」と歓声をあげて，プールに降りようとしました。
「ちょっと待って，そんなに大きな声を出すと，せっかくの氷の音が聞こえない」その一言でシーンと静まりかえります。
「パシャっていったよ」（ひとし）
「おみずの音だった」（せつこ）
「しゃりしゃりだよ」（不明）
　割れた氷を手につかんで太陽にすかしてみる子，友だちと大きさや形をくらべっこする子，「たすけてー」としりもちついたかおりは「おしりがこおっちゃう」
「あっ，あわのこおり　みつけた」（すみこ）
「ちっちゃな　ぶどうみたいな　あわだね」（ゆうこ）
　だれかがプールサイドから氷を投げ入れると
「あっ　つめきったみたいに　パチっていったね」（さとし）
「なんだか　すずみたいないいおとしたね」（しんや）
　楽しくおしゃべりしながら，氷で十分遊んだ後，
「せんせい，手がピシピシいってきた」（さとし）
「なんだかぼくたちがおおきなれいぞうこ　はいったみたいだったよ！」（りょうた）
「たいへんだ，このままだと　こおりにんげんになっちゃう」（いさむ）
「そう，あと10秒で，みんなは冷凍人間になってしまう」と言いながら，「10，9，8，7……」と保育者が数え出すと，またまた大さわぎになって，子どもたちは，プールから飛び出していきました。
　とりわけ楽しい体験が，どの子どもたちをも快活にさせます。はしゃいだり，胸をときめかすような体験は，想像力を高め，さまざまなことばを生み出します。この後，子どもたちはプールにできた氷を園庭に運び出し，氷屋さんをはじめました。いままで体験してきた氷での遊びです。ストローをつかって穴をあけ，そこにひもを通して吊り下げたり，氷の板に絵の具で絵を描いたり，葉っぱをはさんで厚くしたり，保育者が予想もしなかったような，思いがけないいろいろな氷遊びを展開させ，小さいクラスの子どもたちも集まってきて，氷屋さんごっこが続きました。

2 学校ごっこから名刺づくりへ（1月下旬）

　学校ごっこは4期を迎えてからははじめてでしたが、室内に長方形の（なかが空間になっている）木枠が10個ほどあったので、それを机代りにして、描いたり、勉強のまねをする遊びがよく見られていました。入学への期待が、机に向かうという行動をとおして表現されています（写真1）。

　のりこは「わたし先生ね」とあとの5人に了解を求め、木枠の机や椅子を並べて「かばんからノートと鉛筆出してください」と指示しました。そして、「先生が問題出すから答えを書いてください」と言ってはじめたのがなぞなぞでした。

　「もちは、もちでも食べられないもちはなんでしょう」。まどか、ゆき、ひろみが「はい」「はい」と手をあげると、「答えは紙に書いてください」とのりこ先生。「先生、絵でかくの？　むずかしい」とゆきが言うと、「絵でも字でもいいです」と先生が答えます。「しりもち」と書いた子もいました。

　なぞなぞの問題が底をつくと、次にのりこ先生は「次につるつるの問題を出します」といいました。「あっ知ってる、この間先生とやった」とまどかが言いました。学校の先生になったつもりで教室らしいイメージはつくられましたが、やることは保育園の保育者がしたことと重なっています。

　「つーるつる、つーるつる、つるつるすべるのなんでしょね」（のりこ）「はーい」「せっけん、こんにゃく、すべりだい」（まどか）「すべった氷もつーるつるだ」（生徒になった子どもたちが声をそろえて唱えます）、「それではざーらざら、ざーらざら、ざらざらするのはなんでしょね」（のりこ）

　この「つるつるとざらざら」は、谷川俊太郎さんの詩です。「つーるつる、つーるつる、つるつるすべるのなんでしょね？」という最初の問いかけの言葉をうけて、子どもたちが自分の感じたことをどんどん答えてくれたので、「谷川さんとは違う詩ができて楽しいね」と子どもたちに話したことがありました。それを自分たちの学校ごっこに早速、再現するなど、年長らしい姿だなと見ていました。のりこ先生は、生徒がはりきって答えてくれるのでうれしくてしょうがない様子です。「では次に自分の名前を書きましょう」

写真1　木枠を机にみたてて学校ごっこ

「先生，あたし紙がありませーん」とともこ。「それではこの紙に書いてください」とのりこ先生が自分の手さげ袋から画用紙を小さく切った紙を配りました。

　既製のカルタが数枚なくなってしまった時，「そのままにしておかないで代りをつくっておいてね」と描かせた時の残りの紙を，のりこは自分の袋に入れたようです。

　画用紙の小さな紙に自分の名前を書いたことから，ともこが「これ，お父さんもってる，ほら何だっけ？」と大きな声で言ったので，まわりでこままわしをしていた男の子たちも集まってきました。「めいしっていうんだよ，それ」とよしかずが教えてくれました。「そう。めいし，めいし」と，ともこたちは大歓声をあげ「もっとつくろう」と何枚も何枚もつくり出しました。

　どこからか歓声があがったりすると広がっていくのも早いのが，この時期（第Ⅳ期：1～3月）です。縫いものをしていた子どもたちも，絵本づくりをしていた子どもたちも集まってきて，名刺をつくりはじめました。

　大きな字を書くので名字しか書けなくなってしまったり，まん中から書きはじめて書けなくなるとそのまま横につらなっていったり，本物の名刺とは大分異なったユニークな名刺ができてきました。

「ぼくは，こういう者です。はい，名刺」と友だちに自分の名刺を配っていくよしかずは，名刺の扱い方を実によく知っています。「ぼくはしんどうです。電話番号もかいてあります」と渡されたのを見ると，ほんとうに自分の家の電話番号が記入されていました。

　こんな名刺ごっこをきっかけに，自分の家の住所や電話番号も覚え，書こうとするなど，まさに一石二鳥。「ぼくは，宮崎保育園のりんご組のふじたはじめです」と，まるで大人になったみたいな真面目な顔をして友だちに名刺を渡していました。同じ組の友だちだけでは物足りず，庭で仕事をしている用務員さんや園長先生のところにも名刺をもっていきます。園長先生の所では本物の名刺をもらってきて大歓声！　子どもたちの活動はとどまるところを知りませんでした。

　男の子たちの間では，名刺を渡す時，相手をいかに驚かせるかが面白くなり，「あっしはいしかわのごえもんです」「あっちは，くまさかとらえもんです」などと，ついには書かれていない名前（年中組の時から大好きだった『どろぼうがっこう』（偕成社，1973年）の絵本に出てくる人物）までとびだし，クラス中，名刺の交換ごっこでそれはにぎやかな雰囲気になりました。

評　価

　思いがけないひょんなことから名刺づくりがはじまり，保育者の見えないカリキュラム“自分の名前に誇りをもち，書いてみる”が，うまく展開していったとうれしくなりました。「もうすぐ学校に上がる」という大きな期待や意識が学校ごっこをはじ

める動機になり，さらに背伸びをして大人のように振る舞いたい彼らの願望が名刺ごっこを生んだのだと思っています。「ごっこ遊びは，子どもたちの憧れのフィクショナルな実現」と言われます。子どもたちは，フィクショナルな世界で夢を実現し，自分の憧れの存在になって行動できた喜びや自信を養っていくのだと思いました。名刺交換をしたいために自分の名前を一生懸命書く必然性が生じ，入学前の活動としても意味があったと思いました。

❸ 5歳児Yさんの事例
── 障がいをもった子どもと共に

1 個別計画

障がい児の個別計画は，保育園オリジナルの"かめのこ連絡手帳──成長，発達の記録"を使い（137頁参照），毎月子どもの様子，翌月への課題と取組みを記入し，保護者もそのノートにお家での様子を記入しています。また月に1回，障がい児をもつ親たちの集まり"かめのこ親の会"を実施し，子どもたちの成長の共有など，グループカウンセリングの場を設けています。

2 実践展開

〈Yさんのプロフィール〉

Yさんは，3歳の時「自閉傾向が強い」と診断され，その後「自閉症，多動症」と診断されました。療育相談室のグループ指導を経て，4歳児より保育園に入園しました。

Yさんは，電車への関心が強く，何線がどこからどこまでということも知っていましたし，電車の種類も車両を見てわかるほどでした。そのため，入園当初は電車に関する遊びや話ばかりしていました。

人への関心はとても強く，周囲の友だちとかかわって遊びたい気持ちはありますが，上手くかかわることができず，混乱を起こすこともありました。とくに，「ダメ」「一番」「いけない」の言葉には強い反応を示し，それらの言葉を言われるとパニックになることもありました。

生活面はほとんど自立していますが，ルーズな方法を覚えてしまうと，"雑になってしまう"傾向がありました。

〈Yさんの保育経過〉

Yさんは，4歳児から入園しましたが，入園式にあたる"であいの日"のこと，Y

さんは，とにかく落ち着かず，席を立ちウロウロして，やや興奮気味でした。途中式での着ぐるみや腹話術にも，強い興味を示し，目の前まで行ったり，最後には舞台の上まで上ってしまい，ウロウロと走り回っていました。Yさんにとって，はじめての"場所"，自分ではどうにもならない"時間"と"空間"に対しての拒否的行動だったように思います。

　複数担任のクラスだったので，"まずは保育者一人がしっかりと信頼関係をつくろう"と保育者同士で話し合い，次の日からはクラスに入ることのできないYさんの行くところへ付いていき，興味を示したことには声をかけるという毎日をくりかえしていました。その際も自分が落ち着くための，電車のおもちゃを手からはなしませんでした。

　一方，何でもない時に友だちのことを"ふいに押す""髪の毛を引っぱる"などの危険な行動が多くなります。その行動をよく見ると，"帽子に電車のアップリケが付いていた"などYさんにとってそれなりの理由はありました。気になったことに反応はしますが，表現方法が適切でないため，"押す""引っぱる"などの行動になってしまったようでした。

　人とかかわることが好きなため，Yさんが気に入った玩具をつかって友だちと一緒に遊びたいと思うのですが，これも上手く表現できずに抱きついたり，押してしまったりする行為になってしまったのではと考えます。それに加えて，バランスをとることが上手ではないので，フラフラしてつまずき押してしまったこともありました。

　4，5歳児のクラスは，1年間の前期を「縦割り保育」，後期を「横割り保育」というクラス構成で，すなわち，アットホームな前期と発達課題を保証する後期のグルーピングで分けていますが，Yさんの場合，後期の同年齢クラスのほうが落ち着いていたようでした。自由空間を重視する保育環境は，多様な刺激に反応しすぎて集中することが難しいため，一日の大きな流れのある，ある程度構成化された場面の方が，落ち着くことができたのだろうと考えます。

　5歳児年長になると，縦割り保育のクラス構成になりますが，Yさんの興味のあるプラレールがあったため，大きな混乱もありませんでした。プラレールの好きな4歳児とかかわりをもつ場面が増え，その遊びのなかで「かして！」という言葉を頻繁に使うようになります。しかし，相手が貸してくれないと保育者に「○○ちゃんがかしてくれない！」と泣いたり，混乱する場面もありました。「かして」と言えば必ず"かしてもらえる"という法則がYさんの育ちのなかに刻まれていたのでしょう。

　ところが，いままで自分の意見がとおらないと"人をたたく""押す"という行為になっていましたが，少しずつ我慢をしたり，コントロールすることができるようになっていました。

しかし，Ｙさんは「ダメ」と言われると「ダメといった○○ちゃんがだめなのだ」とか，「かして」と言って「かしてくれない子どもはいけない子」となっていたので，保育者は繰り返し「いま使っているからかしてもらえない」というルールを伝え，Ｙさんの価値観に組み入れていくことが，課題でした。

　５歳児後期の横割りクラスではほとんど混乱せずスタートしました。４歳児に比べ，５歳児のこの時期は，全体的に"感情的"になる場面が少ないので，"人の言葉"に対しての混乱はなくなってきました。さらに，後期のクラスにはプラレールがなかったため，それに頼らず他の遊びにも目が向くようになります。ちなみに，プラレールのあるクラスに遊びに行こうと思えば行くことができたのにそれをしなかったのは，電車に対する"こだわり"や"電車を拠所にする心情"が，他のことや人とのかかわりのなかで薄れていったと考えられます。

　それらを象徴する出来事ですが，三人がけのソファの，その手すりのあるはじっこに座りたくて，すでに座っているＴさんに「すわらせて」と頼むのですが，Ｔさんはなかなか譲ろうとしません。以前なら，すぐに保育者に手助けを求めていたのにそれをせず，「すわらせて！」「ダメ！」というやりとりがしばらく続いていました。しばらくそのやりとりを見ていたＫさんが「Ｙくん，座りたかったんだよね」とやさしく声をかけると，Ｙさんは，"自分の気持ちが伝わった"ことで，"こだわり"がすーっと消え，落ち着いた気持ちでＴさんがいなくなるまで待つことができました。

　また，山登り遠足の場面のこと。急な山道を登りながら，「ケーブルカーがあるといいのにね，みんな乗れるよね」と自分のことでなく"みんなのためになること"を考えている発言が聞かれます。

　こうして，自己中心的な世界を克服するために，友だちのなかでかかわり方や我慢の仕方，時にはケンカの経験も含め，しっかりとＹさんの気持ちを受け止める保育を目指しました。そして，３月の卒園式，約１時間半にわたり自分の役割を自覚し，舞台の上でのパフォーマンスも堂々と表現していました。入園当初は自分中心のこだわりが強かったのですが，２年間の保育経験を通じて，自ら情緒をコントロールする力を着実につけていったのだろうと思います。

評　価

　入園当初は，まずは，保育者との１対１の信頼関係をベースにし，少しずつ周囲の子どもたちとのかかわりに，そして，大きい集団へというように，Ｙさんの情緒の発達に合わせた"かかわり方"を見極め，Ｙさんにとって一番よい状況を配慮していきました。また，「ダメ」「いけない」など，禁止用語に対して敏感に反応し，混乱やパニックを起こしたり，言った相手を"押したり"など攻撃的行動に出ることも多かったのですが，「～したい時は，ちゃんとお話しして伝えようね」「押されたお友だち，

悲しい気持ちになっているよ」など，相手の気持ちをその場で伝え保育者と一緒に謝ったり，繰り返し伝えることで相手の気持ちも理解し，コミュニケーションのとり方も少しずつわかっていきました。

　また，自分にいま興味があることをくりかえし，何度も保育者に言い続けることもありました。「そうね」，と言うと落ち着いて遊びはじめるのですが，数分もたたないうちにまた言いに来ます。また「そうね」と返すのですが，そのうち本当に共感していない，相槌だけになった時，Ｙさんは必ず保育者の顔を手で挟み，自分の方に向けさせることをしました。保育者がいい加減に対応しているのか，そうでないのかを確実に読み取っていました。しかし，信頼関係の深まりとともに，気になった出来事をくりかえし言い続けることはほとんどなくなってきました。

　Ｙさんの"こだわり"に対しては，それぞれの場面にあった対応をしていきました。そのなかでも，"Ｙさんの気持ちを代弁してあげる"というのは，保育者だけではなくＹさんの周囲でかかわる子どもたちも"保育者とＹさんとのかかわり方"を見て声をかけていきました。そのことで，Ｙさんの心のなかに友だち関係の喜びや期待感を感じさせ，かかわりのなかで"こだわり"や"自己中心的"なところをコントロールする力を発揮しはじめたようでした。

　5歳児の1年間は，Ｙさんにとってこれから迎える小学校生活に大きな影響をあたえるであろう，人とのコミュニケーションのとり方，自らの情緒をコントロールする力などの成長がめざましくありました。そのことは，Ｙさんの自信の一つとなり"もうすぐ1年生になる"という期待感につながっていきました。

第2節 いろいろな様式による指導計画・その点検と指導

1　5歳児クラス　月週案（5月）(164頁) について

①月週案のよさ（子どもたちの生活や活動の様子が月のねらい，内容と連動して一目して見通せる）が活かされた様式，書き方だと思います。また，5月の内容としておさえたものを各週でいかに具体化していくか内容表記の番号，文言が週の指導計画にしっかり展開されているようすがよくわかります。

②子どもの姿もポイントをおさえ簡潔に表現されています。また，その子どもの姿を基にねらいがたてられていることもよいですね。

③内容をより具体化した活動の環境構成が図やカットなどで表わされ見やすいものになっています。予想される活動「○」，保育者の配慮「・」が整理されて記述されていることもわかりやすいですね。

④個人別配慮の欄がないのが残念！

2　5歳児クラス　週の指導計画（10月第3週）　日誌(166頁) について

①この時期の年長児の生活実態をしっかり捉えたねらいだと思います。
　ただ3つめの秋の自然にふれたり……のねらいが，「遊びに必要なものをつくったりして楽しむ」だけになっています。もっといろいろな経験（空，気温，樹木のようす）をとおしてこのねらいを具体化するとよかったと思います。（もしかしたらそれは他の週におさえられているかもしれませんが……）

②内容もかなり具体的で，クラスの子どもたちの活動のようす，保育者の考えなどがまるでVTRで見るように具体的に表わされていて，とてもよい指導案だと感じました。

③この週の評価を1週間の日誌で記述することになっているのですが，書くスペースが狭すぎて子どもの姿の記述のみで終わってしまっているのが残念です。

④計画を変更した時，赤字でその日の活動を記述するのは，とてもよいことです。

5月 月週案 5歳児

子どもの姿
- 気持ちのいい天候に誘われ，築山や砂場での遊び，高鬼や泥ッ警など戸外遊びが多くなる。
- 年長になった喜びや自信をもちながら園庭を独占し，くる日もくる日もサッカーやドッチボールをやって，そのことで年中組の子どもたちとトラブルになることもある。
- 自分がどのように遊びたいのかはっきりと意識するようになり，「本当は○○をしたい」など友だちにはいいにくいことも保育者には話し，実現しようとする。

	1・2週（1日～9日）	3週（11日～16日）
行事等	こどもの日　母の日　避難訓練 夏野菜を植える	親子遠足
予想される生活（活動・環境構成・援助）	（①保育者や友だちといっしょに，ダイナミックに体を動かしたり，競い合ったり挑戦したりする。） ○築山に穴を掘り水をためて流す⇒自然にできる川で船（玩具）を流したりして遊ぶ。 ○砂場で大きな山をつくったり，穴を掘ったりする。また溝を掘って長くつなげたり，水を流したりする。 ○フォークダンスや体操をする。（マイムマイム，ヘイ！　タンブリン，たけのこ体操など） ○一輪車や鉄棒などに挑戦する。 ●保育者も一緒になって子どもたちと競い合ったりルールについて主張し合ったり，得意なことを見せ合ったりして，子どもたちが生き生きと動き出せるようにする。 ●大きなシャベルやとい，板などダイナミックに遊べる遊具や道具を用意し，川の流れの面白さ，手ごたえなど感じとらせる。	（②目的をもって遊具や素材を使い， 　　　　（③思いついたり ○ビー玉ころがしのコースづくり ○小さなパーツのブロックの組み立て ○母の日のプレゼントづくり。（ビーズのネックレス，フェルトのさいふ，小物入れなど） ○製作（車，船，バッグ，指輪など） ●つくりたいものが具体的にイメージできるように素材を整えたり，ものづくりの本などおいておく。 ・つくっているものに対して感想をいったり質問をし，試したり工夫したりするヒントになるようにする。 ・材料や道具の整理，提示を工夫する。 ○草花を使ってジュースやケーキなどごちそうをつくる。 ○夏野菜を育てる。（ミニトマト，ピーマン，ナスなど） ○虫を捕まえて飼う。（テントウムシやチョウの幼虫，アリなど） （④身近な花や草などを使って遊んだり，捕まえた虫を飼ったりする。）
家庭との連携	〔プレゼントづくり⇒ひ・み・つ〕贈る喜び ○大好きなお母さんの日頃のようすを観察し，お母さんが必要としているものは何か？　など考え，友だちと意見を交換し合い，母親には秘密で作成する。プレゼントをもらった時の感想をお母さんからメッセージとして書いてもらいあとでみんなに紹介する。	

ね ら い	・全身を使って遊ぶ心地よさを味わう。 ・自分なりの思いを出したり，イメージをふくらませたりして遊びに取り組む。 ・保育者や友だちと一緒に遊びを進める楽しさを味わう。	内 容	①保育者や友だちと一緒に，ダイナミックに体を動かしたり，競い合ったり挑戦したりする。 ②目的をもって遊具や素材を使い，工夫したり試したりして満足感をもつ。 ③思いついたりひらめいたりしたことを保育者や友だちに伝え，また友だちの思いを受け止めたりして遊びに生かしていく。 ④身近な花や草などを使って遊んだり，捕まえた虫を飼ったりする。

4週（18日〜23日）	5週（25日〜30日）

誕生会
サツマイモの苗つけ

工夫したり試したりして満足感をもつ。）――――――――――――――――――――→

ひらめいたりしたことを保育者や友だちに伝え，また友だちの思いを受け止めたりして遊びに生かしていく。）――→

消防車ごっこ

○大型積み木や大型パネルで遊び場をつくる。
○数人でごっこ遊びをする。（おうちごっこ，基地ごっこ，海賊船ごっこ，ジュース屋さんごっこなど）

〈小さい空の容器〉ペットボトルのふた，トイレットペーパーのしん，プリンカップなど

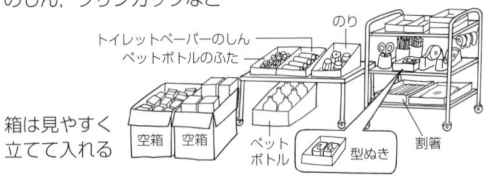

トイレットペーパーのしん
ペットボトルのふた
のり
空箱　空箱　ペットボトル　型ぬき　割箸
箱は見やすく立てて入れる

●相手に思いを伝えようとしている姿を認め，後押しする。
・出された考えを「いい考えだね」「やってみよう」などと認めたり，「○○ちゃんはどう思う？」と，友だちに橋渡しをしたりして，思いをめぐらせることを楽しむようにする。
・保育者も思いついたことを提案したり，具体的な動きを示したりして，子どもたちのイメージがふくらむようにする。
・それらしい場づくりができるように，いままで使ったことのない場所や用具を用意したり，一緒にやってみたりする。

●変化することを楽しめるようにする。
・保育者自身が，園内のどこにどんな虫がいるか把握しておく。
・子どもたちと一緒に図鑑や飼育の本を調べ，名前や飼い方，不思議に思ったことがわかる楽しさを味わえるようにする。
・目につきやすい場所に飼育ケースを置いたり，ケースのそばにその日の分のえさを置いたりして，毎日世話ができるようにする。

青虫
サンショウの木
けいじばん
あおむしがたべるもの　おおきくなったよ

〔親子遠足は仲よくなるチャンス〕
○クラスのいろいろな親子とふれあって遊べるようなゲームや，保護者どうしがお互いに知り合えるような遊びを取り入れ，保護者どうしも親睦を深められるような工夫をする。

5歳児 10月 週の指導計画 第3週 日誌

保育週案 10月3週				ねらい	・さまざまな運動遊びに取り組み，体を十分に動かす楽しさを味わったり，自分なりの目当てを見つけ挑戦しようとする。 ・友だちと相談したり工夫したりしながら遊びを進めていく楽しさを味わう。 ・秋の自然にふれたり，遊びに取り入れたりして楽しむ。
園長	主任	担当			

内容	環境構成	予想される活動
・運動会をきっかけに今度はとび箱5段に挑戦してみたり，鉄棒，縄とび，大縄とびの記録更新を友だちと喜び合ったりして楽しむ。	・一人ひとりの縄や縄とび表などいつでも好きな時に出して使えるように準備しておく。 ・運動用具を使う時は，力を十分に出して遊べるよう，設置する場所を工夫する。 ・目標達成した時にはるシールを準備する。	・とび箱，鉄棒，縄とびを楽しむ。 ・みんなで大縄とびを何回連続でとべるかな？　と力を合わせてとんでみる。→ごほうびにシールをもらってうれしい！
◎戸外で十分に体を動かして遊ぶ。 ・友だちとルールを守ったり，つくったりしながら意見を出し合って遊ぶ。	・広いスペースを確保する。 ・遊びのなかで基地となる場所がつくれるようタイヤを用意する。	・あやとびやけんけんとびなど自分なりに目当てをもって取り組む。
・友だちと自分の考えを出したり相手の考えを聞いたりしながら，試したり，工夫したりして遊ぶことを楽しむ。	・牛乳パックや，木の板，ガムテープ，台など用意しておく。そのつど，必要と思った物を用意する。	・友だちと園庭で鬼遊びやドロケイをして遊ぶ。 ・チームのなかで作戦の話し合いがでたり，みんなで遊びが楽しくなるようルールをつくったりする。
・秋の自然に興味，関心をもち，集めたり，遊びに必要なものをつくったりして楽しむ。	・どんぐりや葉っぱを集められる公園や足羽山などの下見をする。 ・部屋に自然物や，つくるための材料，道具を使いやすく用意する。	・ピタゴラスイッチ遊びを楽しむ。工夫したり試したりする。 ↓ どんぐりが転がっていくのを楽しみながらどんどん道がつくられていく。 ・近くの公園や山へ散歩に行く。 ・自然物を使ってつくって遊ぶ。

具体的に！

どんぐりなどで遊ぶことばかりでなく，もう少しねらいを空，気温，樹木のようす，虫の生態などいろいろな経験内容に具体化するとよいのではないでしょうか。

※個人別配慮を記述するスペースも必要です。

援助・配慮		活　動	今日の活動の評価・反省	
・それぞれの運動遊びのなかで友だちから刺激を受けたり自分なりに挑戦してがんばっていることを認め、励ましながらその姿を受け止めていく。友だちががんばっていることや、できるようになったことを伝え、刺激を受け合い認め合える場を設ける。	15日（月）	・足羽山，黒龍神社までどんぐりみつけに散歩へ PM ・どんぐりでつくろう	らいおんぐみ初の黒龍神社。どんぐりがいっぱいあることを子どもたちと期待して出発する。長い石段を登ったり林のなかのどんぐりをひろうのが新鮮な様子。帰ってそのどんぐりでネックレスやその他のものなどをつくって楽しめた。●	子どもの姿だけではなく保育者のかかわりに対する評価もほしいです。
・継続して遊ぶなかでルールの必要性を考えたり、協力したりする楽しさを味わえるようにする。	16日（火）	AM ・パンやさんごっこ アクセサリー，ケーキをつくって遊ぶ PM ・サッカーなど	昨日つくったアクセサリーを朝からまたつくる。どうやら楽しめたらしく、男の子のパンやさんの影響で、ケーキづくりをはじめ、ケーキ屋さんにまで遊びが発展する。台を出すとお店のイメージがわき、さらになりきった様子だった。どんぐりが足りなくなってしまった。	
・トラブルが起こった時，子どもたち同士で気持ちを出し合いながら解決できるよう見守り，必要に応じて仲介する。 ・考えを出し合って遊ぶ姿を見守り，試したり工夫する気持ちを大切にしながら，その場に応じて一緒に考えていく。	17日（水）	・お店屋さんの品物づくり （足羽山へどんぐりひろいに） PM ・ケーキ屋さんごっこ ・ピタゴラスイッチ遊び	坂道と階段の繰り返しの山道を休むことなく歩く姿がとてもたくましかった。どんぐりをひろったが少なかった。まだ他の広場にたくさん落ちているかもしれないと思った。もっと下見をしておくとよかった。●	反省，評価
・子どもたちの発見や驚き，不思議に思うことなどに共感し，クラス全体にも関心が広まるようにする。	18日（木）	・ドロケイ ・自然物を使ってお店屋さんの品物づくり	木の枝やどんぐりを使って子どもたちがさまざまなものをつくり出し得意げに友だちと見せ合っていた。●	子どもの姿だけではなく保育者のかかわりに対する評価もほしいです。
	19日（金）	・戸外遊び ドロケイ　ポコペンなど ・お店屋さんごっこ （品物づくり）	昨日つくったものをみんなで見てから、どんなお店屋さんができるか話し合い、今日はそこに並べる品物をつくることにする。自分がつくったものを「売りたくないな」と話している子もいて、考えさせられた。●	どのような点で考えさせられたのか具体的に記述するとよいと思います。

※赤字で書かれたところは，計画どおりにいかなかったその日の活動です。

第3節　幼児期の教育と小学校教育の接続

　2006年（平成18）12月に改正された教育基本法で「幼児期の教育」が新設され、さらに学校教育法では幼稚園が学校教育の最初に位置づけられたことにより、教育の基盤であることが明確になりました。そして2008年（平成20）3月に改定された幼稚園教育要領では、幼稚園と小学校の円滑な接続、子どもや社会への変化の対応、幼稚園生活と家庭生活の連続性をふまえた教育の充実などが盛りこまれました。同じく2008年3月に改定された保育所保育指針でも「幼稚園と保育所が連携した共通性のある就学前教育を行うこと」、そのためには国公私立や幼稚園・保育所を問わず幼児期の教育を担う施設と小学校が連携していくことが明記されました。小学校の学指導要領の総則においても幼児教育との連携が明記され、生活科のなかで幼児と交流することが項目事項に掲げられました。

　すなわち「保育所を含めた幼児教育の普通教育化」が図られ、幼保小の連携が行なわれるようになったのです。特別支援教育においても同様です。そのためにそれぞれの交流保育授業を行なうこと、合同研修や職員交流を実施することが求められるようになりました。地域のなかに点在する子どもに関連する施設が連携し合い、子どもたちの育ちを乳児期から幼児期、学童期という時の流れのなかで、（地域が連帯して）見守っていこうという接続がなされるようになったわけです。

　その最も重要なプログラムの一つが「指導計画の一貫性」です。年長児クラスの指導計画を小学校と一緒に連続して考えていくことです。いま取りざたされている1年生の気になる姿、たとえば社会性の欠如、自分の思いがとおらないとアレたりキレたりし物や人に当たる衝動的な態度、集団の一人として聞く力が弱く聞けなくなると立ち歩く姿、集中力の欠如など……各園でこれからの社会を見通し、子どもたちの育ちの現実を見ながら、幼児期にどういう力を育んでいく必要があるかを改めて議論し、保育課程に示していく必要性が求められています。

　また子どもたちが入学する際、「子どもの育ちを支える資料」として幼稚園が作成していた「指導要録」に代わるものとして、保育所でも「保育所児童保育要録」を記述し送付することも義務づけられました。

　また年長児クラスの3学期［保育所の年間指導計画では第4期］と小学1年の1学

期の接続，1年生の最初の時期に生活科を中心とした総合的学習を増やしていくことなどの提言もあります。

　この節では保育所での子どもたちの育ちを，それ以降の生活や学びへとつなげていくための「接続期の指導計画」として東京都の北区において作成された「東京都北区就学前教育保育検討委員会」（無藤隆委員長，今井和子副委員長）の作成したものを170頁から171頁において掲載させていただきました。

注
(1)　教育基本法や学校教育法の改正，幼稚園教育要領や保育所保育方針の改訂を受け，北区の就学前教育保育の充実を目指し，2007年（平成19）12月に「東京都北区就学前教育保育検討委員会」を設置し，就学前の一貫した教育及び保育を実施するための基本的なあり方や，幼保一元化の運営に関する考え方を明らかにするための検討を行ない，2008年8月に報告書をまとめました。「子どもたちの育つ姿」は，就学前の一貫した子育て・教育保育を目指した北区の子どもたちの目指すべき育つ姿を示したもので，幼稚園の教育課程や保育所の保育課程をつくるための参考として検討委員会が報告とともにまとめたものです。
　「心の育ち」「体の育ち」「基本的生活習慣」「コミュニケーション能力・表現」「学びの芽生え」について，成長の時期別に記述しています。作成にあたっては，検討委員会の下部組織として「子どもたちの育つ姿」検討部会を設置し，監修者である立教女学院短期大学教授今井和子氏と区立幼稚園長・保育園長が協働で作成しました。
（北区子ども家庭部子ども施策担当者）

表1 就学前期から小学校入門期の接続で育てたいこと①

		就学前期（11月～3月）	小学校入門期（4月～7月）	
保育課程①年齢別ねらい（6歳児）	基本的な生活習慣・規範意識の育ち	◎生活や活動の見通しが持てるようになり，時間を意識して守ったり，自主的に生活を進めようとする。 ◎社会の決まりの大切さが分かり「してよいこと」「悪いこと」「他の人が困ること」などに気付き，考えながら行動する。 ◎約束事の意味が分かり守ろうとする。 ・相手の話を最後まで聞き，座って待つことができる。 ◎場面に合わせてあいさつや返事ができるようになる。 ・あいさつをしたり，感謝の気持ちをことばで伝えたりする。 ◎危険な場所，危険な遊び方，災害時の行動の仕方が分かり，安全に気をつけて行動する。 ・自分の身を守る方法（むやみに人から物をもらわない，人についていかないなど）を知る。 ・交通安全を知り守ろうとする。 ◎自分の身の回りを清潔にし，生活に必要な活動を自分でする。（自分の持ち物の始末，衣服の着脱や調節，食事，排泄など）。 ◎早寝早起きの習慣を身につけ生活のリズムを整える。 ・食事のマナーを身につける（正しく箸を使いこぼさない・好き嫌いは少なく・一定時間で食べる・あいさつをするなど）。 ・少し先を見通して便所に行く。自分で排泄の始末をし，手洗い，手拭きをする。	◎学校での過ごし方を知りそれに沿って行動する。 ・困ったら先生に尋ねたり教えてもらう。 ◎新しい生活での約束，ルールを理解し守ろうとする。「して良いこと」「して悪いこと」を自分で判断できるようになる。 ・学習用具など持ち物の始末，トイレの使い方，食事中の約束を知る。 ◎あいさつや返事を習慣として身につける。感謝の気持ち，謝り方を学びことばで伝える。 ・先生や友達の話を静かに最後まで聞く。 ◎安全，危険の判断をする。 ・交通ルール，通学路を覚え，安全に登下校する。 ◎身の回りの始末をする。 ・学習に必要な用具の準備と片付けをする。 ◎身の回りの整理整頓を自分でする。 ◎自分で，体，衣服の清潔に心がける。 ◎早寝早起きの習慣を身につける。 ◎決められた時間内に自分で便所に行き，自分で排泄の始末，手洗い，手拭きをする。	保育課程②の健康（おおむね4歳） 保育課程②の保育目標①（おおむね5歳）
保育課程②の健康（おおむね4歳） 保育課程②の健康（おおむね5歳）	指導や関わりの配慮事項	保育園・幼稚園・学校： ＊自分の思いを主張し合い，受け入れられたり受け入れられなかったりする体験を重ね友達と共に生活するには決まりが必要であることに気づかせる。 ＊人の話を最後まできちんと聞けるように，様々な活動の中で身につけさせていく。 ＊あいさつや返事をすることの気持ちよさを伝え，はっきり言う経験をさせていく。「おはようございます」「さようなら」呼ばれたら「はい」「ありがとう」「ごめんなさい」など。 ＊衣服が汚れたら着替え，天候や気温，活動に応じて衣服の調節をすることに気付かせる。 ＊皆で使う場や自分の使う場所をきれいにし，整理整頓ができた心地よさを味わわせる。 ＊自分から生活の場を整えたりする気持ちをもたせる。 ＊交通安全，不審者対応など保護者にも知らせ，情報提供し協力を願い，命の大切さを知らせていく。 ＊活動内容の具体的な流れを絵や図で示したり時計で時間を示したり，子どもが意識して取り組めるような工夫をする。		
		家庭： ＊日常生活の中で決まりを守ることの大切さを体験させる。 ＊保護者自身が積極的にあいさつをしたり交通ルールを守ったり，家庭でも外でも手本になるようにする。 ＊就学前に子どもと一緒に通学路を歩き，学校まで安全に行けるように教え見守る。 ＊食事，睡眠，入浴などの生活のリズムを整える。 ＊自分で考えたり自分で行動したりできるように，大人がやりすぎたり，早く早くと声かけを多くしすぎないようにする。自分で頑張っているときにはゆっくりと待ち，できたときにはほめて自信がもてるようにする。失敗しても叱らず見守っていく。 ＊乱暴な言葉や約束を守らないときは，子どもの行動の良くないところを分かりやすく短く叱り，人格を傷つけるような言葉は避けるよう気をつける。 ＊規範意識の芽生えを培うことが，心の育ちに欠かせないことを知る。 ＊手伝いに，整理，整頓，片付けなど組み入れ，できた時には認め，感謝の言葉を添えながら子どもが気持ちよく習慣づいていくようにする。 ＊子どもが持ってくる手紙，連絡事項など情報は見逃さないようにする。		

出所：表1，表2ともに，「子どもたちの育つ姿」東京都北区就学前教育保育検討委員会発行，19～20頁より。
（委員）無藤隆　今井和子　山本豊　北区公私立幼稚園園長　公私立保育園園長　北区立小学校校長　他

表2　就学前期から小学校入門期の接続で育てたいこと②

	就学前期（11月〜3月）	小学校入門期（4月〜7月）
学び・コミュニケーションの育ち	◎協同的な学びの体験を重ねる。 ・友達と一緒に活動する中で，幼児同士が共通の目的を生み出し，協力して，工夫して遊びを進めていく。 ・互いに自分の考えを出し合い，考えたことや感じたことを相手に言葉で伝える。 ・相手の気持ちに思いを寄せたり，自分の思いを少し譲ったり，折り合いをつけて解決しようとする。 ・予測したり工夫したりしたことが実現することで満足感を感じる。 ◎先生や友達に認められ自分の良さに気付き，自信をもって行動できるようになる。 ・友達の考えや行動に気付き，自分の生活に取り入れる。 ◎親しい身近な人とのかかわりの中で，言葉を使ったやりとりや簡単な説明ができ，話を最後まで聞ける。 ・相手の話の内容に関心を持って聞き，理解しようとする。 ・集団の一員としての話の聞き方を身につける。 ◎自然事象，社会事象など様々なことに興味を持ち，自然の美しさや不思議さに気付いたりする。 ◎心動かされる体験をして，感動や思いを言葉に表し伝える喜びを味わう。 ◎絵本・紙芝居・童話の読み聞かせや素話などに親しむ。 ◎身近かな事象・文字や数・数量に関心を持ち，遊びや生活に取り入れる。	◎話し言葉と文字や書き言葉，言葉による説明などが多くなることに，だんだん慣れていく。 ・先生の話の内容を聞き，理解し，行動することの大切さが分かり，全体への話も自分のこととして聞ける。 ・自分が伝えたいことや分からないこと，困っていることが伝えられる。 ・相手に分かるように説明することができてくる。 ・文字を正しく覚えることを喜ぶ。 ◎学校での学習に興味を持つ。 ・机に向かって学習する習慣を身につける。 ・学習をする時に必要なルールを知る。 ・いろいろな事象に興味を持ち学習する。 ・いろいろ学ぶことにより，分かることに喜びを感じ，進んで学習しようとする。 ・自分に自信を持ち，良いことや得意なことを学習に生かす。 ◎友達と一緒に学ぶ楽しさを知り，一緒に学ぶことにより，自分以外の人の考えを取り入れようとする。 ・本に興味を持ち，自分でも読んでみようとする。
指導や関わりの配慮事項　保育園・幼稚園・学校	＊就学に向けて，期待が膨らむ思いを十分受け止め，楽しみに小学校へ入学できるようにする。（就学時健診・近隣の小学校との交流・体験入学・行事の参加・他園児との交流など） ＊友達と共通の目的を持って遊びを進めたり，課題を意識した活動を取り入れできた喜びを味わわせていく。 ＊互いに刺激しあい，新しい発想や考えが生み出せるように，友達と一緒に試したり工夫したりさせていく。 ＊できないことや少し難しいことにも挑戦しようとする気持ちを認め，できたときには一緒に喜び，自信につなげていく。 ＊自分の思いや考えを相手に分かるように言葉で表現し，表現する喜びや相手に分かってもらえたうれしさを味わえるようにする。 ＊クラス全体で話を聞いたり活動するときに，集中して話が聞けるようにする。 ＊集中力が継続するように，話し方や子どもの姿に応じた授業の工夫をする。 ＊学習やルールを絵や図などを使い，分かりやすく指導する。 ＊一人ひとりていねいなかかわりをし，学習が楽しくなるような配慮をする。	
指導や関わりの配慮事項　家庭	＊就学に向けて，期待が膨らむ思いを十分受け止め，楽しみに小学校へ入学できるようにする。「そんなことをしていたら学校に行けない」「学校の先生に叱られるよ」など不安になるような言葉は避け，肯定的な言い方で接する。 ＊子どもが興味を持って試したり工夫したりしている姿を見守る。自分で試せるような時間や環境を作る。 ＊失敗したときには，なぜそうなったか気付けるように一緒に考え次の意欲につなげるよう励ます。 ＊家庭の約束事や役割を決め，家族の一員としての自覚を持って行動できるようにする。できた時には感謝の気持ちを伝え自信につながるようにする。 ＊子どもの質問に答えたり，一緒に考えたりし，子どもとの時間をもっていく。 ＊子どもの目を見て話を聞き，子どもの気持ちを受け止める。 ＊新しい環境での子どもの様子に気を配り，学習や翌日の準備が自分でできるようになっていくように見守る。 ＊学校からの連絡はていねいに読み，返事や質問など必要な事を記入し，子どもが学校での生活に自信が持てるように見守る。 ＊文字が読めるようになっても，本の読み聞かせを続ける。（心の安定，想像性をはぐくむ。）	

（左側注記）
- 保育課程②の保育目標①（おおむね5歳）
- 保育課程②の保育目標③（おおむね6歳）

（右側注記）
- 保育課程①の小学校との連携

第 7 章

異年齢保育の指導計画
──作成・展開・評価・改善──

第 1 節　異年齢保育の意義

　核家族化や少子化，さらに地域での子どもたちの縦の関係がすっかりなくなってしまった今日，異年齢の子どもたちが大勢集まって長時間生活している保育園ならではの環境を生かした，豊かな人とのかかわりを育み，子どもたちの，子どもたちによる，子どもたちのための時空の世界を築く保育が注目されてきました。

　異年齢の交わりによる保育は縦割り保育ともいわれます。さまざまな年齢の子どもたちが遊びや生活のなかで人間的なふれ合いを豊かにしながら自分より幼いものをいたわったり，自分より大きくて強い子に憧れたり，それが起爆剤になって生活を展開していく保育です。同年齢のクラス別保育では，ともすると"みんなが同じようにやれるようになること"を目標にしてしまい，それを達成できない子がいると「頑張ればきっとやれるようになるから」と主には保育者が励ましながら生活をすすめていく保育が多かったのではないでしょうか。

　異年齢保育ではみんなと同じようにできたことが価値にはならないのです。それぞれに年齢差のある子どもたちが，いかに年齢の異なる子ども同士の交わりのなかで自分の力を発揮していくかを見届けていきます。したがって子どもは，同一年齢の子ども同士の場合とは違った姿を見せることも多いです。

　友だち関係ができず寂しい思いを味わっていた年長児が，ちょっとしたきっかけで小さい子に慕われるようになり自信をもったり，年長児の見事なコマ回しを見た3歳児が，来る日も来る日もその年長児につきまとい，ひもの巻き方を教えてもらってとうとう回せるようになり得意になったり，「お家に帰りたい」と泣きじゃくる3歳児のそばについて泣きそうな表情で「大丈夫だよ，お迎え来てくれるから……」となぐさめる年中児。一緒になって泣き出したら3歳児がふっと泣きやんで「泣かないで……」と反対に慰めたり。異年齢の子どものさまざまなかかわりが，日々の保育における生活や遊びを紡いでいきます。

　朝の自由遊びを園全体でオープンにし，どこに遊びに行ってもよいことにしながら，そこで生まれる異年齢のかかわりを育てていく異年齢保育もありますが，ここでは3〜5歳まで異年齢のグループをつくって生活している異年齢保育の実践展開を紹介します。

保育指針では第4章の「1　保育の計画」「(3) 指導計画の作成上，特に留意すべき事項」の「ア　発達過程に応じた保育」の(ウ)に「異年齢で構成される組やグループでの保育においては，一人一人の子どもの生活や経験，発達過程などを把握し，適切な援助や環境構成ができるよう配慮すること。」と記述されています。

　この章では金沢市のかもめ保育園の保育課程（178〜181頁）に基づいて作成された年間指導計画（182〜185頁），3・4・5歳児の異年齢保育の11月の指導計画（186〜189頁）及び各年齢の発達を捉えた年齢別クラスの保育（5歳児クラス11月の指導計画，190〜191頁），そして計画に添った実践展開と評価を掲載しています。園の職員全員で1年近く討議し編成した保育課程は，参考文献を基に発達を学びながらじっくり話し合い，その学びを共有し合って編成した過程がよく伝わってきます。じっくり読みとっていただきたいと思います。

第2節 異年齢保育の指導計画の実践例（かもめ保育園）

1 保護者を巻きこむ

　1997年度に，筆者は当園の園長として迎えられました。園周辺は広大な砂丘地で畑が広がり，松林，雑木林があり自然環境にも恵まれていました。保育室の並びも1階に面して園庭続きに神社があり，大きな欅が何本も広がっています。いろいろと難題を抱えていた園で，改革を求められて意を決し赴任したのです。しかし，こうした環境や定員60名という小規模園が何よりも魅力的でした。職員間で誰のための保育なのか，何のための計画なのか，記録なのかを確認しながら，遊びの環境を問い直すことからはじめました。

　当初は4・5歳児の縦割りから徐々に3歳児を興味別遊びや食事に誘うという段階を経て，3・4・5歳児の異年齢クラスでの保育をはじめました。保護者の不安や心配の声を職員間で共有し，筆者が率先して説明にあたる一方，子どもの育ちに関する「一口子育てメモ」を園便りで発信し，またクラス便りでは子どものエピソードを交えて，異年齢の子どもたちの自然なかかわりのなかで培われる年上の子や年下の子の成長や生活力を紹介し，幼児期の子ども理解に努めてきました。

　それと同時に，年3回の保育参加（1回に5～7日間の日程で参加日を設け，分散して参加してもらいます）を計画し，保護者には少人数で日常の「いつもの保育」に参加してもらい，昼食後に担任と主任園長を囲んだ懇談を重ねてきました。保育参加や懇談会での感想から保護者自身の子どもの見方，かかわり方が変化していく過程が垣間見られるようになりました。

　また日常のなかでも，子ども同士のかかわりの新しい発見や集団生活のなかで子どもさまざまな葛藤を抱えながら，保育者や友だちに支えられ園生活を送っていること，時には年下の子がいることでお兄さんをする場面に出合っていく姿など，気づいたり感じたりしたことを，その都度，保護者に紹介していくことを心がけています。上の子が卒園して小学校へ上がった保護者からのお手紙を紹介します。

> 弟たちが学校へ来るとあって、朝からそわそわしていて、休み時間に様子を見に行って会えて良かったと言っていました。弟の方も1年生の発表上手だった、KちゃんやTちゃん、Uくん……と久々に会えたかもめ保育園の先輩たちのことを嬉しそうに話していました。縦割りで園生活を過ごしているだけあって、上の子や下の子とかの関わりもしっかりしていて、学年の枠を超えて、思いやったり、面倒を見たり、あこがれたり、そんな繋がりがあるって素敵だなと感じました。Ⅰくんのお母さんからも年長さんが学校訪問に来てくれるのを楽しみにしていましたよ、と聞き、縦割り保育の効果って、こういうことなんだな〜と実感しました。

　園ではこのようなお手紙を大切にし、クラス便りで紹介していくということを丁寧に重ねています。数年前から、生活を基本とした異年齢クラスを3・4・5歳児で編成し、あわせて年齢別保育も大切に取り組んでいます。

2　チーム保育を充実させる

　一人ひとりの子どもの居場所がある保育園とは、いうまでもなく、安心と安らぎを得ることができる環境の整った園ではないでしょうか。そのためには、保育者の「その人となり」がとても重要で、保育者の存在にも心を配ってきました。たとえば、気になる子がいれば、クラスの枠をはずして園の子どもとして職員間で話し合い、必要であれば、1対1でじっくりかかわれる応援体制をとります。また、興味別活動や異年齢保育の取組みのなかで話し合うことも多くなり、こうしたチーム保育を基本とした保育体制がとれるように保育者も育ってきています。

　保育者がさまざまな思いをもって子どもとかかわる実践をエピソードとしてとりあげ、職員間で話し合い、互いの気づきを共有します。そこから子どもたちが異年齢で生活しているからこそ、年下児を気遣う、年上児を真似る、頼りにするなど、育ち合う子どもに触れている保育者の姿を筆者はみて、保育者も「子どもと共に生きる」生活者として豊かになっていくのだと感じています。保護者からも同じようなことがうかがえます。こうした取組みを今後も大切にしていきたいと思います。

保育課程　かもめ保育園

保育理念

○Heart 私たちは、音を待つ心で接したい。「現在（いま）を最もよく生き、望ましい未来（あす）を創り出す力の基礎を培う」を大切にし、そのその子の心をひとつひとつ受け止め、やわらかなまなざしで包みたい。そして、ひとつひとつの芽が、いつかその大地にしっかりと根となるように、校葉を伸ばし、自分らしく、輝けるように。

○「子どもまるごとの健やかな成長」を願う時、いま（現在）はあまり多くはない。支えるというかかわりが子育ての情緒の安定や人とのかかわりを築いていく土台づくりとなる。「保育」は、まわりの大人が自分らしく、自分を大切に、子どもも大切に、互いに尊重しあう関係を培い、一人ひとりの成長に前向きに向かっていきたいと気持ちよく保育しあえる仲間でありたいというところに気持ちよく仲間に入れる、輝いて子どもらしい子どもらしくいてほしいという願いが込められている。

保育方針

○自らよりよく生きる力を見つめる～保護者と共に～
少人数集団の良さを活かし、一人ひとりの人権尊重したその子どもらしさが芽生え、やわらかなまなざしで包みたい。その子自身の存在が、いつかその大地にしっかりと根となるよう、力をつけていく子どもたちと共に。

○「もうひとつのおうち」
異年齢児がかかわりをもって育ちあう子育て・子育ち環境の重要性を認め、子育て・保育園（親・保育者・子ども）は、ある保育環境でありながらも自分の居場所として育ち合う存在であってもよりどころ子育ちの空間、場として尊重されている子ども・子育て時代の子育てと共にの遊びの空間、考え合い、醸成していく創造力。

○感性と創造力～しなやかなこころ～
遊びをとおして柔らかい五感を使いながら、四季折々の自然に触れて遊び、生活や地域の伝承文化に出会い、子どもの感性が広がるように支えていく。

保育目標

○現在（いま）を最もよく生き～でも私はみんなのなかの私～
一人ひとりの子どもが現在を最もよく生き、異年齢児が共にに生活し、周囲の人も主体として受け止めることによってその自己肯定感を培い、身近な人と生活を共にしながら自己をみつめ、人との交わり心豊かにやさしさを味わえる、仲良く遊ぶことでお互いの気持ちや決まり、約束を守り、挨拶など日頃より生活に身につけていきます。

○児童福祉施設の理念に基づいて、子どもの最善の利益を考慮し、保護者と連携を図り、養護と教育を一体として「保育」を営む。
・子どもたちを取り巻くさまざまな状況を踏まえ、家庭福祉の視点から一人ひとりを大切にしていくことを最優先し、信頼関係を深め、「子育てが喜びの中に」なるようにすることに努め、やがて子育てする親へとつながっていく次世代への子育てを願い保護者は「ここにだけ」ではなく、しっかりと手渡しのできる保育環境とする。

○地域社会、関係機関との連携を大切に発信していく。
・保育士等の専門性を活かしながらも、保育園の子育て支援環境を活用し、必要に応じて関係機関との連携も深め、安心した家庭生活が送れるよう支援していきます。

発達の道筋

	おおむね6カ月未満	おおむね6カ月～1歳3カ月未満	おおむね1歳3カ月～2歳未満	おおむね2歳	おおむね3歳	おおむね4歳	おおむね5歳	おおむね6歳
	○周囲のものへの興味、関心、意欲を高める芽生え ・お母さんの顔を求めて発見もないい」から「もうひとつの新しい人」がにじむ。 ○正面の世界を自分の目でみつめようと ・見ていろいろ受けにあう聞いてみたいという思いを引き出し自分らしさのあるその思いにつなぐ関わりのひと時の身体の機能を越えていくことではじまるふれあいから、次への挑戦しようとする力が生まれる。	○選ぶ喜びを見出し物への思慕を知ろうとする ・「もう一つの欲張り」から「もうひとつ」のことごうからまらず、新しいことに夢中になる姿を感じとる力をもつ。 ○てこのまえの言葉の時代 ・子どもの自らの感性によって発見した喜びを大人に伝えようとする前のの言葉。	○身辺自立と見通しの力 ・自分でできる喜びを味わいたいという願いを一緒に分かち合うの気持ちをもつ。 ○発見と創造の世界を通してふしぎを感じる力をもって。 ○ほんない、おんないことからその心中やしての喜びを味わう。見つけた物への憧れの芽生え、事物にいろいろな遊びに、心の中に向かう。	○友だちを求める。 ・大好きな遊びをみんなの高まりの中はちと共有しあうる喜びのから、小さい赤ちゃんに興味をもったり、上目線の好奇心のままから、上の目線の好奇心のままから、 ○「もって、つもり」の世界に入る。「生活の鏡」。 ・生活のなかで大人のすることやりたのかの興味が生まれ、同じようにやりたかぶりの経験を広げていく。 ○見たべるはしい「全体と部分を見分ける」 ・目の前の状況を、みなから自分もたくさんある個体の受けとめとし、考え込みの発達と待ち、同じがないの現象を見つかり、一緒の表情が伴ってくる。	○ほないて、つもりの世界の充実。 それぞれの生活経験が土台となり、それらを再現しながら友だちとイメージを共有し、小さい友だちとの世界をつくりはじめる。 ○左右の手の機能化と協応と活動の手順の共に ・両手の役割分担をしてからつまむやなど、活動の手順を発達しつつあるうとのできる姿がついて。 ○友だちとの関係発の自分さの手応えも、「できたー」を好ないにも敏感になる。うまくいかいこと、仲間はずれなど、「人生はじめての結果と評価に敏感になるそんなとき、計画に悩み、葛藤する。自分なりで認識、ありたいことを見つ分の大切なことを守るいっているでこころを立て直す。	○はにかみのなかの新しい意思の芽生え。 ・「恥ずかしい」けれど、しなくてはと思らから励まし、互いにコントロールする目制心をもつ。 ・わざと反対のことなど、強がりの芽生える。 ○葛藤のなかの素直さ ・反対のなかに表現に、 そのたずらに表現したりの思いをみだりにに表現をひけたり、強がりでみる。ルールの意見を表現していきたがらも、自分ならの思いで相手のていないのが気持をしたりを自分のしていたとして大切しながらも、ていないから我慢することで、 頑張あろうとする。 ○抑き道が楽しくする。 ・自分経験を自分のなかで表現しようとする。相手を認めながら自分の思いを巡らす防衛という葛藤を理解する力がそう。	○周囲の人と協力しての遊びを発展させることができる。 ・一日の生活の流れを自覚し、大人のお手伝いとしたり、小さい子どもの世話をしたり、こういった自分生活の世話をしたりする。 ○遊びがより活発になり、事物への興味も深まる。自分で工夫をしながら遊ぶことで仕事ができる。遊びをの前で考えたりなるという自分から表現するり自分の行動を調整する力がつく。 ○友だちとかかわる友の遊びの中での認のやりたのかでの認められていきたいないの感情を押し動かし、周りの人に認めてもらうことでき合いながら自分の気持を調整していく。友だちと遊ぶことで自分の役割への安を見るようになる。また、自分の役割を守ろうとすることや決まりの大切さに気づき、考えの自分としていく。	○力関係を考えて友だちとの関係を調整することができる。 ・周囲の子どもと自分の運動能力や力関係の違いを気づかい、気の合う友だちとの遊びが深まり、友だちとの世界をつくっていく。 ○文字形成が身につく。 ・相手にわかるように伝えることが事項を伝えるだけでなく、一生懸命話した内容を一生懸命話して言うようになる。 ○「ほんみんなのなかの私」 ・周囲から本体として受け止られ、自主性を発揮するようになり、人と人の気持や行動を前にすいう考えをもって、友だちと仲良く遊ぶにして心地よい遊びで決まり。また、周囲と協力し合う態度を身につけ「私はみんなのなかの私」という視点をつくり出す。また、周囲の相手の気持ちにも映しあえて考えるようする力がつく。

区分						
ねらい（◎養護）（○教育）	◎保育士の愛情豊かな受容のもとに、一人ひとりがかかわりに応え、情緒の安定を図り、自分の気持ちを表現しようとする。 ○特定の大人の優しい見守りのなかで自分が認められていることを感じられるようにする。	◎一人ひとりの自我の育ちを受容しながら情緒の安定を図り、自分の気持ちを安心して表すことができるようにする。 ○安心できる保育士との関係のもとで、簡単な身の回りのことを自分でしようとする。 ○身の回りのさまざまな動きを模倣していきながら、言葉や体の動きを使ってやりとりを楽しみ、徐々に友達との遊びに関心をもつ。	◎保健的で安全な環境のもとで、一人ひとりの健康状態や発育、発達を的確に把握し、生理的欲求を満たし保護者と協力しながら生活の安定を図る。 ○一人ひとりの子どもの気持ちを受容しながら情緒の安定を図り、安心して自分の気持ちを表すことができるようにする。 ○自分でできることの範囲を広げながら、基本的な生活習慣を身につけていく。 ○仲間意識が育ち、友だちと一緒に遊んだり、友だちの思いや考えを大切にして集団で活動することの楽しさを味わう。	◎一人ひとりの子どもの気持ちや考えを受容しながら、情緒の安定を図り、安心して自分の考えを表現できるようにする。 ○生活に必要な基本的生活習慣や態度を身につけ、理解して行動する。 ○さまざまな経験をとおして自分の考えや判断をもとにして、自己発揮しながら同じ目的をもった友だちとの思いを受け止めていこうとする。		
内容（養護・教育）	健康	・一人ひとりの生活リズム（授乳・おむつ替え・沐浴・日光浴・着替え・睡眠）に合わせ、清潔な状態のなかで心地よい生活をする。 ・屈伸、腹這い、寝返りなど体位を変えてもらったり自分でしたりしながら遊ぶ。 ・特定の大人の応答的なかかわりを手厚く受けながら、寝返りや這い這い、つかまり立ちなど全身を使って移動する。	・一人ひとりの生活リズム（食事・おむつ替え・沐浴・日光浴・着替え・睡眠・散歩・遊び）に合わせ、清潔な状態のなかで心地よい生活をする。 ・自分の意志で身体を動かすことができるようになり、歩いたり、走ったり、押したり、引いたりの基本的な運動を取り入れた遊びや、さまざまな姿勢を取りながら身体を使った遊びを楽しむ。	・生活の流れを知り、身の回りのことは自分でしようとする。 ・基本的な動作ができるようになり、遊びのなかで身体を動かすことの楽しさを味わったり、遊具や用具などを使った遊びを楽しむ。 ・さまざまな遊具を使った遊びや指先を使った遊びを楽しむ。	・一日の生活の流れを見通しながら、次の行動のために手洗い、排泄、着脱などを進んで行う。 ・自分でできることの喜びを感じ、自分の身の回りのことを自分で行動する。 ・危険な場所に近寄ったり、危険な場所では遊ばないなど安全に気をつけて遊ぶ。 ・集団遊びなどで活発に体を動かし、自ら挑戦したりすることで体を十分に動かして遊ぶ。	・自分の身の回りのことだけでなく、人に迷惑をかけないようにして生活しようとする。 ・生活のなかで危険を招くような事柄があれば、自分で判断して行動する。また、自分の体の異常について友だちに知らせる。 ・さまざまな運動器具や道具を工夫して遊びを発展させたり、友だちと一緒に遊ぶ目標をもち、自分たちの考えで積極的に取り組む。
	環境（ひと・もの・こと）・表現（言葉・造形・音楽）	・友だちの仕草や行動を真似したり、友だちの持っている物を取ろうとしたり、まわりの人や物への関心が膨らむ。 ・保育士に見守られながら、好きなおもちゃや遊具を手にしたりして興味をもち遊ぶ。 ・周囲の人や物などを追いかけて手を伸ばしたりして興味や好奇心を使って遊びを楽しむ。	・おもちゃや物のとりとりをして、取り合いをしたりしながら人や物とのかかわりに興味をもつ。 ・保育士に見守られながら、好きなおもちゃ、遊具をみながら他の物の区別に気づきながら遊ぶ。 ・身の回りの植物、事物などに触れ、興味や好奇心をもち、探索し模倣などして遊ぶ。	・身近な大人の仲立ちによって共同遊具など取り合いをしたりしながら友だちとのかかわりを楽しむ。 ・いろいろな用具や材料に触れ、それを使って遊び、楽しさを味わいながら他の物の取り扱いに気をつける。 ・自分で遊びのなかから身近な自然事象をよく見たり、興味・関心をもつ。 ・身近な動植物に親しみ、興味・関心をもち、自然物に好奇心をもって模倣などして遊ぶ。	・保育士や友だちのかかわりのなかで自分の思いや欲求を受け止めてもらいながら、一人ひとりが自分のことを主張し、相手の意見も取り入れる。 ・簡単な決まりなど友だちと一緒に考え守ろうとする。 ・近隣の生活に興味や関心をもったり、地域の人とふれ合う。 ・自然事象に気づいたり美しさを知り、比べたり分けたり、集めたりすることを楽しむ。	・進んで自分の希望や意見を主張しながら相手の思いや意見を受け入れたりやりとりするなかで役割意識が育つ。 ・仲間意識が育ち、友だちと協力してやり遂げる気持ちをもつ。 ・友だちとのかかわりのなかで、互いに自分のよいことや悪いことがあることがわかり判断して行動する。 ・身近な公共の施設に興味・関心をもち、地域の人々や身近な人とのかかわりをもち、感謝の気持ちをもちながら身近にある事物の働きや左右、前後、遠近などの位置の違いに気づく。

内容（養護・教育）環境（ひと・もの・こと）・表現（言葉・造形・音楽）	・安心できる人的、物的な環境のもとで聞く、見る、触れるなどの感覚を大切にし、時には外気に触れて自然を体感したり、木立のなかを抱かれて散歩したりする。	・喃語や片言を楽しく受け止めてもらいながら、発語のやりとりを大切にしてもらう。不快なときには手足を揺らしたりして不快な表情であらわす。・機嫌の良い時には、手足を揺らしたり、「アーウー」等の喃語を発する。	・保育士の話しかけを喜んだり、自分から片言でしゃべることを楽しむ。・興味ある絵本を保育士と一緒に見ながら、簡単な模倣をするなかで、言葉のやりとりを楽しむ。・生活や遊びのなかで保育士のまねをしながら、簡単な模倣をしたりして遊ぶ。・保育士と一緒に歌を歌ったり、簡単な手遊びをしたり、体を動かしたりして楽しむ。	・生活に必要な簡単な言葉を使うようになり、自分の意志や欲求を自分なりの言葉で表す。・保育士と一緒に絵本などの内容がわかりなどの経験を見たりする。・絵本と一緒に見たりすることを楽しむ。・身近な物に直接触れたり、いろいろな素材や用具を使って、描いたり、造ったりしようとする。・経験したことや簡単なストーリーを遊びのなかに取り入れながらイメージを広げて自ら表現しようとする。音楽に親しみ、歌や身体表現、簡単なリズム楽器を鳴らすなどを思い思いに表現しようとする。	・生活遊びに必要な言葉が使えるようになり、身近な言葉や言葉のやりとりを楽しむ。・相手の話を注意して聞き、さまざまな機会や場で自分の気持ちを相手にわかるように活発に話す。・絵本や童話、詩などの経験したこと、詩などの面白さを、イメージをもって聞いたり、言葉の面白さに気づく。・友だちと一緒に経験したことをとおして、描いたりつくったりすることをイメージに取り入れて遊びを楽しむ。・経験したことや思いや感じたこと、想像したことなどをイメージを広げ、さまざまな表現用具や素材を使って描いたり、つくったりすることを楽しむ。・友だちと一緒に歌ったり、リズムに合わせて体を動かしたり、楽器を鳴らしたりして楽しむ。	・保育士や友だちとの会話のやりとりを楽しみながら、さまざまな機会や場面で相手の話を聞いたり、相手の気持ちにわかるように話す。・絵本や童話、詩などの言葉の面白さに気づく。共通の話題で話し合うことを楽しくしたり、共通の話題で話し合うことを楽しんだりする。・親しみや興味をもち、さまざまに想像して楽しむ。・さまざまな素材や用具を適切に使い経験したり、想像したことを創造的に描いたりつくったり、友だちと協力し合ってつくることを楽しむ。・友だちと一緒に歌ったり、楽器を弾いたり、音楽に親しみやリズムや楽器の音色の美しさを味わう。	・いや時間などに興味をもつ。・文字、数、形、時刻など、数量、時刻などに興味をもつ。・場面の違いにより、使う言葉や話し方が異なることに気づく。・物語、絵本、童話、親しみや内容に興味をもち、さまざまに想像して楽しむ。・さまざまな素材や用具を適切に使い経験したり、想像したことを創造的に描いたりつくったり、協力し合って友だちと一緒にやり遂げることを楽しむ。・友だちと一緒に歌ったり、楽器を弾いたりして音色の美しさを味わう。仕組み、性質に関心をもち、また工夫したり、美しさ、不思議さに興味、関心を深める。
自然と食育環境	○安定した人間関係のなかで乳を飲みたいだけゆっくりと飲み、心地よい生活を自分のなかで整え感じる。・食べることに興味をもちはじめる。	○安心できる保育者とのかかわりをもとに、それぞれの目で見たり触れたりして楽しむ自然界との出会いを大切にする。（空、雲、草花、虫、自然事象）・（生活のリズムや人数など個人差や体力に応じて少人数グループで食事をすることを基本とする）・お腹が空き、食事を喜んで食べ、心地よい生活をする。・手づかみ、つまみ、または食具を使いながら自分で食べようとする気持ちが満たされ、おいしさや満足感を味わう。	○身近な虫や生き物、風、空、雪などに興味をもって、見て感じて、遊びや生活のなかに取り入れていく。・草花の色や形、大きさや香りを楽しむ。・落ち着いた雰囲気のなか、保育士や友だちと一緒に食べる心地よさを感じる。・食生活に必要な基本的な習慣や態度に関心をもつ。	○幼児期において「自然環境」は自然のもつ意味は大きく、自然の大きさ、美しさ、不思議さなどに直接触れる体験をとおして、子どもの心が安らぎ、豊かな感情、思考力、表現力の基礎が培われる。・園庭や地域のもつ自然環境を積極的に取り入れ、子どもたちが五感をつかって、植物や生き物、自然事象に親しみ、いのちの尊さを味わう。・「食べることは」は「生命の連鎖」「命の育み」の恵みであり、日常生活やさまざまな活動の気づきから、自分たちに何ができる？を保育者自身、子どもとの生活から探り、互いに共有し、実践し、保護者へと繋ぐ。・健康、安全な食生活に必要な基本的な生活習慣やマナーを身につけ、落ち着いた雰囲気のなか、保育士や友だちと一緒に食べる楽しさや態度を身につける。・苦手な食べ物を抱えながらも、食べ物のいろいろな食べ方を知り、食べ物への関心を大切にする。・飼育、栽培、食事などをとおして身近な生き物、植物や地域の食や旬の食材のおいしさに気づいたり、食べ物の種類や特徴に触れる体験をし、食文化を味わう。・行事食をとおして地域や旬の食材のおいしさに気づいたり、食べ物の恵みや四季の変化や生活との連動を図る。・自分の体に必要な食品や食事の大切さを見つけ、栄養について興味をもつ。・日常の献立の下準備を手伝ったりして食材の原形に触れ、食べ物への興味・関心を高める。また、身近な食材を使って保育者と共に調理することを楽しむ。	○子どもたちのリクエストメニューに取り入れ、子どもたちの生活とのつながりを図る。

180

家庭との協働	※保護者支援の基本を「仕事と子育ての両立支援」「子どもと保護者の安定した関係」「保護者の養育性の向上」におき、保育をとおして知り得た情報等プライバシーの保護と守秘義務をしっかり守る姿勢をもち、保護者と共に子育ての協同を図る。 ○子どもの様子を、送迎時や連絡帳や個別面談で伝え合う。行事や保育参加（保育士体験）をとおして、子どもの様子や情景を知らつつ。懇談会、個別面談等をとおして、子どもの様子や発達への共感し合う実感を大切にし、理解し合う実感を大切にし、お便り、掲示板等々より保育の方針や子ども理解についての発信し、保護者との協働・相互理解を図りながら、園と家庭との信頼関係を構築していく。 ○子どもにおいて発達の課題が見られる場合は、担当保育士を中心にチーム保育の協力の下、地域の専門機関との連携を図り、安心と信頼のなかで保育がすすめられるよう対応していく。 ○育児不安が見られる保護者に対しては、傾聴を基本とし、丁寧なかかわりを行ない、あせらず、丁寧な対応に努める。そのなかで保護者自身が自ら解決に至ることができるような支援に努める。単独で判断せず、必ず、園長、主任、職員間で状況を確認し合い、方向性や方針を検討し合い対応していく。また、必要に応じて専門機関との連携、支援を進める。
地域との連携	※地域社会に目を向け、自然環境、地域の資源を積極的に活用し、豊かな生活体験、保育内容の充実が図れるよう企画する。また、地域の関係機関、人材、行事等、地域の資源を積極的に活用し、安心できる環境と気持ちよく利用できる雰囲気、親しみを持って保護者の思いに対応していく。 ○地域の子育て支援の拠点として子育て家庭にとって、安心できる環境と気持ちよく利用できる雰囲気、親しみを持って保護者の思いに対応していく。 ○子育て支援の場において、子どもの様子や発達に合わせて、遊びの環境を整え親子で共に遊ぶことで、育児不安を和らげ虐待防止の一助となるよう努める。 ○子ども理解の一助につなげたり、育児不安を和らげ虐待防止の一助となるよう努める。 ○一時保育において、一人ひとりの子どもの心身の状態を考慮しながら保護者と子どもの様子・状態についての情報収集を丁寧に行ない保育していく。 ○子どもの生活や発達の連続性をふまえ、就学に向けて年長児と小学校の児童との交流、職員同士の交流、情報の交換や相互理解など積極的な連携を図る。また、子どもの育ちを支える情報の共有を目指し、「保育所児童保育要録」を作成し、小学校へ届け発達の連続性につなげ、卒園後の子どもの成長を見守る。
健康・保健計画	○保護者の協力の下、子どもの心身の健康状態（発育状況、特徴における状況、生活習慣の状態、生活習慣形成の状態等）を把握し、日常生活の健康管理と共に健康増進に向けて保護者と緊密な連携を図る。 ○年間をとおして様子保育を行ない土踏まずの形成や運動面の発達を助長し、基本的な生活習慣と共に積極的な健康づくりをすすめていく。 ○子どもの心身の発育状態や健康状態について健康動向面（年2回）を行なうなど、一人ひとりの発育や健康状態を把握し、保護者と共に子どもの発育や健康増進に関心を深め、必要に応じて状態や留意事項についての保護者と対応策を検討していく。 ○保育環境の整備や保育のさまざまな状態に応じて対応できるようにマニュアルを作成し、基本的な対応を全職員が共通理解をする。（安全管理、衛生管理、応急処置、感染症対応、虐待対応、災害における対応等）

第7章● 異年齢保育の指導計画 ● 181

異年齢 年間指導計画　かもめ保育園

期	Ⅰ期（4〜5月）	Ⅱ期（6〜8月）	Ⅲ期（9〜12月）	Ⅳ期（1〜3月）	移行期（2月〜）
ねらい	◎一人ひとりの子どもの姿や健康状態を把握し、保育者との信頼関係を築きながら、安心して生活できるようにする。 ◎クラスの生活になれ、喜んで登園し好きな遊びを見つける。 《5歳児》 ・年長児としての役割や自分たちのできることを話し合い、年下児の世話をする。 《4歳児》 ・年上児に教えてもらったり、年下児に教えたりして生活面の場面の生活の流れを知る。 《3歳児》 ・年上児に世話をしてもらったり、手助けをしてもらった一緒に遊ぶなかで園やクラスの生活の流れを知る。	◎一人ひとりの気持ちを受容し安心して自分を表現し生活できるようにする。 ◎好きな遊びを見つけ、保育者や友だちとのつながりを楽しむ。 《5歳児》 ・生活や遊びのなかで自分の思いや、できることを伝え、年下児の思いを考えたりしながら、友だちや年下児とのつながりを広げる。 《4歳児》 ・異年齢児とかかわりながら自分の思いを主張することを経験し、自己発揮して生活や遊びを楽しむ。 《3歳児》 ・クラスやグループの年上児を真似いながらいろいろな遊びを体験する。	◎保育者との信頼関係を深めながら、見通しをもって生活できるようにする。 ◎友だちとのかかわりを広げ共通の目的をもって生活したり活動したりする。 《5歳児》 ・生活や遊びなどでリーダーとしての自覚をもちながらいろいろな活動に取り組む。 《4歳児》 ・年上児の遊びや姿に興味をもち、手伝ったり真似たりしながら生活や遊びに取り組む。 《3歳児》 ・「〜しよう」「〜したい」などの自分の思いを言葉で伝えながら、年上児の生活や遊びに興味をもち、自分からかかわりを広げていく。	◎一人ひとりが安定した環境のなかで、見通しをもちながら積極的に期待を高め、生活したり活動したりする。 ◎就学・進級への期待を高め、生活したり活動したりする。 《5歳児》 ・生活や遊びのなかで見通しをもち、一人ひとりが十分に力を発揮しながら積極的に取り組む。 《4歳児》 ・年上クラスの役割やお手伝いを年長児と共に取り組み、自分たちができる喜びを感じながらいろいろな活動に取り組む。 《3歳児》 ・自分のことは自分でしながら、年上児と一緒に生活場面でのお手伝いを喜んでする。	◎一人ひとりが自分の力を十分に発揮しながら、自分の力できることに自信をもつ。 《就学児》 ・小学児童と生活したり遊ぶなかでいろいろと教えてもらいながら、新しい生活・小学校への期待をもち、生活をもちはじまる生活を知ろうとする。 《新5歳児》 ・生活クラスの過ごし方の話し合いをしたり環境を整えたりしながら、自分たちで創り出す喜びと進級への期待をもつ。 《新4歳児》 ・年下児に生活の様子を教えたり一緒に遊びながら、進級への期待をもつ。 《新3歳児》 ・新しい保育士や友だちと生活したり遊びながら、新しい保育室での過ごし方を知ろうとする。
内容（生活・遊び）	・園やクラスの生活の流れやルールを確かめ合い、身につけていく。 （挨拶をする・落ち着いて食事をする・当番の入り方：食事、布団敷き、人数調べ、友だちには"くん""ちゃん"をつけて名前で呼ぶ・小さい子には必要な手助けをする・排泄、うがい、手洗い、着脱の仕方等）		・生活の見通しをもって、自分から進んで行動する。 ＊生活のなかでのルールやきまりを再確認し、年長としての生活や習慣を身につける。（年長児）	・年下児に、自分たちの役割やお手伝いを伝えながら意欲的に生活する。（年長児） ＊年長児の役割やお手伝いを一緒にしながら期待をもって生活する。（年中児）	・保育士を手伝いながら、新しい生活の始まりの準備をする。

内容（生活・遊び）

＊安心できる保育士や年上児と一緒に遊んだり生活の流れや仕方をわかろうとする。（2歳児）

・季節の変化を感じながら、戸外遊びを楽しむ。（春探し、固定遊具、散歩など）

＊簡単な役割やお手伝いに興味をもち、年上児に教えてもらいながら自分でしようとする。（年少児）

・冬の生活の仕方がわかり、健康に生活する。（ジャンパーの片付け・衣服の調節、手洗い、うがい等）

・冬の自然に触れながら、雪遊びを楽しむ。

＊おおかみさんいま何時・はないちもんめ・つかまえおに・よいさっさ・いっぷくたっぷく・ねこがだすやっちん・からすかずのこ・ふるるる・なべなべそこぬけ

＊正月遊びを楽しむ。（かるた・すごろく・こま・福笑い・トランプ、オセロ、カードゲーム等）

（もちつき・一日入園）

＊基本的生活習慣の意味や大切さを知り、自ら進んでする。（年中児）
＊生活の仕方がわかり、身の回りのことを自ら進んでしようとする。（年少児）

・自然物収穫物に興味をもち、触れたり遊んだりして楽しむ。

＊引っ越しゲーム・はないちもんめ・つかまえおに・よいさっさ・いっぷくたっぷく・ねこがだすやっちん・からすかずのこ・ふるるる・なべなべそこぬけ

・絵本のストーリーや内容に興味をもち、表現したりイメージを膨らませながら、言葉のやりとりを楽しむ。（秋まつり、運動会、クリスマス会）

＊保育者に見守られながら、身の回りのことを自分でできることを一緒にしようとする。（年長児、年中児）
＊身の回りのことを保育者や年上児に手伝ってもらいながら自分でしようとする。（年少児）
・梅雨や夏の生活の仕方を身につけ生活する。
＊衣服の調節、汗の始末、休息の仕方などを自分からしようとする。（年長児、年中児）
＊保育者に言葉をかけられて、水分の調節・汗の始末、水分の取り方・休息を取ったりする。（年少児）

・雨の散歩や水遊び・砂遊び等の自然に触れたり、木陰での遊びを楽しむ。
・夏の自然に親しみながら友だちと一緒に遊ぶ。

＊かみなりごろごろ（ボール渡し）、コアラ・カンガルー

・地域の人との交流を楽しむ。（夏まつり）

・自分の身の回りのことを確かめながら自分でしたり、年下児と一緒に遊んだり生活場面での世話をする。（年長児、年中児）
＊身の回りのことを自分でしようとする。（年少児）

・園庭の固定遊具で遊んだり、砂、土に触れて遊ぶ。
・身近な草花や虫、土に触れて遊ぶ。
・いろいろな刺激を受け異年齢の友だちに親しみをもち一緒に遊ぶ。
・簡単なゲームやわらべうた、ふれあい遊び、リズム等を楽しみながら友だちとふれあい遊ぶ。
＊じゃんけん汽車ぽっぽ・どのこがよいこ・どうぞうめぐり・いっぴきちゅう・いちばち・ゆうびん・はいったコーエースごー

・自分の好きな遊びを見つけ、気の合う友だちと遊ぶ。

・絵本や物語に親しみをもち、イメージを広げて楽しむ。

第7章 異年齢保育の指導計画

			それぞれの年齢の子どもたちが進級して大きくなることを喜び、自信をもって活動していけるように一人ひとりの成長を認めあっていく。 子どもと新しい生活の場をつくりながら、子どものルールを把握し、生活のルールを子どもたちと確認し合う。 新３歳児の子どもたちを小グループにし、興味別活動の場面から無理なく移行し、自分の好きな遊びを見つけることで無理なく参加し、自分の好きな遊びを見つけられるように配慮していく。 環境の変化により不安や戸惑いを感じている子の気持ちに寄り添い見守る。
《構成コーナー》 ：積木・ネフスピール・ ３Dジオシェイプ・パズル ：折紙・セラ・ハンドインハンドゲーム・リモーザ 《造形コーナー》 ：粘土・空箱遊び・絵の具遊び・誕生児へのプレゼントづくり 《ごっこ遊び》 ：おうちごっこ ：こちそうづくり（レストランごっこ等） 《運動コーナー》 ：サーキット・パネルブロック・リズム遊び・縄跳び ：固定遊具・三輪車遊び・砂遊び・虫探し	：指先を使った遊び（豆つかみ・ビーズ） ：水に浮かぶおもちゃり・おみこしづくり ：泥遊び・シャボン玉遊び・色水遊び	：構成パズル ：オセロ ：自然物を使った遊び（野菜スタンプ、アートづくり等） クリスマスの飾り ：お店やさんごっこ ：跳び箱・キャッチボール・ボール遊び ：自然物を見つけて遊ぼう	：指コマ回し・正月遊び・カードゲーム ：郵便やさんごっこ　なかよしランド景品づくり ：編み物 ：コマ回し・的当てゲーム・ボールゲーム ：雪遊び
登園時には、子ども一人ひとりの健康状態を把握し、保護者からの連絡事項を聞きながら、安定した状態で生活にスムーズに入れるようにしていく。 子どもの生活や遊ぶ姿に基づき、環境を工夫して整えていく。 自分のロッカー等の場所がわかり、安心して生活できるように個人のマークや名前を貼っておく。 生活や遊びに必要な物はいつも同じ場所に取り出しやすい場所に設定しておく。 ３歳児のペースを大切にし、時間に余裕をもって活動していく。	暑さのため体調を崩しやすい時期なので、家庭との連携をとりながら、一人ひとりの健康状態を把握し、水分補給をしていく。また、清潔に過ごせるように、その子なかに受け止めその子の近づきさを感じとりながら子どもと共に感じたり楽しめるようにする。 好きな遊びのなかで友だち関係を見守り、必要な場合は、保育士が同士で仲立ちをしたり、子どもと話し合いの場をつくりながら、お互いの思いに気付くようにしていく。 子ども同士が友だちの話をじっくり聞いたり、話したりする機会をもちながら目	気温や活動に応じて、衣服の調節をしたり、また、戸外遊びの後の手洗いやうがいなど習慣が身に付くように声をかけ確認していく。 そのその子のなかに受け止めその子の近さを感じとらせるようにしたり、保育者も一緒に遊びながらブループの確認を必要に応じて教えたりする。子どもも同士で教え合える関係をつくるように中立ちしていく。 季節感やや子どもの興味を大切にして絵本や童話を選び、イメージの世界が楽しめるようにする。	一人ひとりの生活面での見直しをしながらどこに戸惑っているのか把握しながら援助の仕方を工夫していく。保育者自身が身近な自然の変化を見逃さず感じとりその近づきを知らせ、子どもとともにその変化を楽しんでいく。 ５歳児の役割やお手伝いをグループや人数での確認をもちながら無理なくわりを年下児にも伝えられるように見守っていく。

興味別活動

環境構成・援助のポイント

家庭との協働

	春	夏	秋	冬
自然と食育環境	・身近な自然に興味・関心をもち、見たり触れたりして楽しむ。 園庭：園庭の木々、エンドウ、クローバー、うでばな、チューリップのめだか、いちご、おたまじゃくし、幼虫、ダンゴムシ、落ち葉 周辺：シロツメクサ、八重桜、菜の花、たんぽぽ、よもぎ、ねじり花、野大根 ・季節の食材を見たり、触ったり匂いをかいだりして興味、関心をもつ。(よもぎ、たけのこ、そらまめ、いちごなど) ・さまざまな伝統的な日本特有の食べ物や行事を経験する。(柏餅、ちまき) ・食材や給食をつくってくれた人に感謝の気持ちをもつ。	園庭：朝顔、へちま、ひまわり、かえる、あり、トンボ、せみなど 周辺：すいか畑、鳥など ・水、砂、泥んこなどの自然に触れ、感触を楽しみながら伸び伸びと遊ぶ。(川づくり、ダム造り、シャボン玉、色水、プールなど) ・雨の降る様子、木々の揺れる様子、雷などの園庭の自然の状況に興味、関心をもつ。また、雨の日や雨上がりの散歩、水溜まりで遊ぶなど、いろいろな雨の恵みを楽しむ。 ・とうもろこし、農園の野菜、金時草(うなぎ、氷室饅頭、氷室ちくわ) ・農園で収穫した野菜の料理を味わう。 ・野菜や花の生長に関心をもち、水やりをする。(トマト、ほおずき、朝顔、園庭の木々、ひまわり、ひょうたん、へちま、キーウイ、ブルーベリーなど)	園庭：どんぐり、小枝、落ち葉、松ぼっくり、バッタなど 周辺：金木犀、ミカン、柿、セイタカアワダチソウ、ススキ、さつまいも畑 ・秋の自然に触れ、植物の色や形、小動物の変化などに気づき、季節の移り変わりに興味、関心をもつ。 ・(かぼちゃ、白菜、ねぎ、ごぼう、さんまなど) ・地域の特産物を生かした料理を味わい、郷土への親しみをもつ。(さつまいも) ・農園の野菜を食べたり、収穫物や自然物を使った遊びを楽しむ。(野菜スタンプ、どんぐり、松ぼっくり、小枝、落ち葉など)	・冬の自然に触れて驚き、興味、関心をもち、それらで遊ぶことを楽しむ。(あられ、雪、氷、氷柱など) 園庭：園庭の木々、ツララなど 周辺：大根干しなど ・園庭に出て、日射しの温かさを感じたり、草花の芽やビオトープのめだかがみえるのだまでを発見しながら、春の訪れを感じる。 ……チューリップの芽、ヒヤシンス、サクラ ……つくし、ふきのとう ・(おせち料理、七草粥) ・温かい食べ物で身体をあたため、いろいろなものを食べることで風邪をひかない丈夫な身体になることを知る。(おせち料理、七草粥、餅)
	・分の考えや思いを恥ずかしがらずに言えるようにかかわっていく。 ・子どもがイメージを広げられるような絵本を用意し、子ども同士でも楽しめるコーナーの設定をしておく。 ・絵本では、3歳児も楽しめるストーリーを選び、お話を聞くことも楽しさが味わえるようにする。	・親しみやすいわらべうた、ふれあい遊びをするなかで子ども同士がたがいのことに興味をもったりかかわりたりする機会や場面を取り入れていく。			

第7章 ● 異年齢保育の指導計画

11月 3・4・5歳児 月の指導計画　かもめ保育園

11月　指導計画案　3・4・5歳児

子どもの姿
- 年下児と上手くかかわれなかった年長児，年中児が，秋のグループ遠足から自発的に年少児のお世話をしたり，一緒に遊ぶなど，いままで見られなかった新たな異年齢のかかわりが見られた。
- 年長児：友だちとお互いの考えや思いを言い合い，自分たちで遊びを進めていく姿が見られるようになった。
- 年中児：生活や遊びのなかで，年長児の様子を真似てやってみようとする姿が見られたり，仲のいい年下児以外の子にも興味をもち，一緒に遊んだり，手伝ったりする姿も見られた。
- 年少児：気の合う友だちと遊ぶ楽しさを感じながら，言葉が不十分であるものの，自分の思いを年上児にもしっかりと伝える姿も見られてきた。

年齢の配慮

年長
- 自分の身体の状態や予防に関心をもち，健康な生活に必要な習慣を身につけられるようにかかわっていく。
- 年下児とのかかわりのなかで，リーダー性を発揮しようとする姿を大切にし，言葉のかけ方や，年下児の思いを汲み取ろうとしている姿など見守りながら，場面を捉えて考え合っていく。

年中
- 手洗い，うがい，気温による衣服の調節の大切さを知り，季節の変化に応じた生活の仕方を身につけて生活できるようにかかわっていく。
- 生活や遊びのなかで，年長児の姿を真似て自分もやってみようとする姿や年下児とのかかわりを見守りながら，場面に応じて保育士もかかわっていく。

年少
- 自分で身の回りのことをしようとする姿を見守りながら，「自分でしよう」という気持ちを大切にしていく。
- 保育者や友だちと一緒に表現遊びやごっこ遊びを楽しみながら，年上児や同年齢の友だちへの関心やかかわり方が広がるようにかかわっていく。

保育の内容

生活

内容及び環境構成	援助・配慮
・季節の変化に応じた生活の仕方を知り，うがいや手洗いを自分からしようとする。 　〔手洗い，うがいの大切さを丁寧に話しながら，健康に関する絵本やポスターを見せたり，掲示したりする。〕 ・排便の後始末の仕方を知り，自分でしようとする。（年少児） 　〔集いの時など年少児だけでなく，年長，年中児も交えて排泄後の後始末の仕方について話をする機会をもち，話したり確認したりしていく。〕 ・自分たちで収穫したサツマイモを食べたり，旬の食べ物に興味をもち食べようとする。 　〔子どもたちと，落ち葉を集めたり，焼き芋をする際に必要なものを用意する。〕	・うがい，手洗いは，感染症（インフルエンザ，下痢嘔吐症など）の予防になることを丁寧に伝え，繰り返し，毎日一緒に行ないながら確認していく。また，衣服の調節は，気温や遊び，個人の健康状態に合わせて対応していく。 ・排便の際は，保育士も付き添いながら，トイレットペーパーの使い方，拭き方，水を流すなど丁寧に知らせていく。 ・食事の際に，この時期の旬の食べ物の意味や味，栄養のことなどを伝えたり，子どもたちと話したりしながら，子どもたちが興味をもち無理なく食べられるようにしていく。 ・箸の使い方やお茶碗の持ち方などを確認し，さりげなくその持ち方を伝えていく。また，年長児においては，食事時間の目安を伝えていく。 ・落ち葉を使っての焼き芋では，火の熾し方や風向きに配慮し，水の準備などの安全面に十分配慮していく。 ・戸外で遊びながら紅葉した葉や木の実などの自然物に触れたり，集めた自然物で遊んだりしながら季節の変化を感じ，子どもの発想や表現に共感していく。

	園長印	主任印	担任印

ねらい	◎季節の変化に応じた環境に留意し，一人ひとりの気持ちや考えを受け入れ，健康で意欲的に生活が送れるようにする。 ○友だちとイメージや思いを伝え合いながらいろいろな方法で表現することを楽しむ。 ○秋の自然に触れたり，自然物を使っての遊びを楽しむ。	【先月の評価・反省】 ・10月は，年長児をリーダーとしてのグループ遠足をとおして，年長児の年下児へのかかわり方や，行動に頼もしさが感じられるようになった。また，興味別活動に時間をたっぷり取ったことで，好きな遊びをとおして，気の合う友だちとの関係の深まりや，新たな友だちとの関係も見られるようになった。

家庭との協働	・寒さに向かい，感染症からの予防の為，手洗い，うがい，薄着などの習慣を家庭でも家族で励行していけるように伝えると共に，子どもの体調が悪い場合は，早めの連絡，受診対応を行なっていくことを伝えていく。 ・内科検診，歯科検診での結果を伝え治療が必要な場合は，早急に受診するよう伝えていく。	行事	バザー（1日），身体計測（2日） 内科検診（5日） シルエット観劇：年長，年中（10日） 歯科検診（19日） バースディランチ（20日） リトミック（25日）

	興味別活動（1週～4週）	援助・配慮
造形	・描画　テーマ「園庭の木や葉っぱ」————→ ・粘土，空き箱制作 ・自然物を使って遊ぶ 　（木の実，葉，どんぐり，松ぼっくり，小枝，ダンボールなど） 　　アートづくり ————————————→ 　　　　　　楽器づくり —————————→	・描画表現においては，子どもの発想や言葉を受け止め，絵の背景にある子どもの思いを丁寧に捉えていく。また，園庭の木々や葉にそれぞれ色の違いがあることに気づくようにかかわっていく。 ・アートづくりでは，豊富な自然物を準備し，子どもの発想を受け止め，ボンドの使い方を知らせたり，つくり方やどうしていいか戸惑っている子に対しては，年長児などに教えてもらうなど，子ども同士のかかわりを大切にしていく。
構成	・積木 ——————————————→ ・パズル —————————————→ ・アークレインボウ ————————→	・積木では，子どもの人数や，何をつくっているのかを把握し，積木の数やつくるスペースを確保していく。また，「続きにしたい」という姿も予想されるので飾る場所や壊れないような工夫を子どもたちと考えていく。 ・遊んだ後の片づけでは，パーツが全部そろっているかなど一緒に片づけたりしながら確認していく。

| 保育の内容 | あそび | ・思いっきり身体を動かして遊ぶ。

・季節の移り変わりを感じながら、戸外遊びを楽しむ。
　散歩や戸外遊びへ誘い、季節の変化を体で感じたり、いろいろな発見ができる機会をもつ。また、虫眼鏡や図鑑などを用意する。

・絵本の繰り返し読みから、ごっこ遊びやおはなし遊びを楽しむ。
　ごっこ遊びに使うお面や小道具は、子どもたちと一緒に話し合い、子どもたち自らつくれるように画用紙や、箱などの材料を常に用意しておく。
　＊おおかみと7ひきのこやぎ（こあらクラス）
　＊ブレーメンの音楽隊（うさぎクラス）
　＊あかいありとくろいあり（ぱんだクラス）

・歌やリズム遊び、わらべうた遊びを友だちと楽しむ。
　歌、手遊び：山の音楽家、松ぼっくり、どんぐり
　わらべうた：1羽のカラス、からすかずのこ
　リズム遊び：どんぐり体操
　集団ゲーム：引っ越しゲーム | ・子どものイメージや発想、表現を大切にしながら言葉のやり取りを楽しんだり、時には保育士も提案したりしておはなしづくりを一緒に進めていく。また、年少児や戸惑ってなかなか表現できない子に対しては、年長児と一緒に表現したりするなど、無理のないような年長児の役割を考えていく。

・手や足、身体全体をリズムに合わせて動かす楽しさ、友だちと触れ合ったり、声をあわせる楽しさ、ことばの繰り返しのおもしろさ等、子ども一人ひとりの表情や子ども同士のやりとりを見て、保育士も一緒に楽しむ。

・繰り返し遊びを楽しむなかで、ルールや役割がわかるように、年長児と年少児をペアにするなど、和やかな雰囲気のなかで進めていく。 |

ままごと	・ままごと，お店やさんごっこ，買い物ごっこ ─────▶ ・電車遊び ─────────────────────▶ ・ロンディー ────────────────────▶ 　　　　　　　　　　　・おはなし遊びごっこ ─────▶	・ままごと遊び，お店やさんごっこでは，子どもの興味，関心に合わせ，毛糸やフェルトなどごちそうの材料や，お菓子の空き箱（品物），紙類（紙幣）を用意しておく。 ・各おはなしのお面や布，小道具など，自分たちでおはなし遊びごっこができるように用意しておく。
運動	【園庭】 ・大型固定遊具，三輪車，砂遊び ──────────▶ ・縄跳び，鉄棒，ボール遊び ────────────▶ ・鬼ごっこ（助け鬼，手つなぎ鬼）────────▶ 【遊戯室】 ・巧技台，縄跳び，ボール遊び ─────────▶	・気温や遊び方で汗のかき方が違うので子ども一人ひとりの様子を確認しながら衣服の調節をするように声をかけていく。 ・保育士も一緒に遊ぶなかで，風の冷たさや，体を動かすことで暖まる体の様子を子どもたちと共に感じ，言葉で伝え合ったりしていく。 ・遊ぶなかで子どもとルールを確認し合ったりトラブルが生じた時には，お互いの思いを伝えたりして子ども同士で解決できるようにかかわっていく。

今月の主な遊びの流れ（1週～4週）

・散歩，戸外遊び ─────────────────────────────────▶
・わらべうた遊び（からすかずのこ，1羽のからす）─────────────▶
・どんぐり体操 ──────────────────────────▶
・引っ越しゲーム ─────────────────────────▶
　　　　　　　　　　　　　　　　　・おはなし遊び ─────────▶

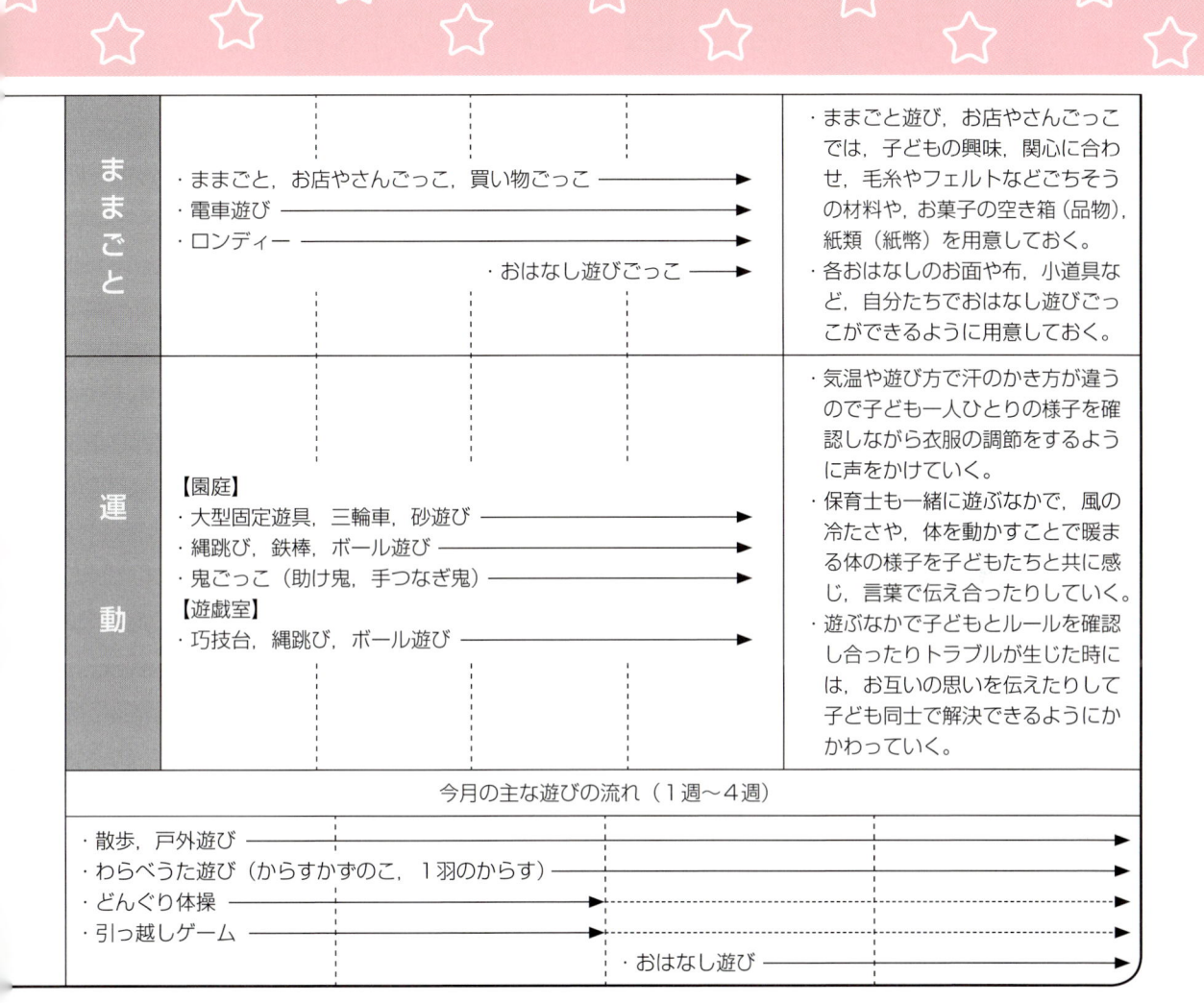

5歳児 11月 月の指導計画　かもめ保育園

11月　指導計画案　　5歳児

子どもの姿	・ボールを使ってのサッカーやバスケットボール遊びなど，子どもたちのなかでルールをつくって身体を動かして楽しんだり，大縄跳びでは，縄を回す係を交替しながら，いままで以上に友だちと誘い合って遊んでいる姿が見られる。 ・絵を描くなかで自分なりに表現してみようとする姿が見られ，友だちと混色の仕方などを話しながら，じっくりと取り組む姿が見られる。	ねらい	◎季節の変化に留意し，一人ひとりの気持ちを受容し積極的に生活できるようにする。 ○共通の目的に向かって友だちと意見を出し合い，工夫して遊ぶ。 ○秋から冬への季節の変化に気づき，興味や好奇心をもって友だちと表現することを楽しむ。

内容及び環境構成

健康・環境（ひと・もの・こと）・表現（言葉・造形・音楽）

・全身を使うことの大切さを知り，積極的に戸外に出たり，身体を動かして遊ぶ。
・友だちを誘い，ルールを考えたり，守ったりして遊ぶ。
（ボール，縄跳びなど，子どもが遊びたい時に手に取って遊べるように準備しておく。）

・自分の考えや思いを伝えると共に，相手の気持ちや思いを受け入れながら協力して遊ぶ。
・年長としての自覚をもち，年下児とのかかわりを深める。

・深まる秋の自然の変化の美しさや不思議さを感じながら，遊びに取り入れ興味や好奇心を高める。
（紙や，色鉛筆などの準備や，落ち葉の形に興味をもち，調べられるように図鑑『紅葉と落ち葉』を用意する。）

・文字や数に興味をもって遊ぶことを楽しむ。
（カードゲームや五目並べ，オセロゲームなどの準備をする。）
・絵本や童話の面白さに気づき，思い思いにイメージを楽しみながら見る。
（絵本：もりのかくれんぼう，スーホの白い馬）
・友だちと一緒に歌ったり，踊ったり，楽器を鳴らしたりして音の強弱，高低，リズムの楽しさを味わう。
　自由な雰囲気のなか，楽器に触れたり，鳴らしたりできるようにコーナーを設ける：ピアニカ，大太鼓，カスタネット，グロッケン，トライアングルなどの準備
　歌，合奏：歌えバンバン，パレード
・自然物や絵の具を使ってつくったり描いたりすることを楽しむ。
（描画では，絵の具や，筆洗い水などの準備をしっかり行ない，一人の描くスペースや人数を考慮していく。）

個別の配慮

A子：一緒に遊びたい友だちに自分から声をかけられないのか，一人で遊んでいたり，座っていたりする姿が見られる。本児の思いを汲み取りながら，保育士が遊びに誘ったり，友だちとのつなぎ役になったりして自然と友だちと遊べるようにかかわっていく。

	園長印	主任印	担任印

家庭との協働	・午睡がなくなるため午後の過ごし方について伝えたり，降園後の家庭での生活の様子や就寝時間など聞きながらお互いの様子を伝え合っていく。	行事	・身体計測（2日） ・クリーンキャンペーン（5日） ・シルエット観劇（10日） ・バースディランチ（20日）

週	予想される子どもの姿や活動	保育者の援助・配慮
11/1 ～ 11/7	・身体計測　・戸外遊び，散歩 ・クリーンキャンペーン　・運動遊び 　　　　・集団遊び 　　　　（手つなぎサッカー） ・綿の収穫	・子どもたちに思いっきり身体を動かして遊ぶ楽しさが感じられるように遊びを工夫したり提案したりしていく。また，身体を動かして遊ぶことが苦手な子に対しても，保育士も一緒に遊びながらその楽しさや大切さがわかり，自ら挑戦しようという気持ちがもてるようにかかわっていく。 ・遊びを進めるなかで，思いの違いなどから起きるトラブルでは，お互いの思いに気づくいい機会と捉え，自分だけでない他の友だちの思いにも気づけるように周りの友だちからの意見も聞いたり，保育士が仲立ちしたりしてかかわっていく。 ・年下児（2歳児も含む）に積極的にかかわる姿を見守りながら，かかわり方やお世話の仕方に戸惑っている子には，保育士も一緒にかかわりながら知らせたりしていく。また，2歳児担当の保育士との連携も図っていく。 ・描画活動では，いつも，友だちと同じように描いてしまう子に対しては，葉っぱや木の色の違いや変化に気づくように声をかけながらその子自身が感じた混色のつくり方やイメージの膨らみ，絵の背景にある思いを認め，描くことの面白さや楽しさが感じられるようにかかわっていく。また，描く人数や場所やスペースの取り方に配慮していく。 ・友だちや保育士の歌や合奏を聴き合い，一人ひとりが一生懸命に取り組んでいる姿をお互いに認め合う機会をもちながら，音色や高低，リズムの違いに気づけるようにかかわっていく。また，一人ひとりが無理のないようなリズムの取り方に配慮する。 ・午睡がなくなるため，午後の休息の取り方や，活動の内容に考慮していく。また，文字や数に興味がもてるように，カードゲームやオセロゲームなど，友だちと遊べるものや一人でじっくり取り組む遊びなど，工夫し子ども一人ひとりの苦手な部分の把握を行ない，その子にあったかかわり方や知らせ方に考慮し丁寧にかかわっていく。
11/9 ～ 11/14	・シルエット観劇　・楽器遊び ・球根植え（チューリップ） ・描画「園庭の木や葉っぱ」	
11/16 ～ 11/21	・バースディランチ	
11/24 ～ 11/30	・リトミック ・体育教室	

先月の評価・反省

・身体を動かして遊んでいる子がいつも同じ顔ぶれで，苦手な子への誘いかけが少なかったように思う。保育士も一緒に身体を動かして遊びながら，子どもを誘い，子ども自身が身体を動かして遊ぶことの楽しさや大切さがわかり，意欲的に遊びに参加できるようにかかわっていきたい。

異年齢 展開例

1 手つなぎサッカーをとおして

　10月に入り，学童の子がサッカーをしている様子を見て，M男（6歳2カ月）や年長児の他の男児も興味をもち，自分たちで役割を決めながら遊びを進めていこうとしていました。そのなかで，M男は自分の思いどおりにならないと「そうじゃないし!!」と自分のルールで進めていくことが多かったのです。

　また，K男（6歳5カ月）は，積み木やカードゲームなどじっくりとする遊びが好きでしたが，運動会をきっかけに少しずつ体を動かすことに興味をもってきていました。しかし，友だちがしているサッカーのなかには入ろうとしなかったため，こちらが遊びを提案することで"友だちと体を動かすことが楽しい"と感じたり，"自分もできる"ということに気づき，挑戦してほしいという願いをもって，年長児で『手つなぎサッカー』を楽しむことにしました。

1　M男の気持ちの変化

　子どもたちでチームを決めると，いつもやっているメンバーで集まってしまうだろうなと思い，保育者が意図的にチームを構成してみます。M男はいつもやっているメンバーと同じチームになりたかったようですが，「誰となるのか」と期待も感じられました。M男とK男は同じチームになり，M男は7人チームの真ん中に並んで「僕が引っ張っていくんだ」というように立ち，K男は一番端にいました。私はM男が（やっぱり一人でやっていこうとするのではないか……）という不安やK男が（端だったらボールに触れるかな）と見ていました。

　いざゲームがはじまると，遊戯室の端にボールが転がっていくため，K男は思いっきり蹴るということはないのですが，前の方に転がしていこうとします。するとM男は「何しとるん？」と言って手をつないだまま，友だちを引っ張ってボールを取りにいこうとします。するとそのボールはK男とのやりとりになり，足に当たって思うところにいかない様子でした。そのうちM男は思いきり蹴ると自分のゴールに入ってしまい，「あ〜」と言って悔しがります。そのことがあって次にボールがK男のところにいったタイミングで，「ボール蹴っていいぞ」とM男が声をかけます。K男もその声に応えようと「うん，わかった」と言って思いきり蹴る姿が見られました。

2　友だちがいるんだ

　子どもたちのチーム替えはしましたが，前回と同じようにM男とK男が同じチームになりました。ゲームがはじまり，M男は自分のチームにきたボールはまだ「僕が取

るんだ」という思いがみられたことと，同じチームの子がボールを触っていない様子もうかがえたので，ボールを2つにすることを提案しました。子どもたちも「それ楽しそう」「いいよ」とやってみたい様子でした。

　ボールを2つにすることで，自分一人ではなく，より友だちと協力して進めてほしいという願いをもちながら見守っていきます。M男は，どちらのボールも気になり，「あーそっちいったぞ，僕にボールちょうだい」と声をかけますが，自分のところにはこず，「あーむずかしい」と言いながらやっていこうとします。ゲームはM男のいるチームが勝ちましたが，「相手チームは1点も入らなかったのにとてもいいところがあったんだけど，どんなところかわかる？」とまわりの子と考えあう機会を設けました。

　すると，「こっちに渡してー，蹴っていいよーって声かけとった」という子どもからの声が聞かれました。子どもから出たことを認めながら，自分たちはどうだったかということを振り返り，考えてほしいという願いをもってかかわります。その話し合いのあとのゲームではM男も「そうやっていけばいいんだ」ということに気づいたのか，「そっちいったよ」と声をかける姿が見られました。またK男も"勝った"という自信から，思いきり蹴ったり，声をかけあったりします。

評　価

　どうしても自分の思うように引っ張って行こうとするM男には，どんな気持ちがあったのかを考えますと，「自分はできるんだ」という自信があり，年下の子だけに限らず，同年齢の友だちからも認められる経験があったからこそ，思いどおりにしていこうとしたのではないでしょうか。しかし，ボールが2つになったことで「こうしたいけれど，そうできない自分」を感じ，まわりの友だちの姿や活動からヒントを得て，自分が友だちのなかでどんな役割をしたらいいのかを考えていくようになりました。K男は，自分のやろうとしていることを友だちから認められたことで自信にもつながり，自分から積極的に動こうとしていました。

　今回は保育者側が意図したチームでしたが，子ども同士で相談しあい，チームを考えたり，ゲームのなかで子どもたちから，「ゴールの位置をどこにするのか」「自分たちのゴールに入ってしまった時，点は相手チームに入るのか」などの声も聞かれたので，自分たちなりのルールで進めていく機会をつくっていきたいと思います。

❷ 自然物を使ってアートづくりを楽しむ

　当園では，造形，構成，ままごと，運動・園庭等，遊びのコーナーを設定し，興味

別選択遊びを取り入れています。

造形コーナーでは，子どもの発想や製作意欲，手や指先を使って自分なりの表現を楽しむというねらいをもち，子どもたちがその季節ならではの製作が楽しめるよう，いつでも自分たちで取り出せるように，わかりやすい場所に，使いやすい形で素材や用具を用意しています。

秋になると，園庭の木々の葉っぱや，いろいろな木の実，草花を子どもたちが拾い集めています。保育者も，造形コーナーで使う自然物を集め，どんぐり笛・まつぼっくりのけん玉や音を楽しめるマラカスづくりを提案します。また，園庭で遊んでいると，落ち葉の色や形の発見一つでもうれしそうに伝えてくる子どもの姿が見られます。遊ぶものだけでなく，木の実や葉，枝などの形・色・大きさなど見比べたりしながら飾ることで，より自然に親しめるのではないかという思いから，自然物を使ってのアートづくりを計画します。

写真1　造形コーナー1

1　拾ってきてあげようか？

材料が途中でなくなり，「先生〜もう枝とかないよ！」という年中児U子（5歳6カ月）S子（5歳5カ月）Y子（5歳2カ月）。「ごめん足りんかったね。また拾ってこんなね，先生拾ってきたいけどいまちょっと動けないな……」と描画のコーナーも見ていたため，そう言うと，「じゃあ私たちで拾ってきてあげようか？」と3人で園庭へ取りに行きました。しばらくして「先生あったよ！　ほらこんなの」と一つひとつどこにあったか，手触りはどんなかなどを話し，大きさ・形を見せてくれます。子どもたちが拾ってきたものを得意げに嬉しそうに話す姿に，自分たちで集めたものだからこそ，よりつくる楽しさもあるのかなと感じます。

その日から子どもたちが園庭で遊んでいる夕方の時間，袋をもって次の日使う分を集めに行ってみると，子どもたちも興味をもって「一緒に拾ってあげる！」という姿が見られ，集めた子のなかで年中・年長児では「僕も明日するし集める！」と次の活動への見通しももてていて，次の日，「僕のどれや〜，あ，あった！　これ船にする！！」などと言いながらつくっていました。年少児ではなかには集めるということだけを楽しんでいる子もいましたが，「昨日拾ったもので何かつくってみる？」と次の日声をかけるとやってきて，「これ私も拾ったね〜」とそこからも興味をもち普段つくりに

来てなかった子でもつくりに来ます。製作中でも「もっと大きな葉っぱほしいな！探してこようかな」とイメージに合わせ，足りないものを探しに行く子もいました。

2　ペンないがん！?

　　ぱっと選んだ木の実などを並べていく子，じっくり考えて「この葉っぱ赤い」「こんな変な形のある！」とよく見てイメージづくりしていく子などさまざまです。そのなかで，年少児は一つひとつの素材を見てくっつけていくことを楽しみ，できた形から「なんか顔に見えるよ」と連想してイメージしたりします。年中・年長児になると，まず素材を一通り見てどんなふうにつくろうか，何をつくろうか考えながら，素材を組み合わせ何かに見立てたりする姿がありました。イメージしたことが風景・乗り物だったり，枝のつり橋・まつぼっくりの山・葉の花束など子どもたちの方からどんどんイメージが出てきていました。

　　そんななか，年長児 I 子（5歳9ヵ月）が「先生どんぐりに顔描きたい！　ペンないがん！?」と言います。私は自然物で飾るよりペンで書くことが主になってしまわないかと懸念しましたが，それで I 子のイメージがもっと膨らむのではと思い，「わかったよ。じゃあペン使って描きたい人はこっちのテーブルで描いてね」と用意しました。すると I 子はどんぐりに顔を描き「ほら，船に乗っているどんぐりちゃん！」と嬉しそうに見せます。その様子や飾ったものを見て他の年中，年長児もどんぐりや葉に顔を描いたり，作品にタイトルをつける子もいました。ペンを使うことでまるで実や葉に命が宿ったようにストーリーは膨らんでいきました。

　　また，年少児もその様子を見て「やってみたい」と話し，難しいかなという思いもありましたが，年中児や年長児が「こうやって置いて書いたら描きやすいよ」と伝えたり，自分たちで大きい子の様子を見て真似しながらどんぐりに顔を描いて楽しむ姿

写真2　造形コーナー2

写真3　造形コーナー3

が見られ，そのどんぐりが登場人物となり，そこから家をつくったり葉の布団を掛けたりする姿も見られました。

評 価

　　同じアートづくりでも，一人ひとりの楽しみ方があり違っていて面白いと思いました。素材そのもので楽しむ年少児の姿があり，年中・年長になると自分の見たもの，経験したことをイメージしながら，ストーリーをもたせて，その素材を使って表現しようという楽しみ方になっていくのだと感じました。また，保育者が用意した素材を使ってそこからイメージしてつくることを最初は楽しんでいたのですが，材料がなくなったことで，"そこでおしまい"ではなく，Y子，U子，S子のように，園庭にあるから自分たちで拾ってきてつくればいいのではないかという発想には正直驚きました。

　　こうした思いをもったのは，普段から自然物がすぐに手に入る環境で遊んでいることや，もっとつくりたいという子どもたちの思いがあったからだと思います。また，材料を自分で選ぶ・用意しようとすることで自然物をよく見たり，これはどう使えるかと思案したり，それを使ってつくりたいという意欲も膨らむということを子どもたちの姿から気づかされました。

　　そして以前は，ガムテープやセロテープ・のりなどの使い方もむやみやたらに丸めたり切り取る難しさもあったり，のりの量が多くベトベトになっていたりすることもありましたが，こうした興味をもって集った異年齢の子どもたちが何かをつくる楽しさのなかで，使い方を小さい子に伝える年中・年長児がいたり，うまくできないと大きい子に頼る年少児がいたりします。そのかかわり方は必ずしも年齢で決まるわけではありませんが，互いに伝え合う姿が日常的に見られるようになってきています。"ペンを使う""材料を自分で集める"などの発想はもし年少児だけだったら経験も少なく出てこなかったでしょうが，年長児のその姿を見て"やってみたい"という思いで挑戦し，さらに遊びが広がっていきました。異年齢の子がいろんな遊びを共にすることで，一人ひとりが自由に，でもお互いの発達過程ならではの刺激を受け合い，楽しさや面白さを感じ，つくる意欲が生まれていくのではないかと改めて感じました。

　　今回のアートづくりでは，保育者がねらいとしていた自然物を使っての造形遊びを十分楽しむということができたと思います。同時に子どもたちのひらめきや発想に保育者自身新しい視点をもってかかわることができ楽しめました。今後の活動では，こうした子どもたちのひらめきや発想を大事にしながら，保育者の仕掛けや工夫も大切にし，作品づくりに取り組むことが苦手な子にも楽しそう，やってみたいと思えるように，子どもたちを誘い込んでいきたいと思います。

3 繰り返し読みからお話し遊びを楽しむ
──生まれ変わろうとする力

　当園では、絵本の読み語りを行なう際、日替わりで読むのではなく同じ絵本を1～2週間続けて読む『繰り返し読み』を年間をとおして大事にしています。毎年12月の『なかよし発表会』では、異年齢3クラスそれぞれに、"友だちとイメージや思いを伝え合いながらいろいろな方法で表現することを楽しんでみよう"というねらいから、日頃親しんできた絵本のなかの『お話し遊び』に取り組んでいます。

　こあらクラスでは『おおかみと7匹のこやぎ』の絵本を繰り返し読みするなかで、「おおかみかっこいいなぁ～」と興味をもつ年長児の言葉が聞かれたり、女児も大好きなごっこ遊びの延長から役になりきり、同じ役の友だちと一緒に表現する楽しさを十分に味わえるのではないか。さらに、皆の遊ぶ様子を見てから活動に参加しようとするR男やK男、なかなかクラスの活動に落ち着いて参加できないN男等の気になる年少児の子どもたちも、繰り返しのあるストーリーで馴染みのあるお話しなら、イメージしやすく安心してはじめてのお話し遊びに取り組めるのではないかと思い、子どもたちに投げ掛け『おおかみと7匹のこやぎ』に取り組むことに決まりました。

写真4　お話し遊び1

1　K男こっちこい──年長児の対応のなかで成長した3歳児

　年少児K男（4歳3カ月）は、皆で何かしようとすると輪から抜けることが多い子です。皆の遊んでいる様子を傍で見ながら、保育者に「一緒にやってみる？」と声を掛けられて参加したり、自分から入ってきたりと、本児なりのタイミングがあるようで、保育者は誘いの声を掛けながらも無理強いしないように、また皆と参加できた時には「K君、楽しかったね」等その姿を認めながらかかわってきました。最近は少しずつクラスの集いのなかで自分から話をしたがる姿等から、年長児や同年齢の友だちとの関係が深まってきて一緒に遊ぶことが楽しくなってきているように感じていました。

　そんなある日、いつものように朝の集いに集まって来る子どもたちと『一羽のからす』（わらべ唄）をしていましたが、K男は輪の横を通り過ぎようとしていました。保

育者が声を掛けようとすると，年長児Y男（6歳7カ月）は，「K男～こっち来い」とK男の手をギュッと引っ張ります。K男は体の向きも変えずに，Y男に身を委ねたままに後ろ向きで輪に入り，そのまま手をつないで遊びはじめていました。最近ブロック遊びをしたり，K男のヒーローごっこの相手をしたり，集いの時にはK男からも隣に座りたがる姿が見られ微笑ましく思っていました。

その翌日，お話遊びの歌に皆で振りを付けることになり，歌いながらアイディアを出し合っていました。はじめは，隅で違う遊びをしていたK男でしたが，保育者の「狼さんやってみる？」の誘いに「ん？」と自分から保育者の前に入ってきます。保育者がK男の手を取り一緒に踊ると，時折笑顔を見せていました。皆でその場に座り何の役がしたいか，という話になりY男が「おおかみ」と答えるとK男も「おおかみしたい」と傍にいる保育者にそっと話してきました。

2　5歳児Y子の姿から

年長児Y子（6歳6カ月）は年中児S子（5歳8カ月），年少児H子（4歳5カ月）の3人でお母さん役をすることになりました。Y子はなりたかった役になり意欲的に取り組もうとしていますが，S子がハキハキと台詞を言うのに押され気味でどこか自信をもてない様子。保育者は何かきっかけをつくれないかな……と思っていました。11月3週からお話し遊びに取り組むものの，翌週はインフルエンザの流行で出席者3名！　Y子，S子は絵本を見ながら台詞を言い合ったり，Y子は保育者に時計の数字や振り子の絵を描くのを任されたりして嬉しそうです。時計づくりをY子に任せたのは，普段ならリーダー的存在の子が仕切ってしまいがちですが，Y子に任すことで自信をもつ一つのきっかけになるのではないか，それも皆が登園し注目されながら描くのではなく，Y子がじっくりと描くことができるいまがよいのではないかという保育者の思いがあったためです。12月に入り久しぶりに登園してきた子どもたちは，でき上がっている時計を見て「時計上手や！　誰つくったの？」と聞いているのを，傍でY子は耳にしながら嬉しそうにしていました。

本番の衣装に着替え『子どもたちだけの発表会』の日，S子がお休みと連絡を受け一抹の不安をもちながらも，この日はじめてお気に入りのエプロンを付け嬉しそうにし，『次は自分たちの番！』とウキウキしている様子のY子に，「Y子ちゃん，H子ちゃんお願いね」とだけ声を掛けます。「うん！」と頷きH子の手をつないで先頭に並ぶY子。実際は，出だしの2人の台詞に勢いがなかったものの，Y子はこれまでになく真っ直ぐ前を見て台詞を言ったりH子をリードして踊りを楽しんだりする姿が見られました。この日以降，S子と共に大きな声で二人顔を見合わせながら台詞を言うのがとても楽しそうでした。

評　価

　これまで輪から抜けていたＫ男が，最近は手つなぎ等で遊ぶわらべ唄等に入ってくる様子が見えて嬉しく思います。白石正久氏が『発達の扉・上』（かもがわ出版，1994年）のなかで述べている「〜（略）はにかみを乗り越えながらどんな表情で相手を受け入れようか思い巡らしている。"大きくなれない自分"に悩みながらも子どもの可能性を信じ歩んできた大人との二人三脚で新しい世界に登ろうとしている」姿が，いまのＫ男なのではないか。そして，声を掛けるＹ男の姿が見られたのは，日常生活を共にするからこそＫ男の姿に気づくことができたからではないかと思います。また，どこか自信をもてずにいたＹ子が大きな声で楽しむ姿に成長していった背景には，"繰り返し読み"のなかで大好きなお話しに出会い，そのなかでやりたい役があり，友だちと一緒にやれる楽しさを味わうことができ，また，時計をつくったきっかけから，それを周りの人に認められることが生活のなかで重なり，Ｙ子の喜びとなり一歩踏み出すことができたのだと思います。

　異年齢の子どもが日常の生活を共にするなかで，年上の子が年下の子を可愛いと思い手助けをしたり，逆に年下の子は年上の子に世話をしてもらったり，年上の子がしていることをじっと見たり触れてたりしているなかで，その子の内側が育ち年上の子に憧れる関係が生まれてきます。そういう関係のなかでＹ男とＫ男の姿があります。エピソードのような，ちょっとした年上の子の言動をとおしてつながりができていく友だちの関係が子どもを動かしていくという姿から，一緒に生活しているからこそ自然にその子のことがわかる，頼り・頼られる関係ができ，居るだけで安心できるって本当に大切なことだと感じました。

　この２つのエピソードをとおして，子ども自ら"伸びようとする力"があり，それは周りの人とのかかわりのなかで，とくに身近な大人を含め，異年齢が共に生活するなかに潜んでいるように感じました。子どもが成長する時，そして子ども一人ひとりのもつ"自信"はその子自身のものですが，一人でつくり出せるものではなく，生活のなかの人とのつながりのなかで受け止められ・認められ・支えられてこそついていくもなのだと，Ｙ子やＫ男の変容ぶりをとおして改めて感じました。こうしたかかわりを大事にしながら，毎日の生活のなかで心動かし，自分でやってみようとするエネルギーを暖かく見守る大人の眼差しを大切にし，友だちや保育者と一緒にするって楽しいなと思える"場づくり"や"提案"を次の活動に活かしていきたいと思います。

第 8 章

多様な保育ニーズ（食育，長時間保育，一時保育）の指導計画
──作成・展開・評価・改善──

第1節　食育の計画

　保育指針の第5章の「3　食育の推進」に食育計画について，「(2)乳幼児期にふさわしい食生活が展開され，適切な援助が行われるよう，食事の提供を含む食育の計画を作成し，保育の計画に位置付けるとともに，その評価及び改善に努めること。」という記述があります。さらに，解説書では，

> 　「食育の計画」の作成に当たっては，平成19年11月に取りまとめられた「保育所における食育の計画づくりガイド」を参考に，次の点に留意し，子どもが主体的に食育の取組に参画できるよう計画していきます。
> 　○保育所における全体的な計画である「保育課程」と具体的な計画として作成される「指導計画」の中に位置付ける。
> 　○作成に当たっては柔軟で発展的なものとなるように留意し，各年齢を通して一貫性のあるものにする。
> 　○食事内容を含めて食育の取組を保護者や地域に向けて発信し，食育の計画・実施を評価し，次の計画へとつなげる。

と述べられています。

　ここでは食育計画を2例掲載します。さらに実践報告「生活の場における幼児教育〜"おいしい"体験は，生きる力と友だちづくり〜」の一部を見てください。保育内容を生活に統合していくことによって豊かな総合的体験が積み重ねられ，保育の真髄でもある「命の尊さ」を子どもたちは学びとっていきます。2期の助産師さんのお話は，実に感動的です。

　毎日の「食」こそが「生命の維持」「健やかな子どもの育成」の基盤であり，「生きる力」の原動力です。ことに食べることをとおして体も心も育っていきます。なぜなら食欲はすべての意欲の源泉であり，食欲がなかったら人は生きられなくなるからです。保育園では家庭と連携し，子どもたちが「おなかが空いた。早くご飯にして」と言う要求が出てくるような生活を，さらに「ああおいしかった！　ごちそうさまでした」と言う充足感に満ちた言葉が出るような食生活を展開していかなければなりません。食べる楽しみを育てるために大好きな家族や友だちと食卓を囲み，一緒にいただく団欒の喜びを子どもたちに十分噛みしめてもらいたいものです。

食育計画——各年齢で大切にしたいこと

		大切にしたいこと	3月のめざす姿
0歳	「大切な命との出会い」 会えてよかったね 「大切にされるっていい気持ち」	・基本的な信頼関係のもとで，一人ひとりの育ちや気持ちをしっかり受け止めて情緒の安定を図る ・生きる力の基本である「食」について，丁寧に進めていく。（保護者，調理員，栄養士，看護師との連携） ・保護者との最初の関係を大切に連携を図る	・安心感のもと，自分でしたい気持ちをもつことができるようにする ・生活のなかでは，よく食べよく遊びぐっすり眠ることができる ・周囲の人や物など外界に対する興味が広がり遊ぶことを楽しむ ・保護者と一緒に子育ての喜びを感じられる関係を築く
1歳	「これなぁ～に好奇心いっぱい」 ひとりじゃないよ 「だって自分でしたいから」	・基本的信頼関係や情緒の安定を図りながら自分でしたい気持ちを大切にする ・苦手な物でも美味しく楽しく食べる ・歩行を中心とした運動機能の促進・言葉への興味の育ちを大切に育てていく ・「だだこねは成長の証」保護者と一緒に子育てをしていく。（少し先の子育ての見通しを示す）	・安定した生活のなかで思いを保育士に受け止めてもらい，自己主張する力を身につける ・自分でできる喜びを感じて生き生き生活する
2歳	「自分でするから見ててね」 待つのは大変でもだだこねは成長の証	・情緒の安定を図りながら，自己主張や自我の芽ばえを大切にする ・基本的な生活習慣が身につくように子どもの気持ち，意欲を大切に進める。（食事，排泄，着脱，睡眠，清潔） ・1対1のかかわりや遊びを大切にしながら，一人遊びも保障していく。また保育者を介しての友だちとのかかわりから，自分から友だちへとつながるようにする	・揺れ動く気持ちを受け止めてもらい自分でできた満足感を味わい，納得して気持ちを切り換えられるようにする（自我と葛藤） ・基本的生活習慣が身につく ・集団のなかで自我を発揮する
3歳	「自分でできるってうれしいな」	・見通しをもった生活をし，明日への期待を膨らませる ・友だちとのかかわりのなかで，人の気持ちや決まりの大切さに気付くようにする ・揺れ動く気持ちを受け止め，自信をもって生活ができるようにする ・いろいろな遊びや経験のなかでイメージを広げ，想像力を豊かにする	・自己を十分に発揮し，他者と協調して生活することが身につく ・基本的生活習慣が確立し，見通しをもって行動する ・何にでも意欲的に取り組もうとする
4歳	「できるかな……でもやってみよう」 揺れ動く子どもの気持ちに寄り添おう	・生活に必要なことがわかり，期待や見通しをもって過ごす ・葛藤や挫折を体験しながら，一人ひとりが生き生きとした姿を見せることができるようにする ・人の気持ちや決まりの大切さを知る	・自分の力で行動し，できたことに自信をもって喜びを感じる（基本的生活習慣の確立） ・友だちと一緒にする楽しさや喜びを感じながら仲間のなかの一人として自覚をもつ ・お互いに異なる思いや考えを認めたり仲間と協力する
5歳 6歳	「自分で考えてやってみよう，みんなといっしょにやってみよう」 「見たい知りたいやりたいことがいっぱい」 育つ力を支え合うつながりをつくろう	・自分の力で行動し，自信や充実感をもって生活できるようにする ・生活習慣が確立し，見通しをもって自主的に行動できるようにする ・友だちの主張に耳を傾け，共感したり意見を出し合うと共に，仲間と意見を調整する ・自分の周りの人びとや身近な施設等に関心をもち，自分とのつながりに気付き，感謝の気持ちや思いやりの気持ちをもてるようにする	・さまざまな経験や対人関係の広がりから意欲や自立心が高まり，社会生活における望ましい習慣や態度が身につく ・共通の目的を見出し，協力してやり遂げたり，話し合いで解決する ・自信をもち，仲間と成長を喜び合い就学への期待をもつ
	「自分や仲間を信じて」	つながりの輪を　広げよう	

食育計画――『食を営む力』の基礎を育む

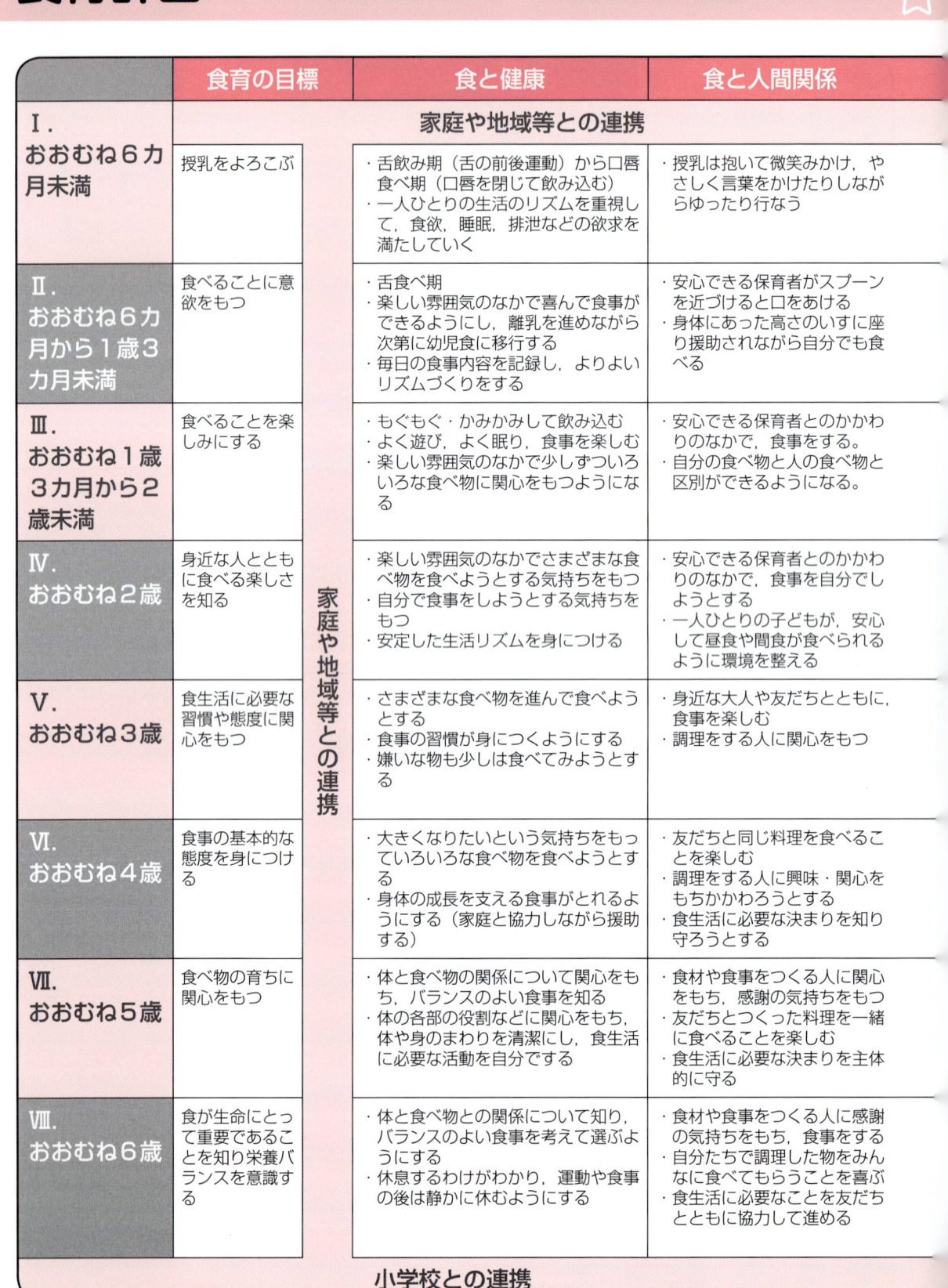

	食育の目標	食と健康	食と人間関係
		家庭や地域等との連携	
Ⅰ. おおむね6カ月未満	授乳をよろこぶ	・舌飲み期（舌の前後運動）から口唇食べ期（口唇を閉じて飲み込む） ・一人ひとりの生活のリズムを重視して，食欲，睡眠，排泄などの欲求を満たしていく	・授乳は抱いて微笑みかけ，やさしく言葉をかけたりしながらゆったり行なう
Ⅱ. おおむね6カ月から1歳3カ月未満	食べることに意欲をもつ	・舌食べ期 ・楽しい雰囲気のなかで喜んで食事ができるようにし，離乳を進めながら次第に幼児食に移行する ・毎日の食事内容を記録し，よりよいリズムづくりをする	・安心できる保育者がスプーンを近づけると口をあける ・身体にあった高さのいすに座り援助されながら自分でも食べる
Ⅲ. おおむね1歳3カ月から2歳未満	食べることを楽しみにする	・もぐもぐ・かみかみして飲み込む ・よく遊び，よく眠り，食事を楽しむ ・楽しい雰囲気のなかで少しずついろいろな食べ物に関心をもつようになる	・安心できる保育者とのかかわりのなかで，食事をする。 ・自分の食べ物と人の食べ物と区別ができるようになる。
Ⅳ. おおむね2歳	身近な人とともに食べる楽しさを知る	・楽しい雰囲気のなかでさまざまな食べ物を食べようとする気持ちをもつ ・自分で食事をしようとする気持ちをもつ ・安定した生活リズムを身につける	・安心できる保育者とのかかわりのなかで，食事を自分でしようとする ・一人ひとりの子どもが，安心して昼食や間食が食べられるように環境を整える
Ⅴ. おおむね3歳	食生活に必要な習慣や態度に関心をもつ	・さまざまな食べ物を進んで食べようとする ・食事の習慣が身につくようにする ・嫌いな物も少しは食べてみようとする	・身近な大人や友だちとともに，食事を楽しむ ・調理をする人に関心をもつ
Ⅵ. おおむね4歳	食事の基本的な態度を身につける	・大きくなりたいという気持ちをもっていろいろな食べ物を食べようとする ・身体の成長を支える食事がとれるようにする（家庭と協力しながら援助する）	・友だちと同じ料理を食べることを楽しむ ・調理をする人に興味・関心をもちかかわろうとする ・食生活に必要な決まりを知り守ろうとする
Ⅶ. おおむね5歳	食べ物の育ちに関心をもつ	・体と食べ物の関係について関心をもち，バランスのよい食事を知る ・体の各部の役割などに関心をもち，体や身のまわりを清潔にし，食生活に必要な活動を自分でする	・食材や食事をつくる人に関心をもち，感謝の気持ちをもつ ・友だちとつくった料理を一緒に食べることを楽しむ ・食生活に必要な決まりを主体的に守る
Ⅷ. おおむね6歳	食が生命にとって重要であることを知り栄養バランスを意識する	・体と食べ物との関係について知り，バランスのよい食事を考えて選ぶようにする ・休息するわけがわかり，運動や食事の後は静かに休むようにする	・食材や食事をつくる人に感謝の気持ちをもち，食事をする ・自分たちで調理した物をみんなに食べてもらうことを喜ぶ ・食生活に必要なことを友だちとともに協力して進める
		小学校との連携	

※「食育の目標」と「食と健康」の間の列に縦書きで「家庭や地域等との連携」と記載。

食と文化	命の育ちと食	料理と食	栽培と食
・授乳に関する言葉かけをしてもらう	・乳（母乳，ミルク）を飲みたい時に飲みたいだけゆったりと飲む	・離乳食初期などの食材に慣れる	・身近な自然物を見る
・スプーンに慣れる ・食事前後に顔や手を拭いてもらう ・食に関する言葉がけをしてもらう	・お腹がすいたら知らせる	・いろいろな味に慣れる	・栽培している野菜を見る
・食事の挨拶の時手を合わせる ・自分で食べたり，飲んだりしようとする ・食事前後に顔や手を拭き，きれいになった快さを感じる	・おなかがすくリズムを大切にし，食べたいと思う気持ちをもつ	・さまざまな食品や調理形態に慣れる ・できあがったメニューを見る	・栽培している作物を見たり，触れたり，臭いをかいだりする
・食前食後の挨拶をする ・食事中，席を立たずに食べようとする ・食事の前に手を洗おうとする	・自然事象をよくみたり，触れたりする ・いろんな言葉がけのなか，食べると大きくなることを知る	・いろいろな種類の食べ物や四季の旬の食材を味わう ・いろいろな食品の名前や食器があることを知る	・保育者や年上の子どもの栽培や収穫活動を見たり，作物に触れたりする
・食事中，席を立たずに食べる ・箸を使ったり，食器をもって食べようとする ・こぼしたら保育者と一緒に後始末をしようとする ・伝統的な食事があることを知る	・大きくなった喜びをもって食べようとする ・身近な動植物に関心をもち触れ合う	・食事づくりに関心をもつ ・収穫した旬の野菜を食べてみる	・年長児等の栽培の様子に関心をもつ ・収穫を喜び，味わってみる
・マナーを知って食事をする ・箸を正しく使おうとする ・こぼしたら自分で始末しようとする ・伝統的な食事を喜んで味わう	・食べ慣れないものや嫌いなものでも少しは食べてみようとする ・身近な動植物の世話を楽しんで行ない，命の大切さに気付く	・食事づくりや準備にかかわる ・収穫した野菜を切る，ゆでる，焼く，煮る等して味わう	・野菜の栽培・収穫をする
・食事のマナーを守る ・箸を正しくもつ ・食事の準備・片づけに主体的に取り組む ・お年寄りや地域の方との交流をとおして伝承文化を知る	・卵や乳など，身近な動物からの恵みに，感謝の気持ちをもつ ・身近な動植物の世話をとおして命の大切さを知る	・食事の準備や片づけに進んで取り組む ・収穫した野菜を使って調理活動を楽しみ，食への関心をもつ	・野菜の成長，収穫を楽しみにして進んで世話をする
・気持ちよく食事をするためのマナーを身につける ・地域での食文化を体験し，地域の産物を味わい郷土への親しみをもつ ・食をとおして，生きる知恵を知る	・食べ物をみんなで分け，食べる喜びを味わう ・身近な動植物の恵み，命の大切さを知り，感謝の気持ちをもつ	・安全で衛生的な調理器具の使い方を知り，身近な人と協力して調理することを楽しむ ・自分たちで盛りつけを楽しみ生活のなかでも生かそうとする	・食べ物の育ちを知り自分たちで育てた野菜を感謝して食べる

実践報告
テーマ『生活の場における幼児教育』
〜"おいしい"体験は,生きる力と友だちづくり〜

　保育所保育指針が告示化され,「食育の推進」が新たに盛り込まれました。「子どもにとって食事は,身体の発育だけでなく,心の発達にも大きな影響を与えるといわれています。
　ところが昨今,朝ごはんを食べないで登園してくる子や家族と食事をしていてもそれぞれが違う物を食べている家庭が増えています。また家族の食事時間が異なるため子どもだけで食べていたり,テレビを見ながら食べているため家族間の会話がなかったりする傾向が強まってきています。
　家族間のコミュニケーションを深めやすい食事時の団欒の場が少なくなっていることが子どもの心のバランスを崩し,親の子育て不安を高めているように感じられます。
　食事作りに充分な時間が取れなくても盛り付けを工夫し,配膳の準備を子どもと一緒にするなどで,食べることへの興味や関心が高まります。
　家族が集まる食卓は,その日の出来事や食べている料理の話をするなどさりげない会話がかわされます。その大切さを保護者に発信していくことも食育を推し進める重要なポイントではないかと思います。
　保育指針において食育の目標は,「健康な生活の基本としての"食を営む力"の育成に向け,その基礎を培う」ことと明示されています。
　私どもの保育園でも食育活動の一環として,常日頃,子ども自らが食にかかわる体験を積み重ね,食べることを楽しみ,食事を楽しみ合う子どもに育てたいと願い,さまざまな実践に取り組んできました。
　野菜や米の栽培をするために土づくりから取り組み,育て,収穫し,みんなで料理して食べる,これらの活動内容を保護者に理解してもらうために,その日のことを写真を添えて掲示し,親子で話し合える機会をつくるようにしました。
　そのプロセスのなかで自然を感じ,地域の人たちと触れ合い,喜びや楽しさを体験し共有したことが,仲間意識をより強くしたように感じます。
　また職員全体の話し合いのなかで食育の意義について共通理解しながらいろいろな体験をすることで,職員も「食」について楽しく語り合うことができたことも大きな成果でした。

1期（5・6・7・8月）

ねらい

・野菜を植えるための土づくりに関心をもつ。

・野菜が生長するまでの過程を体験する。
・友だちとの仲間意識を深め,地域とのかかわりに感謝の気持ちをもつ。

『育ち』

　私たちは子どもの好き嫌いについて,苦手なものを減らすよりも「好きなものを増やす」考え方でさまざまな取り組みをしてきました。

　子どもたちは汗を流して畑を耕したり農協に行って植え方・育て方を学習し,種や肥料を買ってきて,植える・世話をする・収穫・料理をする・食べるという経験をしました。

　また,自分のためだけでなく友だちと一緒にクッキングをして「おいしかったね」と共感したり,クッキングで作ったものを2歳児クラスにもおすそ分けして,"おいしい"と言ってもらえました。

　一口も食べられなかったトマトを「おいしい」と言えた子どもも増えました。

　1期の取り組みを通じて"おいしいもの"を増やし友だちとの関係も深めることができました。そして野菜や稲の育ち具合を時々見に来て,声をかけて下さる農協(地域)との関係も深まり,子どもたちもうれしくて"ありがとう"と言える気持ちが育ってきました。

2期（9・10・11月）

　食を通していろいろな体験を繰り返すことで以前に比べて仲間意識も強くなってきました。

　しかし,なかにはもう一歩自信がもてず,ささいなことからトラブルを起こし気持ちの切り替えがうまくできない,友だちと遊べない寂しさを感じている子どもがいるのも現状です。助産師さんに受精から出産までの過程を話していただき,お母さんのお腹のなかで守られながら生まれてきたこと,命の大切さを子どもたちに伝えていく機会を設けました。

　子どもの自尊心や生きる力を育むには,人とかかわる力を養っていかねばなりません。「生まれてきてくれてありがとう」と,子どもに感謝し記憶に残る言葉を伝えていくことが必要だと思います。

助産師さんの話

　「みんなはえらいんだよ。生まれてきたことを自慢していいよ。誰にも教えてもらっていないのに,お母さんのお腹のなかで指しゃぶりの練習をしていたので,生まれてきた時にはもうおっぱいを上手に飲めていたんだよ。

　針の先ほどの小さな命がお母さんのお腹に宿った時から生まれるまで,お母さんとずっとへその緒でつながっていて,元気に生まれてね,とお話をしていたの。

　お腹のなかで見守られて大きくなったので,命の道(産道)を一人で通って生まれてくることができたんだよ」と助産師さんに話していただきました。

　子どもたちは感動しながら真剣に聞いていました。

　「ぼくもえらいの？」という問いかけに「そうよ。えらいんだよ」と答えてもらいうれしそうでした。

『育ち』
　ごっこ遊びから実際につくって食べることにより，食べておいしかった経験や楽しかった経験は遊びにも真剣さが増し，以前よりも他の遊びに意欲が見られるようになりました。
　どんな料理をつくるにもその手順があることを子どもたちが気づきました。
　今回保護者の参加によって，園での食育の取組みを具体的に伝えることができ，また参加された保護者から他の保護者に口コミで幅広く伝わりました。

3期（12・1月）

ねらい

・自分の考えや感情を伝え，友だちの思いにも共感しながら遊びを進められるようにする。
・"おいしい体験"を通じて，友だちや異年齢児とかかわる楽しさを味わう。

〈おやきづくり〉

　つくって食べることを楽しんできた子どもたちは料理の本や絵本が大好き。ばばばーちゃんのシリーズ「よもぎだんご」の絵本を何回も繰り返して読んでいるうちに"よもぎだんご"をつくりたいという意見が出た。よもぎはこの時期手に入らないので調理師さんに相談し，園にある野菜を使って「おやき」をつくることになった。
　おやきをつくる手順はたくさんあり，「みんなで本当にできるの」，と問いかけをすると，年長児から「ぱんだ組（3歳児）のできないところは手伝って，むずかしいところは相談してつくるよ」という保育者が飛び上がるほどうれしい年長児らしい積極的な意見が出た。
　全員の「つくってみたい」という意欲が見られ，おやきづくりに挑戦することになった。

まとめ・課題

　"保育指針"にもあるように，乳幼児期は，生涯を支える食行動や食習慣の基礎を形成する大切な時期です。健康な子どもを守り育てることは大人の責任と言われながらも，現実には食事づくりの苦手な保護者もいます。外食や市販の惣菜，インスタント食品などで簡単に食事を済ませたり，親子のコミュニケーションをうまく取れない家庭もあります。
　親世代に，食事作りや子育てに関する技術や知識が十分伝わっていないのだと感じさせられることも度々です。
　そんななか，土づくりからはじめた野菜の栽培は，さまざまな体験を子どもたちに与えてくれました。毎日世話をし，成長を見守るなかで体感する匂いや手ざわり，野菜や苗と草との違い，寄ってくるさまざまな虫などです。さらに自分たちで育てたものを収穫し，煮たり焼いたりいろいろな方法で調理して食べる。これら一連の活動のなかで子どもたちは何度も「おいしいな」の言葉をつぶやいていました。その度に周囲に笑顔が広がります。食べ物や食べるということは，活動の源＝生きる力そ

のものです。子どもたちの様子を見ていると、給食時の会話が自然に目の前の食材の話になったり、「嫌いだ」と言っていたのが平気で食べているなど食事を楽しんでいるのが伝わってきます。いろいろな場面で、保護者も喜んでお手伝いをして下さいました。図書館や農協、スーパーなど地域の方々の温かいご協力も得ることができました。

　遊びの面でも、年長児が年下の子どもの面倒をみたり、ごっこ遊びを長い時間かけて異年齢同士で続けている風景もよく見受けるようになりました。以前に比べ、トラブルも減っています。このような子どもたちの姿を通して、保護者も「食」の大切さについて改めて考えてもらえる糸口になったような気がします。

　今後に向けては園の方から保護者に声をかけ参加してもらうだけではなく、"いっしょに育てる・作って食べる"の機会を多く取り入れ、保護者の得意な部分をもっと活用し、保育に参加してもらえるように働きかけたいと思います。さらに、地域の人とのかかわりを広げ、昔から伝えられていることを教えていただき、共に体験できればとも願っています。

第2節 長時間保育（延長保育）の指導計画

1 長時間保育の実際

　全国の保育園が11時間開所となり，子どもたちの園での生活が長時間化し，1日の半分（12時間）近くを園で過ごす子どもたちが増えてきました。しかも保育園で子どもは目覚めて活動し，帰宅時間が遅くなればなるほど，家庭ではただ寝るだけの生活になってしまいます。乳幼児期の原体験が園生活にゆだねられることを考えると，日々の保育内容が子どもの人生にとっていかに重要になってくるかを考えないわけにはいきません。それだけに一人ひとりの子どもの姿，発達過程を的確に捉えた，計画性のある保育や長いスパンにおける一貫性のある保育展開が必須です。そのためにはまず「居残り保育」（おまけの保育）という観念をなくさなければなりません。登園から降園までが子どもたちの安定した流れた生活になるよう，とくに配慮する必要があります。

　さらに保護者との連携を親密にし，帰宅後の家庭生活をも視野に入れた24時間の連続性のあるものにしていくことも考えなくてはなりません。長時間保育の子どもたちの一番の課題点は，生活リズムが乱れ，十分な睡眠がとれないこと，反対に夕方眠くなってしまうため帰宅すると目が覚めてしまいなかなか寝つけないことです。また園で夕方軽食をとるため帰宅後の食事がスムーズにいかないこと，また家族と一緒に食事をとることが少ないことなどがあげられます。

　もうひとつの課題は保護者の子育ての時間が失われ，安定した愛着関係を築くのが難しくなっていくことです。そのためにも長時間保育の体制は日中と同じように子どもたちの甘えたい気持ちが十分受け入れられるよう，保育者の人数確保が必要なのです。しかし，現実には運営上それが思うようにならず園の悩みになっているのではないでしょうか。

　おまけに夕暮れの寂しさ，他児の降園や保育者の帰園などで人の出入りの多さからも子どもたちが不安になりがちです。また日中，精一杯体を動かして活動した子どもたちにとって，夕方必要なのは日中と同じ環境では決してないはずです。休息をとり

たい子がゆっくり体を休める場，ほっとできる居場所があり，一人になれることなども必要になってきます。

2 作成のポイント

　保育指針の第4章の「1　保育の計画」「（3）指導計画の作成上，特に留意すべき事項」の イ が「長時間にわたる保育」の記述です。「長時間にわたる保育については，子どもの発達過程，生活のリズム及び心身の状態に十分配慮して，保育の内容や方法，職員の協力体制，家庭との連携などを指導計画に位置付けること。」と書かれています。加えて解説書では主に3項目について述べています。

> 〈生活リズムや心身の状態への配慮〉　延長保育・夜間保育の場合は特に，家庭的でゆったりとくつろげる環境や保育士等の個別的な関わりなど，子どもが負担なく落ち着いて過ごせるよう心がけることが重要です。また通常の時間帯における保育との関連やバランスを視野に入れ，1日の中で気持ちを切り替えられるよう配慮することも大切です。
> 〈家庭との連携〉　子どもの生活の様子や育ちの姿を伝えあい，子どもの思いや1日の全体像について理解を共有することが重要です。
> 〈職員の協力体制〉　保育時間の長い子どもの保育では，職員の勤務体制により1日の中で複数の職員が担当することになります。引き継ぎの際には職員間での正確な情報の伝達を心がけ，すべての職員が協力して子どもや保護者が不安を抱くことのないよう十分に配慮しながら関わっていくことが必要です。

　とくに長時間保育の保護者は登園時も降園時もなかなか担任と顔を合わせることができません。保護者からすると毎日違う保育者が対応することになります。それだけに伝達漏れがないようにすること，少しでも子どもの様子を伝えることを心がける必要があります。

　ここでは延長保育専任の保育者を決めて保育にあたっている園の指導計画（212～213頁）と，園の保育内容の充実を願って展開した実践と考察の記録（214～215頁）を掲載します。

延長保育の6月の指導計画　〈延長保育士の専

目標	・自分のクラス以外の異年齢の友だちに関心をもち，一緒に過ごし，自分との違いに気づく。 ・延長保育の保育者に親しみ，うちとけていろいろな話をする。

子どもの姿	・3カ月間の延長保育の生活を経た3歳児たちも，周りの人への関心が増し，名前を呼び合って交わりを楽しんでいる。全体として，クラスごとでまとまりがつきはじめ仲間意識が強くなってきている。 ・夕方に疲れが出るため，トラブルや怪我をする子も多くなる（休息がとれる場…ソファー，大ダンボール箱でのトラブルがとくに多い。一人遊びを楽しみたいようで，気に入った玩具の取り合いも見られる）。 ・年長児の仲間に4歳児から3～4人加わるようになった。	年齢ごとの生活	（3歳児） ・好きな遊びを楽しむ。 ・夕方の自然界の変化に気づく。 ・自分の身の回りのことを自分でする（汗を拭いたり，衣服の始末をしたり）。

週の生活	1週	2週
[3歳児]	・好きな遊びを見つけて遊ぶ。（室内・外） ・紙ヒコーキや剣をつくって遊ぶ。	・4～5歳児の遊び方を見て，遠くへとばせるヒコーキをつくりたがる。 ・年少児に頼まれて，ヒコーキや剣をつくってやる。
[4歳児]		
[5歳児]	・家族について考えてみる。 ・好きな活動にじっくり取り組み，充実感をもつ。	・気楽に語り合う。
[3，4，5歳児]	・補食の後，保育者に本を読んでもらうことを楽しみにする。（絵本，続きもののお話） ・夕暮れの自然の変化に見とれ，いろいろなことを考えてみる。	

保育者の配慮	・クラスの保育から引継ぎをする時（5時半）は，クラス担任とよく連絡をとり（人数確認，健康状態），子どもたちの活動が途切れないよう，なるべく園庭で暗くなるまで遊びが続けられるようにする。 ・補食（6時）のため室内に入り，休息を兼ね，子どもたち一人ひとりとよく顔を見合って話をする。 ・どの年齢の子どもたちも興味のあるヒコーキとばしやチャンバラごっこをしながら自分とは違う年代の子どもたちへの理解をする。

個人記録	3歳児	4歳児
	N・S男…よくおしっこをちびるのでパンツがぬれている。ぬれているのに気づいたら，さりげなく取り替えるよう促す。 M・T子…まだ保育者の後にまとわりついていることが多い。T子の一番したい遊びを一緒に楽しみ，そこに他児が「入れて」と引き込まれて入ってくるような機会をつくる。 S・N男…疲れてくるとイライラし，周りの子にあたるので，保育者がそばで好きな本を読むなどして心を落ち着かせる。	T・M子…「○○ちゃんが入れてくれない」と言いつけにくる姿が多くなってきた。「なぜ入れてもらえないのか？」を聞かせ，なるべく自力で仲間に入れてもらえるように促したい。

任制をとっている園〉夕方5時半～8時まで

環境構成	・好きな友だちと一緒に遊べる遊具，場を設ける一方，どの年齢の子も一人遊びができる場，物を用意する。 ・子どもたちの疲れが出てきてイライラする姿が見られるため，ソファーや畳のところでいつでも休息がとれるようにする。

（4歳児）	（5歳児）	保護者との対応	
・年長児の遊び方に興味をもち，見つめる。時には一緒に遊ぶ。 ・活動後，休息をとる。 ・夕方の自然の変化に興味をもつ。 ・保育者に家族のことや日中の活動について気楽に話しかける。	・3～4歳児のトラブルが生じたら，両方の意見を聞き出し，解決の方法を一緒に考える。 ・保育者や友だちと，いろいろな話を楽しくする。 ・活動後，休息をとる。 ・夕方の自然の変化に興味をもつ。		・話しづらそうにしている保護者には保育者のほうから笑顔で「お仕事お疲れ様」と声をかける。子どもの延長保育での様子を伝え，子どものことだけでなく，時にはお母さんのことも「疲れが出ませんか？」などと聞いてみる。

3 週	4 週
[3歳児] [4歳児] ・身近な草花や小動物を見たり，探したりする。（アリ，カタツムリ，ダンゴムシ）（草花の名前を知る） [5歳児] ・身近な草花や小動物を探し，図鑑などで調べてみる。小さい子にわかったことを伝える。 ・活動と休息のバランスを上手にとる。 ・保育者の手伝い（補食の配膳，片づけなど）をする。 ・異年齢の子どもたちが混じりあって「おうちごっこ」を楽しむ。	→

・毎日，補食を食べた後，必ず絵本や読み語りの本を読み（20～30分），続きを楽しみに待つようにする。絵本やお話が聞けない子には「次に○○ちゃんの好きな本を読もうね」と話し，その子の好きな一冊の本をみんなで楽しめるようにする。
・庭でカタツムリや虫を見つけてきて，大きい子にきいたりしている。虫捕りを活発にし，飼い方など年長児に調べてもらい，飼育できるように促す。

	5歳児
S・Y男…弟が生まれて，降園時間を気にするようになった。親の事情を詳しく伝え，不安が解消するようにしたい。	Y・S男…弟をよく引き連れて遊んでいるが，弟の思いをまったく無視して引っぱっていることが多い。 弟には，いやな時は「いやっ」と主張することを促し，兄には，意思表示を大切にするよう伝える。弟や小さい子どもたちの思いをわかってやった時は「やさしいね」と認める。

出所：今井和子ほか著『改訂新版 保育の計画・作成と展開』フレーベル館，2002年，176，177頁より抜粋。

延長保育の9月の指導計画──今日は何して

より具体的にねらいを意識して、"子どもが遊び込むには？" "子どもが安心して過ごすには？" どのような環境と援助が必要か、という点で取り組みました。

（16時30分～19時30分）

ねらい	・子どもが自分の時間として主体的に過ごす。（充実感）

現　状	工夫した点	気付き（・子ども ＊保育者）
・やわらかマットの休息スペースで、好きな姿勢でゆったりしたり、子ども同士や保育者とふれあい遊びを楽しんでいる。	・スキンシップを求める子どもには、しっかりと受け止め話を聴き、触れ合いをもつようにした。	・休息スペースが好きな子どもは、大体決まってきたが、昼間の保育ではあまり甘えを出せないC児も保育者の膝に座る姿や時間が遅くなるにつれて甘える姿が見られた。
・やわらかマットの上でのふれあい遊びがマット運動のような活動的なものに変化し危険を感じることがあった。	・別のスペースでの「ハンカチ落とし」を提案すると喜んで集中する姿があった。	＊昼間の保育とのバランスや園庭遊びの充実も考慮する必要があると感じた。
・遊びやおもちゃの種類、数、コーナーの場所等を子どもの興味・関心、発達に合わせて用意し、できるかぎりリクエストに応えることで、一人ひとりの遊びに集中して楽しめている。	・2歳児でも見やすく選びやすいように、机や仕切り等を活用してコーナーをつくった。	・多くのおもちゃのなかから自分の好きな遊びを選ぶことにも慣れてきて、2歳でも大きい子どもに圧倒されずに落ち着いて遊ぶことができてきた。（子ども同士刺激し合う）
	・とくに延長保育の時間は「一人ひとりの時間」として子どもを見るようにした。	・じっくり集中し夢中になる姿があった。 ・お片付けを嫌がらず、次の行動への切替が早くなった。 ・もっと遊びたいと帰宅を嫌がる子どもが少なくなった。
・コーナー遊びが発展するにつれて、おもちゃが広がりスペースが狭くなることがある。	・子どもたちの様子をよく見て、おもちゃの数や種類、場所の設定を変えてみた。 ・集団への指示や声かけを少なくし、子どもの主体性に任せて遊びを見守るようにした。	＊子どもが遊んでいる様子をしっかり把握することと、それを保育者間で共有し、連携をとることの重要性に改めて気付いた。
・集中して遊んでいても、保育者や子どもの動きがあると遊びが中断してしまうことがある。	・お迎えを知らせる伝え方は声の大きさを考え、子どもや保育者の聞き間違いを減らす為、マイクを使い静かな口調で伝え、その子どもの傍まで行って伝えた。	＊保護者を待たせず玄関に子どもを送ろうという保育者の緊張感が必要以上に出ることなく、子どもが他児のお迎えで、ソワソワすることが少なくなった。
・5歳児は、お手伝い活動に喜んで取り組んでいる。	・「やりたい人は来てね」と声をかけ、あくまでも子どもの思いを聞くようにした。	・意欲的に取り組み楽しんでいる姿がある。「今日のお手伝いなに？」「明日もやりたい！」と期待をもつようになった。 ・昼間の保育とはまた違った、たのもしい姿があった。

遊ぼうかな？

保育者の気付き

　4歳のC児はいつもならブロックや絵本で遊んでいましたが，照れながら保育者の所に来て，「○○せんせい！（私もいいの？）」と，膝の上に座り抱きついてくるようになりました。

　C児は甘えたい気持ちはあるものの，それをストレートには出せずにいたと思いますが，保育者と他児とのスキンシップ遊びを見ていままでよりもゆったりと甘えやすい雰囲気を感じとったのだと思います。このことからも保育者がゆったりと接することで，子どもが安心して甘えることができるということが再確認できました。

考 察

　当初は，「子どもが安心してゆったり過ごす」と「子どもが自分の時間として主体的に過ごす」のねらいを別に考えようとしていましたが，子どもの様子を見て考えていくうちに，2つのねらいはどちらも大切なことであると感じました。主体的に過ごすにはゆったりと安心できる環境があってこそだと思うからです。

　また主体的に過ごすということは遊び込みや充実感につながりそれが情緒の安定につながっていくのだと思い，保育者もその環境の一員であるということを再確認しました。

　また，子どもの様子をじっくり見て，そこに与える影響を考えた時保育者の連携や保育者自身の状態にもしっかりと目を向けていくことの大切さを改めて感じました。この時間帯の保育者の緊張感は安全面や保護者対応の部分で必要なことですが，そればかりでは子どものゆったり感や安心感は得られないことがわかりました。ただ，いままではこうして緊張していることが保育者の仕事だと思っていたことは否めません。

　この実践で子どもの姿は，私たち保育者の姿を映す「鏡」であるように思えました。このように考えると保育者に求められている専門性は，もっと深いところにあると思います。

　子どもが心身共に癒しを必要とする時間帯だからこそ，子どもと一緒に楽しみながら，臨機応変に対応できることが望ましい姿であり，今後の課題であると思います。

第3節　一時保育の指導計画

1　地域の子育て支援「一時保育」

　保育園に子どもを預け仕事と子育ての両立をしている母親よりも、在宅の専業主婦の方が地域で孤立していて育児不安が高いということが明らかになり、「地域に対する子育て支援」が急速に広がってきました。子育てしづらい環境にある現代社会では、就労しているか、していないかにかかわらず地域・社会が制度的に乳幼児や母親、家庭を支援していく必要があることが理解されてきました。

　その施策の一つが一時保育です。在宅の母親がいろいろな事情で子どもを一時的に預けたいと思った時（預けなければならない時）、安心して預けられる場所、時間が与えられることで一息つくことができます。預けられる子どもは、親から離されることで不安はぬぐいきれないのですが、家庭以外にも自分を見守ってくれる人や場所があり、楽しく過ごせることを経験していきます。一時的であるからこそ、子どもも親にしがみつかない気持ちの自由と安心を得るようになります。また一時的にでも守られた経験をした母親は、気持ちを切り替えわが子を守り育てていこうという気持ちになれることが一時保育の果たす役割です。

　保育指針では第6章「保護者に対する支援」の「3　地域における子育て支援」に一時保育のことが述べられています。そして解説書においては、

　　一時保育の実施に当たっては、地域の一時保育のニーズを把握し、市町村と緊密な連携を取りつつ行うことが求められます。
　　一時保育における子どもの集団構成は、通常保育の集団構成と異なることに配慮して、一人一人の子どもの心身の状態などを考慮して保育するとともに、必要に応じて通常保育とも関連させるなどして、柔軟な保育を行うことが求められます。

と記述されています。

❷ 一時保育の指導計画と記録例

　　ここでは一時保育室のゆったりとした環境のなかで子どもたちを受け入れ，通常保育の子どもたちとのかかわりももちながら保育している三谷館保育園の2月の指導計画（218～219頁）とその月の展開例として記録（220頁）を紹介しています。通常保育と異なり登園する子どもの予測がつかないため，指導計画が立てられないという声を聞きますが，週2回などと定期的に登園する子もいます。その子どもたちの発達過程や要求を捉え，子どもたちの喜びそうな活動を予測して環境構成すること，さらに予測できない子どもが登園したとしても，不安を和らげ少しでも喜んでもらえるための準備や心づもりを指導計画のなかにおさえておくことは意味があります。その時期，子どもたちにどういう経験をさせたいかをも考慮し，子どもたちと保育者の願いを重ね合わせて環境構成しておくことが重要だと思います。

❸ 点検と指導

　　三谷館保育園の指導計画では，目標の一つにはじめて登園してくる子どもへの養護のねらい，たとえば「特定の保育者に優しく受け入れてもらい，新しい環境になじむ」というような内容のものをいつも入れておく必要があるのではないでしょうか。様式として，目標を設定し，その目標の具体化としての「内容」ではなく「週の生活」としているのは一時保育らしいものだと思いました。ただ日誌では子どもの記録が個人別だけになっています。保育者の指導計画のねらいや環境構成は適切だったかを評価したり，子ども同士の生活の様子，遊びやかかわり，育ちなども個別的だけではない視点で書いてほしいと思いました。相談記録の項目の記述が空白になっていますが，ここを「相談記録・保護者とのかかわり」にすればもっと有効なスペースになるのではないでしょうか。保護者の様子も記録しておくことで支援の役割を一層つかめるようになると思います。いずれにしても一時保育の指導計画，記録，反省評価，改善この一連の記述が，必ず子どもたちにも，保護者にも「共に育ち合う力」になると思っています。

一時保育の2月の指導計画　三谷館保育園

子どもの姿	けいすけ，みつる，はるおたち（2～3歳の子たち）がそれぞれの同じ年のクラスの友だちとかかわったり，その様子を見て遊んだりすることが楽しいと感じるようになったためか，クラスの活動に入れてもらい，一緒に友だちのなかにとけこんで遊ぶようになる。 ゆうこ，あおば（0～1歳半の子たち）は，ハイハイが盛んになったり立位歩行をしたりと身体の発達や言葉がたくさん出るなど（いちごのことを「ご!!」など…）成長が目に見えて感じられる。

目標	・寒さに慣れ，健康に過ごす。 ・全身をつかって戸外遊びを楽しむ。（2～3歳児） ・好きな遊びや玩具を見つけてゆったりと過ごす。（0，1歳児）	環境構成	・室内が乾燥しやすいので，こまめに湿度・温度計を見て常に適切な状態に保てるようにする。（温度調節・水のスプレーを布地にかけたりタオルをぬらしてかける） ・天候や一人ひとりの体調を見ながら園庭に出て自然にふれる機会を多くもてるようにする。 ・未満児が多いので，0，1，2歳児が主に楽しめるトンネル型の遊具をつくって設置し，室内遊びが充実できるようにする。 ・節分にちなんだ遊び（豆ポイ遊び）をとり入れる。

2～3歳児

第1週	第2週
☆手洗いや，うがいをし，風邪など病気の予防をする。 ────────── ☆好きな遊びを見つけて楽しんだり安心して過ごす。 ────────── ・保育室で遊ぶ……ごっこ遊び（ままごと遊び・病院ごっこ・電車ごっこなど） 　　　　　　　　　好きな絵本を読んでもらう。 ・節分遊び……クラスで新聞ボールをつくり，鬼にあてたり，穴に入れたりして遊ぶ。 ──────	

週の生活：
・節分行事に参加する。
・他クラスの発表会（ごっこ遊び）を見て楽しんだりまねっこして遊ぶ。

←── 各年齢のクラスですごす。──→

⇒ お面をつくってつけてみる。（オオカミさんとこやぎさん，忍者など） ⇒ ごっこ遊びを保育者と楽しむ。

☆晴れた日は園庭で元気に遊ぶ（雪遊び・まてまて追いかけっこ・鬼ごっこなど）──────
☆保育者や友だちと一緒に季節の歌を歌ったり，音楽に合わせて踊ったりする。

保育者の配慮	・慣れない環境のなかで不安定になりやすい子どもの気持ちを受け入れ安心して過ごせるように，子どもとのスキンシップや優しく声かけを行ない，気持ちの安定を図る。 ・とくに，はじめて利用する子には，子どもが家庭でいつも使っている玩具や好きな物を，園にもってきてもらうよう，保護者に伝えておいたり，好んで遊べそうな環境を準備しておく。

	0歳児	1歳児
個人記録	あおば…離乳食はいつも完食，とても食欲がある。咳と鼻水がひどい日が長く続き，うまく食べられなかったり，鼻がつまってねむりが浅かったりしたので，食事，睡眠のリズムにバラつきがあった。家庭での様子を聞いたり園での様子を知らせたりして，その日の体調に合わせて無理のないように過ごしていきたい。	ゆうこ…先月の1回目の利用日には，一人でゆっくり歩行できるようになっていた。手洗いやホールに移動する時も保育者と一緒に歩いて行くのを喜ぶので，ゆうこのペースを見守りつつ，安全に気をつける。 　クラス内では，一人遊びを大切にすると共に，保育者と笑ったりくすぐり遊びといったふれあい遊びも多く取り入れ楽しく過ごす。

保護者との対応	・風邪のひきやすい時期なので発症状況を伝えたり，家庭からや，保育園での1日の健康状態を密に伝え合い，予防に努める。 ・園での様子や連絡事項を密に伝え合い，利用児が安心して過ごせ，保護者の不安を和らげるようにする。 ・一人ひとりの遊びの様子や子どもの成長を伝え，共に喜びを分かち合う。	
	第3・4週	**主に0，1歳児の生活**
	☆おだいり様，おひな様のおりがみを保育者と折ったり，絵をかいたりして楽しむ。 ☆誕生会に参加して楽しむ。 春みつけ 「うれしいひなまつり」 トンネル型遊具で遊ぶ（未満児）	・落ち着いた雰囲気のなかで保育者と共に不安な気持ちを受け入れながら安心して過ごす。 ・広々とした場所でずりばいや，ハイハイ，伝い歩きを存分に楽しむ。 ・外気にふれながら，体を動かして遊ぶ。 ・食事の面では，こぼすことを気にせず，自分で食べる。 ・簡単な衣服の着脱などを保育者に手助けされながら自分でやってみようとする。 ・保育者とふれあい遊びを楽しむ（♪だいこん1本抜いてきて〜♪だるまさん…にらめっこしましょう〜♪いっぽんばしこ〜ちょこちょ）
	・子ども同士のやりとりのなかでトラブルになった時は，保育者が仲立ちとなり，その場に合った言葉，かかわり方をていねいに知らせていく。 ・0歳児の利用があった時，生活リズムができるだけ家庭と同じようになるよう，面接時の話や資料をもとに子どもの要求にも合わせてすすめていく。特定の保育者がかかわり，安心できるようにする。	
	2歳児	**3歳以上児**
	しほ…兄が入園してから，「保育園に行きたーい」と，意欲的に登園するようになり，情緒も安定して過ごす。表情も豊かで自分の思いを言えるようになる。 はるお…りす組で過ごした日から，自分から「りすさんいく」と楽しみにして来ることがあった。同じ年の友だちと一緒に過ごす楽しさを味わえるよう，時々，りす組さんと遊べるように，保育者同士連携をとっておく。	

（子どもの名前は仮名）

一時保育の記録

園長印　担任印

1月11日～1月15日

日		出席児童名	記　　録
11日(月)	成人の日		
12日(火)	保育室（ホール）で遊ぶ	ちとせ（7カ月） せいじ（11カ月） はるお（2歳） しょうじ（2歳） けいすけ（2歳）	しょうじ…はじめての利用だが別れぎわ泣くことなく，ちょっとだけ，「おかあさんは？」ときいただけで元気に過ごす。片づけの時，食事の時，少しこだわりを見せたが話をして納得すれば嫌がらずできていた。 けいすけ…時々不安そうな顔をしたり，おやつを「いらない」と拒否したりしたが，友だちと一緒に走り遊んだりすると，笑顔をみせて，楽しそうに過ごしていた。
13日(水)	子ども新年会に参加する 保育室で遊ぶ	ゆうこ（7カ月） さや（7カ月） はるか（1歳） しほ（2歳）	さや…はじめての利用。まだ人見知りをあまりしない。時々一人で遊んでいると泣くが，保育者がだっこであやすとすぐ機嫌がよくなる。離乳食は全部食べるし，12時頃もお腹がへり，ぐずるほどでとても食欲はあった。特定の保育者がゆったりとかかわって安心して過ごせるといいと感じた。
14日(木)	みつばちルームで遊ぶ 保育室で遊ぶ	ゆうこ（7カ月） はるお（2歳） せいじ（2歳）	せいじ…兄と登園するようになってから笑顔が多くなり，ハガキを買いに行くのも喜んでいた。大きい子のなかで一緒にコマ回しを見せると自分でもやってみるなど，活動的になったと思う。トイレで便が出る。少しずつ，保育者がゆっくり聞きだしてあげると明るく自分から言えたり，話しかけたりする。りす組の友だちとかかわる機会を増やしたい。
15日(金)	保育室（うさぎ，りす）で遊ぶ	ゆうこ（7カ月） ともはる（8カ月） はるお（2歳）	ともはる…はじめての利用。別れぎわ少し後追いするが，抱っこすると泣き止み，その後機嫌よく過ごす。ハイハイでよく動き興味のあるものを見つけると，そのまま止まって正座で遊びはじめる。時々声を出して喃語を話したり，笑顔を見せる。食事もよく食べ，おんぶですぐ眠る。まだ人見知りをしないようで，はじめての場所でもあまり変わらず過ごせているようだ。
相談記録			

（子どもの名前は仮名）

引用・参考文献

今井和子・鶴田一女・増田まゆみ『改訂新版　保育の計画・作成と展開』フレーベル館，2002年。
倉橋　惣『育ての心』フレーベル館，1988年。
鯨岡　峻『両義性の発達心理学』ミネルヴァ書房，1998年。
柴崎正行『幼児の発達理解と援助』チャイルド本社，1992年。
白石正久『発達の扉・上』かもがわ出版，1994年。
津守　真『自我のめばえ』岩波書店，1984年。
中沢和子『幼児の科学教育』国土社，1986年。
ミネルヴァ書房編集部編『保育所保育指針幼稚園教育要領――解説とポイント』2008年。
『保育所保育指針解説書』厚生労働省，2008年。

おわりに

　改定保育所保育指針が施行され，各園の独自性を大切にしながらも一人ひとりの子どもの主体性や子ども相互のかかわりを大切にする保育を行なうことが，いままで以上にはっきりと打ち出されました。保育の現場ではそれを実現すべく保育課程を編成し，それに基づく保育実践に向けさまざまな試みと努力が行なわれるようになりました。ところがせっかく保育課程が編成されても，いざ指導計画を立てるとなると保育課程と各クラスの指導計画がつながっておらず，従来作成してきた指導計画とほとんど変わらないものになっているという悩みをいろいろなところで聞くようになりました。そこで本書ではまず保育課程と指導計画のつながりを生かし，園全体の一貫性のある保育体系を創造していくポイントを表してみました。そこを読み取っていただけたかどうかが最も重要なところです。

　本書のなかにも書きましたが「指導計画は子どものねがいと保育者のねがいをかみ合わせ，次なる時期に向けての望ましい生活プランを作成すること」です。エレン・ケイが「子どもが明日を生きようという意志を作ることができなければ教育は失敗である」と述べていますが，時に子どもは自分自身の心の願いを自分でも理解していないことがあります。大人が子どもの現実を深いところで見つめ，その願いを摑むことによって子どもはそれを意識化し，次なる発展を可能にしていくことができます。そういう意味でも計画を立てることは，目の前の子どもたちの願い〈明日への夢を描かせ〉〈明日を生きようとする意志〉を育てることだと思います。実際，指導計画を立てながらいろいろな保育展開を想い描き『こんな生活ができたらいいな』『どんなにか楽しいだろう……』など心がわくわくしてきました。いままでにない気づきや学びもたくさんあり，思いきって取り組んでよかったと思いました。「計画どおりにいかないのが保育であったとしても，やはり計画は必要なのだ」という実感を強くもてたことが，本書を書きあげた一番の成果だったと思います。

　読者の皆さま，本書を活用していただき，いろいろ気づかれたこと，ご批判，ご感想などありましたらどうかその貴重なご意見をお寄せください。お待ちしています。

　また指導計画や実践例を提供していただきました多くの保育園の皆様方に心より御礼申し上げます。最後にこの本の企画から編集まで一手に引き受けまとめ上げて下さいましたミネルヴァ書房の河野菜穂氏に感謝の心をつくして厚く御礼申し上げます。ありがとうございました。

2010年7月1日　　　　　　　　　　　　　　　　　　　　　　　　　　今井　和子

《執筆者紹介》（執筆順）

天野珠路（あまの・たまじ）編著者紹介参照。
　　はじめに・第1章（21〜23頁は除く）

今井和子（いまい・かずこ）編著者紹介参照。
　　第1章の21〜23頁・第3章第2節・第4章の70〜75頁，82〜84頁，92〜95頁・第5章（135〜137頁は除く）・第6章（159頁7行目〜162頁は除く）・第7章第1節・第8章の202頁，第2節，第3節・おわりに

大方美香（おおがた・みか）編著者紹介参照。
　　第2章・第3章第1節・第4章の68〜69頁，76〜83頁，85〜91頁・第8章の203〜209頁

松岡　裕（まつおか・ゆう）社会福祉法人さがみ愛育会　渕野辺保育園園長。
　　第5章の135〜137頁，第6章の159頁7行目〜162頁

池田由佳理（いけだ・ゆかり）目黒区立中目黒駅前保育園保育主任。
　　第5章の135〜137頁，第6章159頁7行目〜162頁

浅野君枝（あさの・きみえ）社会福祉法人五郎島福祉会　かもめ保育園園長。
　　第7章第2節

山﨑望美（やまざき・のぞみ）社会福祉法人五郎島福祉会　かもめ保育園保育士。
　　第7章展開例①

杉本　光（すぎもと・ひかる）社会福祉法人五郎島福祉会　かもめ保育園保育士。
　　第7章展開例②

上村奈津美（うえむら・なつみ）社会福祉法人五郎島福祉会　かもめ保育園保育士。
　　第7章展開例③

《編著者紹介》

今井和子（いまい・かずこ）
現職　調布市深大寺保育園副園長。「質の高い乳児保育を目指す実践研究会」代表。
都立高等保母学院卒業。
23年間世田谷区と川崎市の公立保育所に勤務し，その後十文字学園女子短期大学，お茶の水女子大学非常勤講師を勤める。
東京成徳大学子ども学部教授を経て，立教女学院短期大学幼児教育科教授。2010年3月に退職。
主著　『自我の育ちと探索活動』ひとなる書房，1990年。
　　　『子どもとことばの世界』ミネルヴァ書房，1996年。
　　　『家庭との連携と子育て支援』（共著）ミネルヴァ書房，2000年。
　　　『0・1・2歳児の心の育ちと保育』小学館，2003年。
　　　『「わたしの世界」から「わたしたちの世界」へ』（共著）フレーベル館，2003年。
　　　『今求められる質の高い乳児保育の実践と子育て支援』（共著）ミネルヴァ書房，2006年。
　　　『保育を変える記録の書き方・評価の仕方』ひとなる書房，2009年。
　　　『遊びこそ豊かな学び——乳幼児期に育つ感動する心と，考え・表現する力』ひとなる書房，2013年，他。

天野珠路（あまの・たまじ）
現職　日本女子体育大学幼児発達学専攻准教授。
和光大学人文学部人間関係学科卒業，玉川大学文学部教育学科卒業。
民間保育園，民間幼稚園，公立保育園で計19年間保育者として勤めた後，横浜市保育課にて保育士の研修，保育指導を担当。
2004年4月，國學院大學幼児教育専門学校専任教員。
2007年4月より，保育士初の厚生労働省保育指導専門官として，保育所保育指針の策定，「保育所保育指針解説書」の作成，「保育指針を映像に！」DVDの監修，保育士養成課程の改正などに携わる。
2010年4月より現職。
主著　『やさしい乳児保育』青踏社，2007年。
　　　『新・保育所保育指針の展開——保育の真髄を伝える』明治図書，2009年。
　　　『新指針・新要領イラスト図解ガイド』ひかりのくに，2009年，他。

大方美香（おおがた・みか）
現職　大阪総合保育大学大学院教授・学部長。
聖和大学教育学部幼児教育学科卒業。曽根幼稚園勤務（1985年3月まで）。
1987年3月　聖和大学院教育学研究科幼児教育学専攻修了（教育学修士）。1987年から自宅を開放して子育て支援「ぶらんこ」主催（現在に至る）。
大阪城南女子短期大学教授を経て，2006年4月より現職。
主著　『新版　幼児教育課程論入門』（共著）建帛社，2002年。
　　　『乳幼児教育学』（共著）久美㈱，2005年。
　　　『わかる！できる！新保育所保育指針　実践ガイド』（共著）中央法規出版，2009年。
　　　『新　現代保育原理』（共著）建帛社，2009年。

独自性を活かした保育課程に基づく指導計画
──その実践・評価──

2010年8月10日　初版第1刷発行	〈検印省略〉
2014年4月10日　初版第6刷発行	

定価はカバーに
表示しています

	今井 和子
編著者	井野 珠美路香
	天大方 啓三
発行者	杉田 啓三
印刷者	田中 雅博

発行所　株式会社　ミネルヴァ書房
607-8494 京都市山科区日ノ岡堤谷町1
電話 代表 075-581-5191
振替口座 01020-0-8076

© 今井和子ほか, 2010　　　　創栄図書印刷・藤沢製本

ISBN978-4-623-05786-3
Printed in Japan

榊原洋一・今井和子 編著　　　　　B5判／美装カバー／272頁／本体2800円
今求められる質の高い
乳児保育の実践と子育て支援

新澤誠治・今井和子 編著　　　　　四六判／美装カバー／252頁／本体2000円
家庭との連携と子育て支援
　――カウンセリングマインドを生かして

今井和子 著　　　　　　　　　　　四六判／美装カバー／248頁／本体1800円
子どもとことばの世界
　――実践から捉えた乳幼児のことばと自我の育ち

最新保育講座

新幼稚園教育要領・新保育所保育指針に対応　　＊順次刊行予定

◆ B5判／美装カバー／各巻180～230頁／本体予価2000～2200円 ◆

1　保育原理
　　森上史朗・小林紀子・若月芳浩 編

2　保育者論
　　汐見稔幸・大豆生田啓友 編

3　子ども理解と援助
　　髙嶋景子・砂上史子・森上史朗 編

4　保育内容総論
　　大豆生田啓友・渡辺英則・柴崎正行・増田まゆみ 編

5　保育課程・教育課程総論
　　柴崎正行・戸田雅美・増田まゆみ 編

6　保育方法・指導法
　　大豆生田啓友・渡辺英則・森上史朗 編

7　保育内容「健康」
　　河邉貴子・柴崎正行・杉原 隆 編

8　保育内容「人間関係」
　　森上史朗・小林紀子・渡辺英則 編

9　保育内容「環境」
　　柴崎正行・若月芳浩 編

10　保育内容「言葉」
　　柴崎正行・戸田雅美・秋田喜代美 編

11　保育内容「表現」
　　平田智久・小林紀子・砂上史子 編

12　幼稚園実習　保育所・施設実習
　　大豆生田啓友・高杉 展・若月芳浩 編

13　保育実習
　　阿部和子・増田まゆみ・小櫃智子 編

14　乳児保育＊
　　増田まゆみ・天野珠路・阿部和子 編

15　障害児保育
　　鯨岡 峻 編

ミネルヴァ書房
http://www.minervashobo.co.jp/